エビデンスに基づく インターネット 青少年保護政策

情報化社会におけるリテラシー育成と環境整備

齋藤長行
Saito Nagayuki

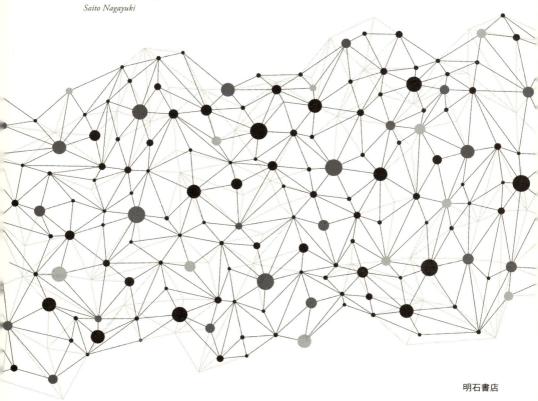

明石書店

はしがき

　現代社会において、モバイル通信環境は欠くことのできないインフラ基盤であり、我々の経済活動や生活活動を下支えしている。この通信網の恩恵は、成人のみならず青少年においても同価であり、エンターテイメントコンテンツの視聴、情報収集、公共サービスの利用等多方面で活用されている。また、今日において、ICT を利用した教育も注目されており、その有効性が広く議論されている。「21世紀型スキルのためのパートナーシップ（The Partnership for 21st Century Learning）」では、21世紀に求められるスキルとして「情報・メディア・技術に関するスキル」をあげており、青少年の情報を効果的に活用し、批判的に思考し、協働的なコミュニケーション能力を醸成するためのツールとして、ICT が果たす役割が大きいことを指摘している（The Partnership for 21st Century Learning, 2007）。

　しかし、モバイル通信機器の利用は「光」の側面だけではなく「影」の側面も孕んでいる。セキュリティの脆弱性や知識不足によるプライバシー情報の流出、架空請求や高額請求の問題、ネット依存などと呼ばれるネットの長時間利用問題、交流サイトやメールでのやり取りから生ずるコミュニケーション上のトラブル、ネットいじめ、さらには犯罪者との遭遇等の問題があげられる。

　このような社会的問題に対し、青少年がインターネットを安全に安心して利用できる通信環境を整備することを目的として「青少年が安全に安心してインターネットを利用できる環境の整備等に関する法律（青少年インターネット環境整備法）」が2009年4月に施行された。本法の主たる目的の1つに「青少年のインターネットを適切に活用する能力の習得に必要な措置を講ずる」ことが規定されている（第1条）。さらにその「青少年が安全に安心してインターネットを利用できる環境の整備に関する施策の推進」は、「民間における自主的かつ主体的な取組が大きな役割を担い、国及び地方公共団体はこれを尊重する」と規定されている（第3条3項）。このことから、インターネットを利用する青少年の保護問題に対する政策的取り組みは、民間による自主規制を主体として、政府との連携のもとで青少年のインターネットの利用環境を整備してい

くという共同規制体制が基本的な政策方針であることが理解できる。

　しかし、共同規制は規制する側の政府と規制される側の民間との共同的な取り組みを講じる政策であることから、両者の利害を調整し、青少年保護政策を効率的に施行していく必要がある。経済協力開発機構（OECD）はこのような利害が対立する両者の共同を実現するためには、政策の透明性を高めることが必要不可欠であることを指摘している（OECD 2011b）。

　この透明性の向上のためには、青少年保護政策の必要性を明らかにするための計量的なエビデンスを示すことが必要不可欠となる。そのための方策として、OECD（2012a）は「青少年保護勧告」において、青少年と保護者のインターネットの利用状況やリテラシーの習熟を定期的に測定し、その分析・評価結果をエビデンスとした保護政策を立案・施行することを国際社会に向け勧告している。

　本書は、インターネットから隆起する様々なリスクに対して、青少年保護政策を効果的に講じるとともに、インターネットを利用する青少年の利用の自由を最大限確保するためのインターネットリテラシー指標の開発・運用・評価及び縦断的調査結果の分析に関する研究をとりまとめたものである。

　青少年のインターネット利用環境整備に関する政策の最適化のためには、確率論的アプローチによるエビデンスに基づく政策（Evidence Based Policy）を講じることにより、政策を可能な限り最適な状態にすることが求められる。なぜなら、人間の意思決定は限定された情報や、心理的な側面から非合理的な意思決定をしてしまう傾向にあり、政策立案者に様々なバイアスがかかるからである。エビデンスに基づく政策を講じることにより、そのようなバイアスの問題を削減することで青少年保護政策を効率化させることに寄与すると考えられる。

　本書の研究は、アクションリサーチの手法により、総務省総合通信基盤局電気通信事業部消費者行政課及び総務省情報通信政策研究所と協働して行われた研究プロジェクトの成果をとりまとめている。さらに、その研究成果は、OECDの情報・コンピュータ・通信政策委員会（ICCP）（現：デジタル経済政策委員会（CDEP））を介してOECD加盟国に共有されており、国際連携によるインターネットを利用する青少年保護政策に向けた実践事例として国際社会

4

はしがき

を先導している。

　このように、本書は国際社会と連携して、エビデンスに基づく青少年保護を実現するための国家的政策プロジェクトの研究成果を一冊の書籍にまとめたものである。現実の青少年のインターネットリスクに対する対処能力を可視化することは、青少年を保護するだけでなく、彼らのインターネットの利用の自由を最大限確保するためのエビデンスともなり得る。子どもたちがインターネットの恩恵を最大限享受できるネット利用環境を提供するための取り組みとして、本書が役立てば本望である。

エビデンスに基づく

インターネット青少年保護政策

情報化社会におけるリテラシー育成と環境整備

◎

目　次

はしがき　3

序　章　　青少年インターネット環境整備の構図 ……………………17

0.1　隆起する青少年保護問題　17

0.2　我が国のインターネット青少年保護をめぐる府省庁及び民間の動向　17

0.3　自主規制を機能させるためのエビデンスに基づく政策　20

0.4　本書の構成　21

第Ⅰ部　青少年のインターネットリテラシー指標の開発と運用

第1章　　青少年のインターネット利用環境と保護政策 ……………29

1.1　青少年のインターネット利用に関する社会的問題への対応の必要性　29

1.2　青少年インターネット環境整備法の施行とエビデンスの必要性　31
1.2.1　青少年インターネット環境整備法の施行
1.2.2　青少年インターネット環境整備法の目的を果たすためのエビデンスの必要性

1.3　啓発教育における制度問題と解決に向けたエビデンスの必要性　35
1.3.1　我が国における府省庁及び民間組織から提供されるフォーマル教育とノンフォーマル教育
1.3.2　啓発教育におけるフォーマル教育上の問題
1.3.3　ノンフォーマル教育の政策的意義と政策最適化の必要性
1.3.4　家庭でインフォーマル教育を担う保護者の指導力向上のための啓発教育政策の最適化の必要性

1.4　近年の青少年のインターネット利用環境の変化から新たに隆起する問題　42

1.4.1 スマートフォンの普及による青少年のコミュニケーション環境の変化

1.4.2 スマートフォン利用環境に適合させるための政策の見直しの必要性

1.5 青少年インターネット利用環境整備政策の最適化を支援する青少年のインターネットリテラシー測定の必要性　45

1.5.1 啓発教育上の問題への対応の必要性

1.5.2 通信環境の変化から隆起する問題への対応の必要性

1.5.3 政策の最適化のためのエビデンスの活用

1.6 青少年インターネット環境整備政策のアプローチとステークホルダー　48

第2章　青少年保護政策を最適化させるための意思決定 ………… 51

2.1 発達心理からみるインターネット上の青少年保護の必要性　52

2.1.1 テレビ時代の青少年の発達環境

2.1.2 インターネット時代の到来と青少年の発達環境

2.1.3 インターネットの大衆化時代の青少年の発達環境

2.1.4 スマートフォン時代の青少年の発達環境

2.2 伝統的な意思決定モデルに依拠していたインターネット上の青少年保護政策　58

2.2.1 「グループ理論」からみた青少年保護政策の意思決定過程の問題

2.2.2 「エリート理論」からみた青少年保護政策の意思決定過程の問題

2.2.3 「制度モデル」からみた青少年保護政策の意思決定過程の問題

2.2.4 「プロセス論モデル」からみた青少年保護政策の意思決定過程の問題

2.3 行動経済学からみた伝統的意思決定過程に内在する意思決定者の認知上の問題　61

2.3.1 各政策決定モデルに内在する意思決定の非合理性の問題

2.3.2 認知的バイアスの問題に対する対策としての情報提供メカニズムの必要性

2.4 政策意思決定の合理性を高めるエビデンスに基づく政策　64

2.4.1 エビデンスに基づく政策の必要性

2.4.2 インターネット上の青少年保護に関するエビデンスに基づく政策の実践事例

2.5 エビデンスに基づく政策の基礎となる指標の策定事例　69

2.5.1 EUによる加盟国比較調査「フラッシュ・ユーロバロメータ」

2.5.2 内閣府が実施する「青少年のインターネット利用環境実態調査」

2.6 「青少年のインターネットリテラシー指標」開発の必要性　70

2.6.1 青少年保護の強度の調整

2.6.2 啓発教育政策の最適化

2.6.3 テストとアンケートのクロス分析により可能となる属性別・地域別政策

2.6.4 共同規制の最適化

第3章　青少年のインターネットリテラシー指標開発のコンセプト
・・・ 79

3.1 インターネット上の青少年の保護と自由を最適化させるためのインターネットリテラシー指標に求められる要件　80

3.1.1 インターネットから隆起するリスクを回避することができる能力を測定することが可能であること

3.1.2 青少年の心理的側面を測定することが可能であること

3.1.3 分析結果を個別具体的な政策に活用することができること

3.1.4 分析結果を各ステークホルダーの施策に活かすことができるとともに彼らの共同規制を支援することが可能であること

3.2 青少年のインターネットリテラシー指標の構造　85

3.2.1 青少年のインターネットリテラシー定義リスト

3.2.2 定義リストに定めた各能力を測定するためのテスト機能

3.2.3 青少年の属性及びインターネットの利用状況と心理的側面を計測するためのアンケート機能

3.2.4 調査データの可視化とクロス分析機能

第4章　青少年のインターネットリテラシー指標の開発と評価 … 91

4.1 指標開発プロジェクトの組織体制　92

4.2 ILASの開発工程　94

4.2.1 リスク回避能力を定めた定義リストの開発

4.2.2 リスク回避能力測定のためのテストアイテムの開発

4.2.3 被験者の属性を測定するためのアンケートの開発

4.3 ILASテストシステムに対する形成的評価と総括的評価　102

4.3.1 予備テストの実施と形成的評価

4.3.2 プレテストの実施と形成的評価

4.3.3 本テストの実施と総括的評価

4.4 ILASテストシステムの信頼性と妥当性　116

第5章　指標を基にした青少年のインターネットリテラシーの分析と評価 ………………………………………………… 119

5.1 アンケート結果から導き出される青少年の通信デバイスの利用動向　120

5.1.1 各通信デバイスの保有状況

5.1.2 最も利用する通信デバイス

5.1.3 各通信デバイスにおけるインターネットの利用目的

5.2 調査から得られたテスト・データの分析　123

5.3 テスト結果とアンケート結果のクロス分析　124

5.3.1 正答率と青少年の居住都市の人口規模との関係性

5.3.2 正答率と啓発教育受講経験との関係

5.3.3 正答率と家庭での話し合いの有無との関係

5.3.4 正答率とオンライン・トラブルの経験の有無との関係

5.3.5 オンライン・トラブルの経験種別

5.4 スマートフォンの利用状況及びスマートフォンに必要とされる取り組み　128

5.4.1 各種青少年保護サービスの利用状況

5.4.2 無線LANと携帯電話回線に対する利用状況と認識

5.4.3 アプリダウンロード時の情報漏洩の危険性に対する認識

5.4.4 プライバシー・ポリシー規約の確認行為

5.4.5 青少年保護サービスの利用と家庭での話し合いとの相関

5.4.6 各青少年保護サービスの相関関係

5.4.7 アプリの情報漏洩の危険性への認識とプライバシー・ポリシーの確認行為との相関

5.5 テスト結果とアンケートのクロス分析結果に対する総論　138

5.6 青少年の各発達環境において必要とされる政策の提示　141

5.6.1 青少年の不得意分野を補う啓発教育の実施

5.6.2 リテラシーの地域間格差の是正

5.6.3 過度なインターネットの利用規制の回避

5.6.4 各種青少年保護サービスの利用促進

5.6.5 Wi-Fiネットワーク用フィルタリングの利用促進

5.6.6 インターネットリテラシーの育成と規範意識の醸成の2つのタイプの啓発教育の実施

5.6.7 保護者支援のための保護者に対する啓発教育の提供

5.7 第Ⅰ部のまとめとして　149

ANNEX-1 ILAS定義リスト策定にあたり参照した先行研究のリテラシー定義　153

ANNEX-2 ILAS定義リスト　155

ANNEX-3 アンケート質問票　169

ANNEX-4 ILASテストの各アイテムにおける総得点別の問題ごとの選択肢の選択率との関係　179

第Ⅱ部　ILASを基にしたインターネットリテラシーの調査研究

第6章　青少年のインターネットリテラシーの縦断的調査 ……… 201

6.1 縦断的調査の必要性　201

6.2 OECD青少年保護勧告とインターネットリテラシー　202

6.3 縦断的調査によるインターネットリテラシーの分析　205
　　6.3.1 縦断的に評価するための指標
　　6.3.2 縦断的分析評価に利用するデータ
　　6.3.3 縦断的調査データの分析評価の方向性

6.4 縦断的調査データの分析評価　208
　　6.4.1 リテラシーテストの平均正答率の推移
　　6.4.2 学校における啓発教育経験に関する分析
　　6.4.3 家庭における啓発教育経験に関する分析

6.5 分析結果を踏まえた青少年保護政策の評価と課題　214

6.6 これからの啓発教育政策　216

第7章　青少年と保護者のインターネットリテラシーの比較分析

219

7.1 保護者のインターネットリテラシー測定の必要性　219

7.2 青少年と保護者のインターネットリテラシーの分析の方向性　220
　　7.2.1 青少年と保護者のリテラシーの分析評価に使用する指標
　　7.2.2 分析評価に利用するデータ
　　7.2.3 縦断的調査データの分析評価の方向性

7.3 リテラシーテストの分析評価　226
　　7.3.1 青少年と保護者のリテラシーの分析評価に使用する指標
　　7.3.2 青少年と保護者のリテラシー評価に使用する指標

7.4 今後の青少年と保護者の啓発教育の方向性　233

7.5 本章のまとめ　235

ANNEX-5　安心協ILAS保護者向けアンケート質問票　237

第Ⅲ部　青少年と保護者に対する意識調査研究

**第8章　青少年のインターネットの安全利用に対する意識に
関する調査** ··· 243

8.1　インターネットリテラシーの育成の方向性　243

8.2　青少年に対する啓発教育　244

8.3　「平成21年度 青少年のインターネット利用環境実態調査」を基に
した啓発教育と安全利用への意識・態度及びフィルタリング利用と
の関係性分析　245

8.3.1　青少年のフィルタリング使用状況とフィルタリングに関する知
識との相関

8.3.2　青少年のフィルタリングの知識の深まりと教育の経験との相関

8.4　分析結果に対する評価　250

8.5　青少年の規範意識を育てるための教育の方向性　250

8.5.1　規範意識を育てることに適した社会構成主義学習

8.5.2　規範意識を育てるために必要とされる各学年期に適した社会構
成主義学習の諸形式

8.5.3　小学生における協働学習による啓発教育

8.5.4　中高生における協働学習による啓発教育

8.5.5　中学生におけるディスカッション形式の協働学習の事例

8.5.6　高校生におけるディスカッション形式の協働学習の事例

8.6　青少年に対する啓発教育政策の今後の課題　260

**第9章　保護者の啓発教育経験と家庭での安全対策実施との
関係性** ·· 263

9.1　保護者に向けた啓発教育　263

9.2　日本における府省庁及び民間組織から提供されるフォーマル教育と
ノンフォーマル教育　265

9.3 保護者のインターネットの安全に対する意識と教育との関係性　265

9.3.1 保護者のフィルタリングに関する知識と青少年のフィルタリング使用状況との相関

9.3.2 保護者の啓発教育の経験とフィルタリングへの知識の深まりとの相関

9.3.3 保護者の啓発教育の経験と安全利用への意識との相関

9.3.4 保護者の啓発教育の経験と家庭のルールとの相関

9.3.5 地域別の保護者のインターネットの安全に関する学習経験

9.4 分析結果を踏まえた啓発教育政策　272

9.5 保護者に対する啓発教育の方向性　273

参考文献・資料　275

あとがき　285

序　章
青少年インターネット環境整備の構図

0.1　隆起する青少年保護問題

　今日インターネットのネットワークを介して、我々は多大なる利益を得ている。この利益は大人だけにとどまらず、青少年にとっても有益なものとなっており、彼らの創造力や知識を養ううえでも重要な情報の源となっている。しかしながら、今日青少年におけるインターネットの利用から生ずる様々なトラブルが社会問題化している。そのトラブルの例としては、青少年がインターネットの公共性を十分に理解していないことによるコミュニケーション上のトラブルや、個人情報の流出及びそれによる犯罪者との接触があげられる。インターネットでのコミュニケーションはテキストが主であることから、対面でのコミュニケーションとは違い、非言語情報を伝えることが困難である。また、インフォーマルなコミュニケーションが公知され、一度公知された情報を完全に回収することはできないという問題も生じている。さらに、ソーシャルネットワーク・サービス（Social Network Service：SNS）などに掲載された個人情報をもとに犯罪者が青少年に接触し、犯罪にあうという被害が生じている。

0.2　我が国のインターネット青少年保護をめぐる府省庁及び民間の動向

　このような事態を鑑み、青少年のインターネットの利用環境を整備するために、府省庁による政策及び民間による様々な取り組みが行われている。まず立法面でみてみると、青少年がインターネットを安全に利用するための環境を整

備することを目的として「青少年が安全に安心してインターネットを利用できる環境の整備等に関する法律」（以下：青少年インターネット環境整備法）が2009年4月に施行された。本法の目的は、「フィルタリングソフトウェア[1]の性能の向上及び利用の普及」及び「青少年がインターネットを利用して青少年有害情報を閲覧する機会をできるだけ少なくするための措置等を講ずる」ことにある（第1条）。そのことは、本法の第3条2項に本法の理念として「青少年のインターネットの利用に関係する事業を行う者による青少年が青少年有害情報の閲覧をすることを防止するための措置」を講じなければならないことが課せられている。さらに第3条3項では「青少年が安全に安心してインターネットを利用できる環境の整備に関する施策の推進」は、「民間における自主的かつ主体的な取組が大きな役割を担い、国及び地方公共団体はこれを尊重する」としており、このことから、我が国における青少年のインターネットの利用環境の整備は民間が主役であることが理解できる。

　青少年インターネット環境整備法の施行に時期をあわせて総務省は、2009年1月14日に公表された「インターネット上の違法・有害情報への対応に関する検討会」の最終取りまとめを受けて、同年1月16日に「安心で安全なインターネット環境整備のためのプログラム」（以下：安心ネットづくりプログラム）を公表した。この取り組みの基本理念は、青少年インターネット環境整備法第3条の基本理念との共有化が図られており「安心を実現する基本的枠組の整備」「民間における自主規制の促進」「利用者を育てる取組の推進」を政策の柱としている。

　注目すべき点は、安全で安心なインターネット利用のための基本法制の整備として、携帯電話やパソコンでインターネットを利用する際のフィルタリングの導入促進として、インターネットコンテンツの認定を行っている第三者機関を支援することを明らかにしていることである。現在、日本におけるインターネットコンテンツの第三者機関は、一般社団法人インターネットコンテンツ監査監視機構及び一般社団法人モバイルコンテンツ審査・運用監視機構の2機関が主としてあげられる。特にモバイルコンテンツ審査・運用監視機構はSNSにおけるサイト運営管理体制の適切性についての認定を行っており、本機構の認定を受けることにより、その運営管理体制が一定水準以上であるということ

が認定されるものである。本機構の認定活動は、青少年インターネット環境整備法第20条2項が掲げる「閲覧の制限を行う必要がない情報について閲覧の制限が行われることをできるだけ少なくすること」に寄与するものであると言える（吉岡 2009）。

内閣府は2009年7月に「青少年が安全に安心してインターネットを利用できるようにするための施策に関する基本的な計画」を公表している。この計画も環境整備法第3条の基本理念をもとにして策定されており、ネット社会の諸問題に対応すべく「青少年が自立して主体的にインターネットを利用できるようにするための教育・啓発の推進」「保護者が青少年のインターネット利用を適切に管理できるようにするための啓発活動の実施」「事業者等による青少年が青少年有害情報に触れないようにするための取組の推進」「国民によるインターネット上の問題解決に向けた自主的な取組の推進」を活動の基本計画に盛込んでいる。

この計画においてもフィルタリングの性能向上及び利用の普及に関する取り組みについて記されており、事業者に対してはフィルタリング提供義務等の実施を徹底させること、保護者へのフィルタリングに対する説明等を推進すること、フィルタリングサービスの多様化及びそれに向けての改善の推進、フィルタリングの閲覧制限対象の適正化などが記されている。

保護者へのフィルタリングに対する説明については、フィルタリング利用に対する理解が十分にいきとどいているとは言えない状況であり[2]、社会においてフィルタリングの利用が定着するためには、青少年の理解もさることながら、保護者の理解が必要不可欠であると言える。またフィルタリングの多様化としては、携帯電話を利用する青少年の利益及び保護者の意思を十分に考慮したうえで、青少年の発達段階、個々人の携帯電話のウェブ機能の利用ニーズ及び、保護者の教育方針に適応したフィルタリングサービスが提供されることが重要である。さらに、ウェブサイトの閲覧制限対象の適正化については、青少年にとって有害とは言えないサイトであっても、フィルタリングの対象となってしまう場合もあり、閲覧制限対象を適正化することで消費者及び事業者の利益を確保する狙いがある。

民間の取り組みとしては、官と民の活動をつなげあわせ、青少年のインター

ネット利用環境整備の活動を行う機関として「安心ネットづくり促進協議会」があげられる。この協議会は、国内最大規模の民間による協議会であり、インターネットリテラシーの普及啓発拠点として、今後の官と民の接続を図り、実質的な取り組みが行われることが期待される。協議会への参加団体は、インターネットに関連する民間企業、大学及び研究機関、地方自治体、教育機関等202団体であり[3]、民間の自主規制の推進を活動の基本的な方向性としている。特に調査検証委員会ではコミュニティサイト作業部会を設置し、SNS事業者のサイト運営管理に関する知見の共有と、フィルタリングの性能向上及び普及に向けた提言・行動規範を発表している（安心ネットづくり促進協議会2009）。このように本協議会においては、青少年のインターネット利用環境整備に向けた民間での包括的な自主規制が行われており、民間が自主規制を推進していく議論の場として機能していくことが期待されている。

0.3　自主規制を機能させるためのエビデンスに基づく政策

　青少年インターネット環境整備法には罰則規定がないことから、立法当初、本法に対して「骨抜きの法律」などと批判の声があがっていた。しかしながら、本法附則抄第3条において、本法施行後の社会の状況に応じて3年以内に法律の見直しを行うことを規定している。これは携帯電話会社にとって利用環境整備の取り組みに対する一種の強制力になっていると言える。政府による法規制と市場参入企業による自主規制を比べた場合に、企業にとって望ましい規制は民間による自主規制と言えよう。なぜなら、政府による法規制は、立法に時間がかかり、変化の速い市場の要求に柔軟に対応することが困難だからである。さらに強制力の強い規制により企業の経済活動が制約される懸念もある。

　しかしながら、自主規制では企業の経済効率性が重視されることにより、実質的な強制が働かないという指摘もある[4]。自主規制には強制力に限界があり、社会的に望ましい規制の強度まで到達しない恐れも考えられる。もし、3年後の本法の改正において法の強化により罰則規定及び規制の範囲が広範囲になった場合は、自主規制を主とする現在の市場よりもより硬直度の高い市場になってしまう恐れも孕んでいる。

序　章　青少年インターネット環境整備の構図

　本法附則抄第3条を施行するためには、青少年のインターネット利用環境の整備の度合いを評価するに妥当な物差しが必要となる。本書の研究は、そのような青少年の保護政策を評価するための指標の開発と、その指標を基にした縦断的調査の分析及びそこから導き出される青少年保護政策への提言に取り組んだ。

0.4　本書の構成

　本書第Ⅰ部では、筆者が総務省の青少年インターネットリテラシー指標策定有識者検討会の一員として参画した「青少年がインターネットを安全に安心して活用するためのリテラシー指標（以下：ILAS)」の開発、実態調査、分析評価及びその評価結果から導き出される青少年保護政策の課題について論じた。

　第1章では、青少年のインターネットを取り巻く利用環境の問題と、彼らのインターネットの利用環境を整備していくための基礎となる青少年インターネット環境整備法の主旨を解説している。特に、本法附則抄第3条から、青少年のインターネット利用環境の整備の度合いを評価する必要があることから、その評価のための指標を開発する必要があることについて言及した。

　第2章では、指標開発の必要性について、政策立案者が陥る認知的バイアスの問題から論じた。人間の意思決定は、限定された情報や心理的な側面から非合理的な意思決定をしてしまう傾向にあり、政策立案者に様々なバイアスがかかってしまう。このことから、確率論的アプローチによるエビデンスに基づく政策を講じることにより、そのようなバイアスの問題を削減することで青少年保護政策は効率化することについて論じた。

　第3章では、指標開発のコンセプトを解説した。開発する指標は、コンピテンシー・マネジメントの手法を援用して、青少年がインターネットを利用することで遭遇する恐れのある諸リスクに対する対処能力を体系的にまとめたスキルマップを構造的な基礎としている。さらに、それらの対処能力を測定するためのテストアイテムとアンケートが構成されており、青少年のインターネットのリスクに対する対処能力と、青少年のインターネットの利用状況、心理状況、居住地域等の多様な状況に適合した保護政策をピンポイントで講じるため

21

の情報を政策担当者に提示することを可能とするものであることを論じた。

　第4章では、指標開発を行う組織体制と開発工程を示すとともに、指標としての妥当性・信頼性を高めるための形成的評価と総括的評価の実施内容について解説した。指標の開発にあたっては、コンピテンシー・マネジメントの手法を援用して、青少年のインターネットリテラシーを測定するためのテストアイテムを開発し、全国35校（3,543名）の高校の協力を得て実証実験を行い、古典派テスト理論を用いてその妥当性を検証した。さらに、総括的評価として改修後の指標であるILASを運用して23校（2,937名）の高校を対象に調査を行った。調査結果から、多面的な青少年のリスク回避能力及び利用実態の定量的な可視化を証明することができたことを論じた。

　第5章では、開発したILASを運用して行った全国調査データの分析評価を基にして、今後の青少年インターネット保護に向けた政策提言を行った。具体的には、テスト・データの分析として、ILASテスト全体の平均正答率と各リスクカテゴリ7項目における平均正答率を算出した。また、アンケート結果から導き出される青少年の通信デバイスの利用動向を可視化したとともに、テスト結果とアンケート結果のクロス分析を行い、青少年の各発達環境において必要とされる保護政策を、ブロンフェンブレンナーが主張する人間発達の生態学（Bronfenbrenner 1979）の観点からマクロ環境、エクソ環境、メゾ環境、マイクロ環境の4つの階層に位置するステークホルダーごとに政策提言を行った。

　第Ⅱ部では、ILAS開発後の2012年から縦断的に行われている調査結果の分析評価と、ILASを援用して実施した保護者と青少年の比較調査の分析評価について論じた。

　第6章では、青少年インターネット環境整備法附則第3条に従い、定期的な青少年のインターネット環境を評価するために、2012年から2014年の3年間の縦断的調査のデータを基に、啓発教育政策の進展について分析・評価を行った。分析・評価の結果から、学校と家庭における啓発教育の実施率は増加しているとともに、学校における啓発教育は、インターネットリテラシーの習熟に効果的であることについて論じた。

　第7章では、青少年と保護者を対象としたインターネットリテラシーの測定と比較分析を行った。分析・評価の結果から、保護者の総合的なインターネッ

序　章　青少年インターネット環境整備の構図

トリテラシーは、青少年よりも有意に高いとともに、違法・有害情報リスク、不適正利用リスク、プライバシー・セキュリティ・リスクなどの各リスクカテゴリにおいても、保護のリテラシーの方が青少年よりも有意に上回っていることを明らかにした。

　第Ⅲ部では、青少年及び保護者の啓発教育受講経験とインターネットの安全利用のとの関係性を、内閣府の調査データの分析評価を基に論じた。

　第8章では、青少年の啓発教育の経験と実際のインターネットの安全行動との関係について分析した。その結果、学年期が進むにつれて、教育の経験と安全行動との間に相関があるとは言えない結果となった。この結果を受け、教育が機能していない問題の一要因として知識伝達型学習の限界を上げ、問題の解決の方策として社会構成主義の学習観に立脚した協働学習の可能性について言及した。この協働学習を行ううえで重要となることは、青少年の発達段階を考慮した協働学習を実施することであり、小学生の学年期においてはワークショップ形式、中学生及び高校生の学年期においてはディスカッション形式の協働学習を実践することの有効性について論じた。

　第9章では、保護者に対する教育政策の方向性を検討するための分析を行った。分析の結果、教育の経験が多い保護者ほど、適切利用のためのペアレンタル・コントロールを行っていることがわかり、ノンフォーマル教育を提供していくことが、青少年のインターネットの適切利用のための環境整備として有効だと言える。しかし、ノンフォーマル教育の地域差について分析を行ったところ、地域によって格差があることがわかった。このことから、教育の地域差を是正し、ノンフォーマル教育をあまねく実施する必要性があることを論じた。

注

(1) 特定の条件に合致するデータもしくは特定の条件に合致しないデータにフィルターをかけ、ウェブページの閲覧を制限する措置。特に今日では、青少年が閲覧する場合に不適切と考えられるサイトに対して閲覧制限をかけるために用いられている。

(2) マルチメディア振興センター（2008, p.122）の調査では、フィルタリングを「利用するつもりはない」保護者は30.4%、「利用していないが利用したい」保護者は

23

36.6%、「利用している」保護者は33.0%であり、フィルタリングの利用が進んでいるとは言えない結果が出ている。

(3) 会員数は2016年10月1日時点のものである。

(4) 谷口 (2003) は、フォーマル規制、協同規制、自主規制について言及しており、自主規制は持続可能でないという特性から、「自主規制の内容を順守させる強制装置としての共同規制」が望ましく、「自主規制だけでは最適な結果が得られないこと」及び執行力が不徹底であることから、共同規制を行うことの意義について言及している。

第Ⅰ部

青少年のインターネットリテラシー指標の
開発と運用

第Ⅰ部　青少年のインターネットリテラシー指標の開発と運用

　今日、青少年のインターネットの利用から生ずるネットいじめ、SNSを介した犯罪者との遭遇、ネット依存、個人情報・プライバシー情報の漏洩等の様々な問題が隆起しており、インターネットを利用する青少年の保護に関する政策的取り組みが急務となっている。このような社会的な要請に対し、本書の研究では青少年のインターネットのリスクに対する対処能力及び利用状況を客観データ化し、そのデータを基に適切な保護政策の施行を可能にするための政策意思決定システムの構築に取り組んだ。なぜなら、インターネットを利用する青少年の保護には、彼らに対する適切な強度と方策による保護政策を講じることにより保護の効果を高めるとともに、彼らのインターネットの利用の自由を最大限に確保することが求められるからである。この客観データを用いた政策意思決定システムを運用することにより、青少年に対する保護と自由との相反する政策の方向性のバランスを調節することが可能となる。

　そのために、政策意思決定システムとして青少年のインターネットリテラシー指標を開発し、その指標を基に現実の青少年の実態を調査し、青少年保護政策の最適化に貢献することを目指した。リテラシー指標の開発にあたっては、青少年のインターネット利用から隆起する諸問題に関する事例研究を行い、そこから導き出された青少年に必要とされるリスク回避能力を体系化した。加えて、それらの能力を測定するためのテストアイテムの開発に関する研究を行った。さらに、青少年の心理的な要因や発達環境を考慮した保護政策を可能とするために、青少年のインターネットの利用状況及び心理的状況を調査するアンケートとリスク回避能力のデータをクロス分析するシステムを開発し、この指標システムの有効性を検証した。青少年の心理的要因や発達環境に適した政策を講じることが可能となることにより、インターネットを利用する青少年の保護に関係する政府・地方自治体、通信事業者、学校関係者、PTA等の各ステークホルダーが取り組まなければならない政策的課題を明らかにすることが可能となる。

　これまでもインターネットを利用する青少年の保護政策は講じられてきたが、これらの政策は伝統的意思決定プロセスに基づく政策意思決定がなされていたと言えよう。しかし、伝統的意思決定プロセスは、人間の主観的な要素が大きく影響しており、そのような意思決定は限定された情報や、認知的バイア

スの影響から非合理的な意思決定をしてしまう傾向にある。このことからも、これまで講じられてきた青少年保護政策が最適なものであったとは言い切れない。このような意思決定上の問題に対して、本書の研究は統計的推測を行うことを可能にする指標を開発し、意思決定に必要とされる客観データを提示することを目指すものである。これにより、政策担当者に内在する限定合理性や認知的バイアスの問題の解消を支援することが可能となる。このことから、インターネットを利用する青少年の保護政策を効率化させるためのシステムである青少年のインターネットリテラシー指標の開発を目指した。

　指標システムを用いて青少年の実態を分析・評価することにより、青少年のインターネット利用環境整備政策立案のための客観データを提供することは、我が国の青少年のインターネット利用環境整備政策の効果を高めることにつながるであろう。具体的には、啓発教育政策の評価指標として機能することが可能となるであろう。さらに、指標データから得られた評価結果をもとにして、青少年のインターネットに関係する各ステークホルダーが政策的に果たさなければならない課題を明らかにすることができるであろう。

　本書の研究では、これらの青少年のインターネット利用環境整備に向けた政策的取り組みを、アクションリサーチの手法をもとに議論を展開する。この研究のステークホルダーは、総務省総合通信基盤局電気通信事業部消費者行政課及び総務省情報通信政策研究所であり、同省の政策を支援するために「青少年のインターネットリテラシー指標に関する有識者検討会」が設置され指標開発に取り組まれた。筆者は、この有識者検討会に参加し、指標の策定・運用・評価を行った。その結果として、同省の青少年保護政策の意思決定を支援するとともに、同省と協調的な関係で青少年保護に携わっている民間諸団体の取り組みの意思決定においても、彼らの意思決定を支援することを目指した。

　開発した指標は、青少年がインターネットを利用することで遭遇する恐れのある様々なリスクを網羅的にレビューするとともに、コンピテンシー・マネジメントの手法を援用して、これらのリスクに対する対処能力を体系的にまとめたスキルマップを基にしている。さらに、そのスキルマップに定められたそれぞれの対処能力を測定するためのテストアイテムの開発とアンケートを開発し運用することで、青少年のインターネットのリスクに対する対処能力と、青少

第Ⅰ部　青少年のインターネットリテラシー指標の開発と運用

年のインターネットの利用状況、心理状況、居住地域等の多様な青少年の状況に適合した保護政策を講じるための情報を政策担当者に提示することを目指した。

そのような政策は、階層の異なるステークホルダーの役割を支援するものでなければならない。ブロンフェンブレンナー（Bronfenbrenner 1979）の発達環境の分類を青少年のインターネットのリスク問題に当てはめて考えると、マクロシステムとしての政府・地方自治体及び民間通信事業、エクソシステムとしてのPTA組織や地域の教育委員会、メゾシステムとしての保護者及び担任教員の各階層のステークホルダーが青少年のインターネット利用における責務を負っている。このことから、指標を運用して明らかとなったダイナミックな青少年のインターネットの利用状況をもとに、各階層で取り組みを行っているステークホルダーに対して政策提言を行った。これらの提言の一部は、実際に彼らの意思決定に反映され、政策的取り組みが行われ始めた。

このように、本書の研究はインターネットを利用する青少年保護に関係する各ステークホルダーの意思決定を支援し、各階層に求められる保護政策の効果を高めたと言える。このことから、この指標の利用を広めることは、青少年にとって安全で安心なネット社会の構築に寄与するであろう。

第1章

青少年のインターネット利用環境と保護政策

1.1 青少年のインターネット利用に関する社会的問題への対応の必要性

　現代社会において、我々は情報デバイスを介して、多くの利益を得ている。我が国では、世界に先駆けて移動体通信の利用環境が普及したばかりでなく、我が国独自のモバイル・サービスが成長した。また、移動体通信の普及初期段階から、パケット通信が定額制で提供されたことから、その利用者層は青年層ばかりでなく若年層での利用も一般的となり、もはや青少年にとって携帯電話は必要不可欠のものとなっている。内閣府（2013）の調査によれば、2012年時点において中学生の携帯電話[1]の所持率は51.6%（男子：45.5%、女子：57.5%）であり、高校生の携帯電話の所有率は98.1%（男子：97.8%、女子：98.3%）であり、高校生ではほぼ100%に近い割合で携帯電話が普及していた。また、内閣府（2012）をもとに携帯電話を所有する青少年のインターネット利用率をみてみると、2011年時点において中学生で95.7（男子：92.8%、女子：97.7%）であり、高校生では99.4%（男子：98.8%、女子：100.0%）に上っていた。さらに、他の通信デバイスと比べてみると、PC所有者のPC経由でのインターネット接続が中学生では83.3%に対し、携帯電話所有者の携帯電話経由でのインターネット接続は95.7%となっている。それに対して、高校生においてはPC経由でのインターネット接続が90.2%であるのに対し、携帯電話経由では99.4%と、携帯電話が主たるインターネット接続デバイスとなっていた。このように青少年にとって身近な通信デバイスである携帯電話は、彼らに

第Ⅰ部　青少年のインターネットリテラシー指標の開発と運用

とって欠くことのできない日常的なツールであると言える。

　しかし、携帯電話の利用は青少年に対し、利益だけではなく不利益をももたらす危険性を孕んでいる。青少年にとって有害なコンテンツや違法なコンテンツとの遭遇、プライバシーの漏洩、インターネットの公共性を理解しないままに利用することにより生ずるプライバシー情報の開示、それに伴う犯罪者との遭遇、電子商取引トラブル及び通信料金の浪費、インターネットへの依存など、青少年のインターネット利用において、数々の問題が生じている。

　警察庁（2012）の調査によれば、いわゆる「出会い系サイト」に関する事件の被害者において、出会い系サイト経由で犯罪被害に遭った青少年は、2008年をピークに減少傾向にあるのに対して[2]、大手コンテンツ・プロバイダーが運営している一般SNSサイト等のコミュニティ・サイト経由での犯罪被害が増加していた。コミュニティ・サイト経由の犯罪被害の調査を始めた2008年の時点で、コミュニティ・サイトが出会い系サイトを上回っており、犯罪検挙数が増加の一途をたどっていった。2016年の時点においては、出会い系サイ

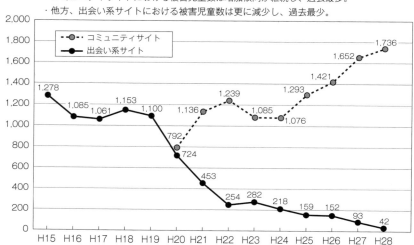

出所：警察庁（2017）「平成29年度上半期におけるコミュニティサイト等に起因する事犯の現状と対策」

図1.1：コミュニティ・サイト及び出会い系サイトに起因する事犯の被害児童数の推移

第1章　青少年のインターネット利用環境と保護政策

ト経由での犯罪検挙数が42件（被害児童全体の2.4％）であるのに対し、コミュニティ・サイト経由の犯罪検挙数が1,736件（97.4％）となっている。一般コミュニティ・サイトは、多くの青少年が、日常的に利用しているサイトであることから、事業者をはじめとして、この問題への対応が必要とされる（図1.1）。

　さらに、犯罪被害に遭った青少年がどのようなデバイスを介して被害に遭ったかについてみてみると、出会い系サイトへのアクセスに利用した通信デバイスとして、PCでは2％であるのに対し携帯電話は88.9％と被害者のほとんどが携帯電話経由で犯罪に遭遇している（警察庁 2017）。携帯電話はPCと比べてよりパーソナルな利用環境での利用が想定され、保護者をはじめとする周りの大人の目が行き届かないところでの利用が可能であることが大きな要因と考えられる。

1.2　青少年インターネット環境整備法の施行とエビデンスの必要性

1.2.1　青少年インターネット環境整備法の施行

　このような問題に対する社会的な取り組みとして、政府は青少年がインターネットを安全に利用するための環境を整備することを目的とした法律である「青少年が安全に安心してインターネットを利用できる環境の整備等に関する法律（以下：青少年インターネット環境整備法）」を2009年4月に施行した。本法の目的は、「フィルタリングソフトウェアの性能の向上及び利用の普及」及び「青少年がインターネットを利用して青少年有害情報を閲覧する機会をできるだけ少なくするための措置等を講ずる」ことにある（第1条）。そのことは、本法の第3条2項に本法の理念として「青少年のインターネットの利用に関係する事業を行う者による青少年が青少年有害情報の閲覧をすることを防止するための措置」を講じなければならないことが記されている。さらに第3条3項では「青少年が安全に安心してインターネットを利用できる環境の整備に関する施策の推進」は、「民間における自主的かつ主体的な取組が大きな役割を担い、国及び地方公共団体はこれを尊重する」としており、青少年のインターネット利用環境整備の主体は民間であることが規定されている。このことから、我が国における青少年のインターネットの利用環境の整備は民間による自

31

第Ⅰ部　青少年のインターネットリテラシー指標の開発と運用

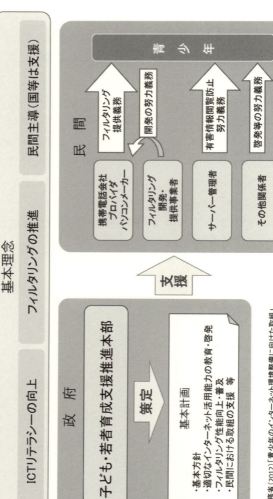

図1.2：青少年インターネット環境整備法の鳥瞰図

出所：総務省 (2011)「青少年のインターネット環境整備に向けた取組」
出典：総務省 (2012)「青少年のインターネットリテラシー指標に関する有識者検討会」(第1回資料)

第1章　青少年のインターネット利用環境と保護政策

主規制を主体とし、政府との連携のもとで青少年のインターネットの利用環境を整備していくという共同規制体制が基本的な政策方針であることが理解できる（図1.2）。

　また、本法を基にした政策の施行の基本計画の1つとして「インターネットの適切な利用に関する教育及び啓発活動の推進（第12条2の二）」がおりこまれている。その実際的な取り組みの方向性として、「青少年がインターネットを適切に活用する能力を習得することができるよう、学校教育、社会教育及び家庭教育におけるインターネットの適切な利用に関する教育の推進に必要な施策を講ずる」ことと、「青少年のインターネットを適切に活用する能力の習得のための効果的な手法の開発及び普及を促進するため、研究の支援、情報の収集及び提供その他の必要な施策を講ずる」ことを規定している（第13条）。

　さらに、それらの活動は政府機関のみならず、「青少年がインターネットを適切に活用する能力を習得するための活動を行う民間団体」に対しても「必要な支援に努める」ことを明記している（第30条）。この条文からも、本法による青少年のインターネット利用環境整備の取り組みは、府省庁と民間による共同規制体制であることが読み取れる。

1.2.2　青少年インターネット環境整備法の目的を果たすためのエビデンスの必要性

　しかし、本法の目的を果たすためには、個別具体的な政策を講じる必要があり、それらの政策を立案し施行することを支援するためのエビデンスを示す必要があると言える。

　例えば、本法の基本理念にあげられている「適切なインターネットの活用能力習得」の目標を果たすためには、そもそも「適切」と言われるレベルのインターネットの活用能力を示す必要がある。さらに、青少年にある一定の活用能力を身につけさせるとしても、すでに青少年がそのような能力を身につけているのか、それとも能力はいまだ十分ではないのかを見極める必要があるであろう。また、「プライバシー」に関する分野の能力が足りていないのか、「電子商取引」に関する分野の能力が十分ではないのかなど、どのような分野の能力を

33

第Ⅰ部　青少年のインターネットリテラシー指標の開発と運用

重点的に教育する必要があるのかを明らかにする必要がある。この課題点の解明なくして、13条が掲げる「インターネットを適切に活用する能力の習得のための効果的な手法の開発及び普及」を果たすことは困難であろう。

　次に「青少年の有害情報の閲覧機会の最小化」についても同様のことが言える。この閲覧機会を最小にするための措置として代表的なものに、フィルタリングがあげられる。フィルタリングは、青少年にとって不適切な情報であると判断されるサイトの閲覧を制限するための技術的措置であるが、どのような基準で閲覧制限を設定するかが課題になる。この基準の設定は、公的な研究会において有識者による合意のもとで設定されているものであるが（レイティング／フィルタリング連絡協議会 2010）、実際の青少年のリスク回避能力というエビデンスを基にした決定がなされているわけではない。フィルタリングの強度の最適化を図るためには、青少年のリスク回避能力をも考慮に入れたフィルタリングの設定が求められるのではないだろうか。

　さらに、「民間主導」という基本理念について考えたい。インターネットを利用する青少年の保護問題は、インターネットという、日進月歩で環境が変化している産業分野における青少年ユーザーの保護の問題である。このような産業分野において、技術的な情報を多く持っている関係者は、ウェブサービスを提供している産業界である。また、学校現場で起きている問題をいち早く把握することができる関係者は学校及び教員と言えよう。このように、各分野の専門家は、その分野において多くの情報を持っており、政策の方向性を決定するためには、政府の担当官のみで政策立案するのではなく、各関係者が持っている情報を集結し、政策を立案し施行していくことが効果的であると言える。しかしそのためには、各関係者において問題を共有し、役割分担を明確にするためのエビデンスが必要になるであろう。このことからも、現実の青少年のインターネットの利用実態を明らかにして、各関係者が各々の役割を果たせることを可能とするためのエビデンスを示す必要があると言える。

　さらに、本法の附則抄第3条は検討事項として、「法律の施行後三年以内に、この法律の施行の状況について検討を加え、その結果に基づいて必要な措置を講ずる」ことを規定している。これは、現在の本法の規定内容が、将来のインターネットの利用環境や青少年保護の状況を考慮したうえで、法改正があ

第1章　青少年のインターネット利用環境と保護政策

りうることを示唆しているものである。この検討を行うためには、その根拠となる青少年のインターネットの利用状況及び彼らのリスク回避能力の現状を明らかにし、そのエビデンスを持って法改正に対して検討を行う必要があると言える。

　このように、本法の目的を果たし、効果的な政策を講じ、インターネットを利用する青少年の保護と彼らのインターネットの利用の自由を確保するためには、政策の最適化を図る必要がある。そのためのエビデンスとして、インターネットから発生する様々な脅威に対する青少年のリスク回避能力を明らかにする必要があると言える。

1.3　啓発教育における制度問題と解決に向けたエビデンスの必要性

　青少年インターネット環境整備法の第13条で示されているように、我が国における「青少年がインターネットを適切に活用する能力を習得する」ための啓発教育の形態は「学校教育、社会教育及び家庭教育」がその主たるものとなっている。

　本節では、啓発教育の主たる提供形態が学校教育としてのフォーマル教育と、社会教育としてのノンフォーマル教育の2つの教育形態が軸となり、家庭教育としてのインフォーマル教育を支えていることについて述べるとともに、これらの教育において生じている問題について議論を行う。

1.3.1　我が国における府省庁及び民間組織から提供されるフォーマル教育とノンフォーマル教育

　インターネット・ユーザーに向けた啓発教育政策は、大きく分けて文部科学省が施行するフォーマル教育と、文部科学省及び他の府省庁機関、地方自治体さらに民間が提供するノンフォーマル教育に分けられる。フォーマル教育は政府機関により認められた制度化した教育のことであり、我が国においては、文部科学省の管轄のもと提供される幼稚園、小学校、中学校、高校、大学での教育が該当する。一方、ノンフォーマル教育は府省庁機関・地方自治体・民間が提供する社会教育の一種であり、フォーマル教育で補いきれない教育課題に対

35

第Ⅰ部　青少年のインターネットリテラシー指標の開発と運用

応すべく、非教育機関から提供される教育及び教育機関が社会教育として提供する教育の方策である（UNESCO 1997）。したがって、我が国における啓発教育は、文部科学省の教育制度のもと、青少年に向けて学校制度内で行われているフォーマル教育と、政府機関・社会団体及び企業の社会的責任（CSR）[3]のもとで青少年及び保護者に向けてノンフォーマル教育が行われている[4]。

　さらにインフォーマル教育は、日常生活の中で、自然発生的に行われる教育形式であり、他の教育形式とは違い、意図的に行われるものではなく、構造的な教育体系を有していない教育形式である（Werquin 2010）。このことから、インフォーマル教育としての啓発教育は、家庭での保護者が青少年に対して行う家庭学習や、保護者同士や学校教員と保護者の間で行われる情報交換などがあてはまる（表1.1）。

表 1.1：啓発教育における各教育形式の内容と対象者

教育形式	特質	青少年インターネット環境整備法第13条における分類	啓発教育の対象
フォーマル教育	・意図的に計画された教育 ・構造化された教育 ・成績管理を伴う ・学校教育における授業	学校教育	・青少年 （小中高校生）
ノンフォーマル教育	・意図的に計画された教育 ・構造化された教育 ・セミナー、ワークショップ、イベント等	社会教育	・青少年 （小中高校生） ・保護者
インフォーマル教育	・意図がなく日常生活に発生する学び ・非構造的 ・家庭での教育、保護者同士の情報交換等	家庭教育	・青少年 （小中高校生） ・保護者

出所：UNESCO（1997）とWerquin（2010）及び青少年インターネット環境整備法を参照して筆者作成

1.3.2　啓発教育におけるフォーマル教育上の問題

　次に、フォーマル教育による啓発教育の実践上の問題についてみていく。我が国の教育政策の基本方針を位置づけるための重要な政策として、2008年に「教育振興基本計画」が閣議決定された。この基本計画には、これまで取り扱

第1章　青少年のインターネット利用環境と保護政策

われてこなかった「情報モラル」が注目され、地域・学校・家庭において情報モラル教育を推進することが政策の方針として明記された。

これを受け、文部科学省は2008年に小学校及び中学校の新学習指導要領を公布した（文部科学省 2008b）。2008年の学習指導要領の改定では、「全ての教科教育において情報モラル教育を実践すること」が規定されている。ここで言う「全て」とは、小学校の社会科や理科だけでなく、国語や算数の授業においても情報モラル教育の要素を取り入れた授業を展開することを意味している。この情報モラル教育の学習指導要領への明文化は、日本政府によるこの問題に対する強い意思表示であるとも言える。

しかし、学校教育の場で子どもたちに情報モラル教育を実践する立場にある教員の多くは、これまで教えてこなかった情報モラルを授業で取り扱うことについて自信を持っていない状況にあった。

2010年に行った教員に対する調査の結果では、教科教育や生徒指導において情報モラル教育を実践していくうえで困難を感じている教員が64％も存在した（図1.3）。どのようなことに困難を感じたかについては、「教員のインターネットリテラシー能力の問題」が多くあげられているものの、「児童・生徒のモラル意識を向上させることに困難を感じている」教員の意見についても多数述べられている（表1.2）。このことから教員が教科教育の中で情報モラルの教育の手法を模索していることがうかがい知れよう。さらにこの現実は、日本政府の教育政策と現状の教育との間にギャップがあることを意味していると言える。

特に、この調査結果から考えられることとしては、各教員がインターネットの安全利用に関する情報モラル教育に自信を持っていないことであり、そのような状況のもとで行われる教育が、十分な教育効果をもたらすことができるのかという疑問が残る。もちろん、この調査では学校教育における情報モラル教育の教育効果を評価しているものではない。しかし、インターネットの適切利用について自信を持っていない教員は、積極的に情報モラル教育を行うことができるのであろうか。また、そのような教員から情報モラル教育を受けた青少年に、適切にリスク回避能力が備わるのだろうか。このような教育上の問題に対しての対策を講じる必要があることは否定できないであろう。

37

第Ⅰ部　青少年のインターネットリテラシー指標の開発と運用

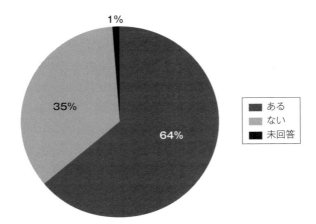

問：情報モラル教育を実践していく際に、お困りになっていることはございますか？
出所：関東地域Ａ市小・中学校の教員に対するアンケート調査（実施時期2010年1月：n＝75）

図1.3：小中学校教員の情報モラル教育に対する自己効力感

表1.2：小中学校教員の情報モラル実践において困難に感じている事項

（自由記述）どのようなことにお困りでしょうか？
・校内の教員の中でも情報ネットワークへの知識、認識の差があり、危機感にも差がある。 ・学校で情報モラルについて児童に伝えていってもなかなか浸透していかなかった。 ・指導する側の知識がなかなか追いつかない。 ・情報モラルの授業ではどのようなところをおさえると効果的に教えられるのか、悩んでいる。 ・家庭のルールの必要性を感じますが、具体的に提示できる判例が自分の中の引き出しに少ない。 ・家庭でのルールづくりのために、学校がどのようにかかわれるのかが未知数です。 ・携帯メールの正しい使用法についてなかなか子ども達に理解してもらえない。 ・子どもの知識、携帯・ネットの発達状況についての知識についていけない。 ・学校現場が情報社会の進歩についていけていない。 ・情報モラル教育に十分に時間を割くことができない。 ・生徒の方が知識を持っていて教員が追い付いていない。 ・講演会等で指導しているのですが、3～6か月ぐらい過ぎるとメール等の誹謗中傷がなかなかおさまらない。

出所：関東地域Ａ市小・中学校の教員に対するアンケート調査（実施時期2010年1月：n＝75）

第1章　青少年のインターネット利用環境と保護政策

1.3.3　ノンフォーマル教育の政策的意義と政策最適化の必要性

　上記のように、フォーマル教育による啓発教育が十分に機能しているとは言えない状況において、その不足する部分を補ううえで重要な教育形態が社会教育としてのノンフォーマル教育である。ノンフォーマル教育は、主にインターネット上の青少年保護に関係する府省庁、民間社会団体やインターネット関連企業から提供されている。

　府省庁が行うノンフォーマル教育による啓発教育は、各府省庁の担当領域の特色が出たものとなっている（齋藤・新垣 2012）。情報通信網の環境整備に努めている総務省では、ユーザーの利用促進とユーザー保護の立場からの教材が公開されている。経済産業省においては、消費者保護の立場から教材が公開されている。法務省では、人権保護や情報セキュリティの色合いが濃い教材となっている。文部科学省においては、青少年の健全な発達・育成という立場から道徳教育に重点が置かれた教材が公開されている。さらに内閣府においては、共生社会づくりという立場から、青少年のインターネットの適切利用のためのPDF教材が提供されている。

　さらに、民間が行うノンフォーマル教育についてみていくことにする。青少年インターネット環境整備法第3条3項の「民間における自主的かつ主体的な取組が大きな役割を担う」という法規定を受けて、民間セクターにおいても主に企業によるCSRの一環として、様々なノンフォーマル教育によるeラーニング教材が公開されている。業種としては主に通信事業者であり、携帯電話キャリア、コンテンツ・プロバイダー、インターネット・プロバイダーなどがあげられる。また、業界団体の連合組織からも、業界団体を代表したCSR活動として教材が提供されるものもある。さらに、インターネット・ユーザー側からの取り組みとして、市民活動を行うNPO団体などからのeラーニング教材の提供も行われている（図1.4）。

　しかし、これらのノンフォーマル教育は、各提供主体が各々の立場から啓発教育が提供されており、青少年が直面する恐れのあるインターネットの各リスクが体系的に編纂されているとは言えない。特にその傾向は、府省庁から提供されている啓発教材に強くみられる。さらに、提供されている教育内容が、過

第Ⅰ部　青少年のインターネットリテラシー指標の開発と運用

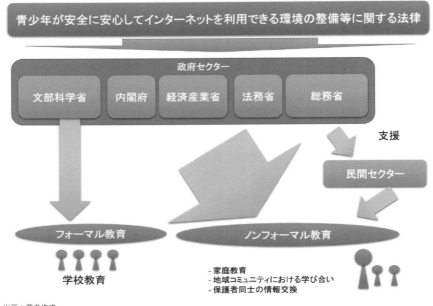

図1.4：我が国の啓発教育政策体制の俯瞰図

去に発生したトラブルを収集しているものが多く、今日のインターネット環境において、青少年が身につけることが望まれる知識・能力についての精査が十分に行われているとは言えない。仮に、現状に適した教育内容に啓発教育を最適化することができれば、啓発教育の効果を向上させることができるであろう。

1.3.4　家庭でインフォーマル教育を担う保護者の指導力向上のための啓発教育政策の最適化の必要性

　各家庭におけるインフォーマル教育の実施主体として、保護者の責務は大きいと言える。青少年インターネット環境整備法第6条においても「保護者の責務」として、保護者は「青少年のインターネットを適切に活用する能力の習得の促進」に努めなければならないことが規定されている。

第1章　青少年のインターネット利用環境と保護政策

　そのためには、保護者が家庭において青少年を適切にペアレンタル・コントロールするための能力を習得する教育の機会が必要となる。内閣府（2009, 2010a, 2011）は青少年インターネット環境整備法による環境整備の進展状況を評価するために、本法が施行された2009年から毎年、青少年のインターネットの利用状況及び保護者のペアレンタル・コントロールの現状についての調査を行っており、この調査結果をもとにして、府省庁から様々な政策が打ち出されている[5]。

　このような保護者に向けた啓発教育の重要性は、国際社会においても認識されている。国際電気通信連合（ITU）は2009年に"Strategic Dialogue on Safer Internet Environment for Children"において「東京声明」を発表し、「青少年・保護者及び教育者を含むすべての関係者への啓発教育の取組を促進させる」ことの必要性について声明を発表している（ITU 2009）。また、経済協力開発機構（OECD）では、2012年に「OECD インターネット上の青少年の保護に関する理事会勧告（Recommendation of the Council on the Protection of Children Online)」を発表し、「青少年と保護者のインターネットリテラシーの進化を定期的に評価する」ことを奨励し、その評価をもとにした「エビデンスに基づく政策支援」を実践することを勧告している（OECD 2012a）。

　齋藤（2010）では、青少年インターネット環境整備法に従い府省庁が行う青少年のインターネットリテラシー向上のための政策を概観し、青少年及び保護者に向けた教育政策の必要性について議論を行った。さらにSaito, Tanaka and Yatuzuka（2010）及びTanaka, Saito and Yatuzuka（2011）では、民間セクターによる啓発教育として、青少年と保護者に対するeラーニング教材の利用普及のためには、対面の保護者向けセミナーやイベント等とeラーニング教材を連動させることが有効であることが議論されている。これまでの研究からも、青少年のみならず保護者に対して、ノンフォーマル教育の形式による啓発教育を提供していくことが重要であると言える[6]。

　しかし、これまで行われてきた保護者に向けた啓発教育は、学校・地域・CSRなどから提供されているが、啓発教育の提供頻度や教育内容などは、各実施主体に委ねられていたことから差異が生じていることが考えられる。従って、各地域に適合した保護者向け啓発教育が必要となる（内閣府 2010b）。

41

第Ⅰ部　青少年のインターネットリテラシー指標の開発と運用

　このような状況を明らかにするために、齋藤・新垣（2012）は各地区における、保護者の啓発教育の受講状況について調査分析を行った。齋藤・新垣の分析の結果では、啓発教育は地区によって実施状況に差があり、教育が不十分な地区に対して、啓発教育を拡充していく必要があることを指摘している。

　齋藤・新垣の分析結果を考慮すれば、我が国全土における保護者の教育力・保護監督力向上のためには、地域的な啓発教育の実施状況の差を是正しなければならない。さらに、保護者の教育力の向上のためには、保護者が持ち得ているインターネットのリスク回避に関する能力を明らかにし、不足する能力の改善に努めることが重要であると言えよう。

1.4　近年の青少年のインターネット利用環境の変化から新たに隆起する問題

　2009年の青少年インターネット環境整備法の施行以降、本法に関連する諸政策が府省庁から講じられている。さらに、民間からは安心ネットづくり促進協議会を軸とした普及啓発活動が講じられてきており、その活動の成果も上がってきている。

　しかし、今日の通信環境の進展及びウェブコンテンツ・サービスの高度化により、青少年インターネット環境整備法の法案策定段階であった2008年当時では想定していなかった新たな社会的な課題が発生しており、その問題に対する解決が急務となった。

　本節では、我々のメディア利用環境を一変させたスマートフォンの普及から隆起する青少年の新たなインターネットのリスクについて言及するとともに、その問題に対応するために、政策を最適化することが重要であることについて議論を展開する。

1.4.1　スマートフォンの普及による青少年のコミュニケーション環境の変化

　スマートフォンは、我が国の社会に急激に普及したと言えよう。青少年のスマートフォン状況をみてみると、内閣府（2010a）の調査によれば、2010年における中学生のスマートフォンの所有率は2.6%、高校生の所有率3.9%となっ

42

第1章　青少年のインターネット利用環境と保護政策

ていたが、内閣府（2012）の調査では2011年の時点において中学生の所有率が25.3%、高校生の所有率が55.9%といずれの年代においても青少年のスマートフォンの率が増加した。

次に、ソーシャルメディアのユーザーの利用者の拡大についてみていく。総務省情報通信国際戦略局（2011）によれば、我が国国内のSNSのブログ数は、2005年以降急激に増加し、2011年には2,500万ブログ数にまで達した。さらに、携帯電話を介してのソーシャルメディアの利用率比較においては、10代及び20代のソーシャルメディアの利用が他の年代よりも利用率が高く、多くの利用項目において全体平均よりも5ポイント以上高いという結果が報告された。

これらの結果からも青少年の間にスマートフォン及びソーシャルメディアの利用が進んでいることが理解できる。

1.4.2　スマートフォン利用環境に適合させるための政策の見直しの必要性

前述したように、我が国では2009年の青少年インターネット環境整備法施行をきっかけとして、官民による共同規制体制により様々な対策が講じられてきている。しかし、これまでの携帯電話に対する取り組みは主にフィーチャーフォンに対して行われてきたものであるが、スマートフォンの登場により、新たにスマートフォンに対する青少年保護対策の必要性が高まった。

青少年保護の観点から、フィーチャーフォンとスマートフォンのそれぞれに必要とされる対策の相違について見てみると、重要な検討課題としてスマートフォンにおけるWi-Fi利用時のフィルタリングの問題が挙げられる。フィーチャーフォンにおいては、携帯電話回線を介してインターネットと接続される。このため、フィーチャーフォンの場合は、携帯キャリア側でフィルタリングを設定することができる。言い換えれば、携帯キャリア側で閲覧情報をコントロールすることができていたのである。

しかし、スマートフォンの場合は、この携帯電話回線に加えてWi-Fiの2つの通信方法を利用することが可能となる。これまで青少年保護として行われてきた携帯電話のフィルタリングシステムは携帯電話回線を前提としていることから、新たにWi-Fi通信網を利用した通信時における青少年保護対策が必要となったのである。このWi-Fi利用時におけるフィルタリングとしては、フィル

43

第Ⅰ部　青少年のインターネットリテラシー指標の開発と運用

タリング・アプリを利用することとなるが、フィルタリング・アプリを利用するためには利用者自らがアプリケーションをダウンロードしなければならないという課題がある。このため、利用者である青少年とその保護者に対して、1）携帯電話回線で利用していたフィルタリングに加えて、新たにWi-Fi通信用のフィルタリング・アプリを利用する必要があることについての情報提供を行う必要があり、2）このフィルタリング・アプリの利用普及を進めていく必要もある。

　次に、アプリケーションについて言及する。フィーチャーフォンにおいてインターネットのウェブページを閲覧する場合や特定のサービスを利用する場合は、ブラウザーを介して利用する方式であったが、スマートフォンではブラウザーの利用に加えてアプリケーションソフト（以下：アプリ）をダウンロードし、ブラウザーを利用せずに専用のアプリを介して直接サイトのサービスを利用することができる。このアプリ利用時の問題としては、アプリを利用して便利に使えるウェブサイトに青少年が没入してしまい、時間を浪費してしまう恐れがあるということがあげられる。その問題に対応するための技術的措置としてアプリ制限機能があげられる。重要となることは、青少年自らが自己を律して、適度にアプリ・サービスを利用できるようになることであり、そのようになるための段階的な措置として、アプリ制限サービスが提供されている。

　さらにアプリの利用には、もうひとつ大きな問題が生じている。利用者がアプリをダウンロードする際に、アプリ提供者側から利用者の個人情報が収集されてしまうという問題が生じている。これは、アプリ利用者である青少年が、個人情報が収集されていることを認識していないという問題と、収集された個人情報が他の用途に流用されることに対して問題意識を持っていないという問題があげられる。この問題に対する取り組みとしては、利用者である青少年及びその保護者に対して、アプリのダウンロードに際しては、個人情報が収集される可能性を認識することと、収集される個人情報の範囲を確認することが必要となる。その対策として、プライバシー・ポリシーの確認行為の重要性に関する啓発教育を行うことが重要となる。

　一方で、スマートフォンは、多機能な通信デバイスであることから、ペアレンタル・コントロール機能[7]及びプライバシー保護機能が利用できるという

第1章　青少年のインターネット利用環境と保護政策

特徴がある。特に、ペアレンタル・コントロール機能は、青少年のインターネットの安全利用に保護者が関与し、段階的に青少年のスマートフォン利用を変更することができる。このことは、青少年のインターネットの安全利用を青少年に任せきりにするのではなく、青少年と保護者が一緒に安全なインターネットの利用環境を作りだすことができることを意味している。このことから、この2つの保護機能の利用普及に努めることが課題となる。

　さらに、スマートフォンの普及により、ネット依存の問題も隆起している。樋口（2013）の調査では、10万人の中高生を対等にアンケート調査したところ、依存傾向にある中学生は6%、高校生は9.4%であり、この比率を全国の中高生に換算すると51万8,000人の中高生が依存症である可能性があると報告している。同調査では、成人についても調査しているが、成人の比率は全体の2%であることから、中高生は成人の約4倍が依存傾向にあると言える。このようなネット依存の問題に対しても施策を講じることが必要であると言える。

　以上、フィーチャーフォンで行われてきた取り組みに加えて、スマートフォンでは新たな青少年保護に関する課題が生じていることをみてきた。上記で触れたようにスマートフォンは高機能かつ多機能であることから、それに伴いこれまでのフィーチャーフォンでは表面化しなかった諸問題が新たな問題として隆起している。

　このようなメディアの利用環境の変化にともない、インターネットを利用する青少年の保護政策も見直しを図らなければならないと考えられる。しかし、政策の修正には、その意思決定を支援するためのエビデンスが必要となるであろう。それは、エビデンスを基にして政策の最適化を行うことにより、スマートフォンから隆起する新たな問題に対し、効果的な対策を講じることができるとも言えよう。

1.5　青少年インターネット利用環境整備政策の最適化を支援する青少年のインターネットリテラシー測定の必要性

　以上みてきたように、青少年インターネット環境整備法の施行以降、官民による青少年保護に向けた様々な取り組みが行われている。しかし、利用者であ

45

第Ⅰ部　青少年のインターネットリテラシー指標の開発と運用

る青少年に対する啓発教育政策は、施行上の課題を内包していた。さらに、青少年インターネット環境整備法の制定当時は、フィーチャーフォンの利用環境を想定していたが、現在のスマートフォンの利用環境に適合した青少年保護政策に政策を改修する必要があると言える。

　本節では、各政策課題における、青少年保護政策の最適化の必要性と、その最適化を支援するためのエビデンスの必要性について議論を展開したい。

1.5.1　啓発教育上の問題への対応の必要性

　1.3節では、啓発教育を行ううえで様々な問題が内在することについて明らかにしてきた。ノンフォーマル教育としての社会教育の問題としては、教育内容の不統一の問題があげられた。それは、各府省庁から提供されている啓発教育は、それぞれ社会的な意義があるものの、その教育内容には各府省庁の管轄に依存しており、教育内容に偏りがあった。また、民間企業のCSRによる啓発教育や民間団体から提供されている啓発教育は、啓発教育を普及させると言うことに主眼が置かれているものであった。もちろん、2009年の青少年インターネット環境整備法施行以降、啓発教育を普及させるという目的においては、一定の効果を上げてきたと言えよう。しかし、そこで行われている教育内容については、十分な議論がされてこなかった。このことは、啓発教育を受けたことによって、青少年にインターネット上のリスクに対する諸能力が身についたかについては明らかにされてこなかったことを意味する。

　さらに、保護者においてはフォーマル教育の経験がないことから、彼らのインターネットリテラシー習得には、ノンフォーマル教育による社会教育が必要不可欠である。しかし、齋藤・新垣（2012）の分析では、その啓発教育には地域差があるという結果を報告している。このことは、地域によって保護者の家庭における指導力に差がある恐れがあることと、インターネット上の青少年保護に対する地域的な意識と活動に差がある恐れがあることを意味する。

　これらの議論から、啓発教育政策を最適化させるためには政策を見直すための判断基準が必要となる。特に、啓発教育においては、青少年の現在のリテラシーの習熟度合いを明らかにし、その結果を基にして、啓発教育の内容や実施の方法を修正していくことが有効であると言えよう。

第1章　青少年のインターネット利用環境と保護政策

1.5.2　通信環境の変化から隆起する問題への対応の必要性

通信環境に目を向けると、2010年以降のスマートフォンが急速に普及し、青少年の多くは常時接続的にウェブコンテンツを利用することが可能となった。しかし、接続が容易になったということは、ウェブコンテンツの便益を享受するとともに、スマートフォンに依存してしまいやすい傾向にあることが報告されている（樋口 2013）。特に、自己抑制能力が発達段階である彼らに対する、適切なインターネット利用のコントロールが必要となる。

さらに、スマートフォンの普及は、新たなインターネット上のリスクに対するリテラシーの習得を必要とする。先の議論でも論じたようにWi-Fi通信網の利用時には、携帯電話回線用のフィルタリングは機能しないことや、アプリケーションのダウンロード時に、意図しない個人情報の提供をしてしまう可能性があることへの認識が不十分であることなど、スマートフォン利用における知識を習得する必要があると言える。しかし、そのような諸知識の提供が社会的に十分であるかについては図られていない。

1.5.3　政策の最適化のためのエビデンスの活用

インターネット上の青少年保護政策を効率的に行い、その政策の効果を最大化させるためには、施行する政策の最適化を行う必要がある。例えば、青少年がインターネットの利用から隆起する諸リスクに対し、自らそのリスクを回避する能力を身につけていたとしたら、保護の強度を緩めることができるであろう。逆にリスク回避能力が身についていないのであれば、保護の強度を強める必要があると言える。さらに、青少年保護政策を行う場合に、青少年がどのようなリテラシーを身につけており、どのようなリテラシーの習得が十分ではないのかについて明らかになれば、適切な青少年保護政策を講じることができるであろう。

加えて、現実の青少年のインターネットの利用状況や心理的側面を可視化することが可能であれば、青少年をどのように保護すべきかが明らかになり、それに適応した青少年保護政策を講じることができるであろう。

しかし、これまでの青少年のインターネットの利用環境整備政策は、上記で

47

第Ⅰ部　青少年のインターネットリテラシー指標の開発と運用

述べたような、リテラシーや心理特性を定量化・定性化したデータをもとに政策の意思決定が行われていたとは言い切れない。むしろ、対処療法的に社会問題が隆起したことを受けて、事後的に政策を講じてきたと言える。もちろん、目の前に隆起している問題に対し、その解決を図ることは重要である。しかし、その対策のための政策を講じる際に、適切な強度の政策の施行や、政策が必要とされる対象者や対象地域に対し青少年保護政策を講じることが理想的であると言える。

　もし、このような理相的な青少年保護政策が行われた場合、政策に必要とされる社会コストは最適化されるであろう。さらに、当事者である青少年においては、適切な強度の保護政策を享受できるとともに、彼らのインターネットの利用の自由を確保することができると言えよう。

　これらの議論から、インターネット上の青少年保護政策の最適化を実現するための方策に関する研究を行う意義があると言える。

1.6　青少年インターネット環境整備政策のアプローチとステークホルダー

　本書では、このような青少年のインターネット利用から隆起する諸問題に対し、青少年にとって安心で安全なインターネットの利用環境整備政策のための、青少年のインターネットリテラシー指標の開発・運用に関する取り組みをアクションリサーチ研究としてまとめた。

　その研究の具体的な取り組みとして、多分野にわたるステークホルダーと協働し、インターネットを利用する青少年の保護問題に対する取り組みを行った。そのために、総務省総合通信基盤局電気通信事業部消費者行政課及び総務省情報通信政策研究所と連携し、「青少年のインターネットリテラシー指標に関する有識者検討会」を設置し、指標の策定を行った。さらに、策定された指標により定量化された青少年のインターネットのリスク回避能力とその結果を基にして、啓発教育、社会制度、技術的保護対策の側面から政策提言を行った。その政策提言は、インターネットを利用する青少年の保護問題のステークホルダーである安心ネットづくり促進協議会、通信事業、PTA組織の取り組

第 1 章　青少年のインターネット利用環境と保護政策

みの意思決定に正の影響を与え、彼らの保護政策の最適化のための支援を目指した（図1.5）。

出所：著者作成

図1.5：青少年のインターネットリテラシー指標に関する有識者検討会俯瞰図

注

(1) 本書ではPHS、スマートフォンも含めて「携帯電話」と表記することとする。特に従来型の携帯電話に言及した議論の際は「フィーチャーフォン」と表記するとともにスマートフォンに関しては「スマートフォン」と表記することで議論の対象を明らかにする。

(2) 2008年を境に出会い系サイト経由の犯罪被害が減少している理由のひとつに、2008年に「インターネット異性紹介事業を利用して児童を誘引する行為の規制等に関する法律」が強化されたことがあげられる。犯罪者はこの法規制の強化により、犯罪を行うサイトとして一般SNSサイトを利用するようになったことが原因として考えられる。

(3) 企業のCSRとしてのノンフォーマル教育の例としては、NTTドコモが行っている「ケータイ安全教育」、KDDIが行っている「KDDIケータイ教室」などがあげられる。各通信事業者は青少年インターネット環境整備法第5条「関係事業者の責

第Ⅰ部　青少年のインターネットリテラシー指標の開発と運用

務」を受けて、「青少年のインターネットを適切に活用する能力の習得に資するための措置」として様々なノンフォーマル教育活動を行っている。

(4) もちろん、文部科学省においては、新学習指導要領において定められているように情報モラルに関する教育を学校教育として提供しているとともに、社会教育として情報モラルに関するノンフォーマル教育を提供している。文部科学省によるノンフォーマル教育の例としては、社会教育を管轄する文部科学省スポーツ青少年局では、2011年度に青少年の携帯電話をめぐる問題の解決のための政策として、青少年と保護者に対して「ケータイモラルキャラバン隊」によるノンフォーマル教育を提供していることがあげられる（文部科学省 2012）。

(5) この調査は、2009年の青少年インターネット環境整備法の施行を受けて、本法による青少年のインターネットの環境整備進展を評価するために、内閣府が2009年より毎年度行っている調査であり、日本全国の青少年及び保護者に対し、青少年のインターネットの適切利用に関する意識及び知識の深化を評価することを目的として実施されている調査である（内閣府 2009, 2010a, 2011）。

(6) 山本・清水（2008）は教育工学の立場から、児童のインターネット・リテラシーの向上のためには、学校と保護者が連携し児童を指導する必要があることから、保護者の指導力向上のための啓発研修を開発し、被験者となる保護者28人に対し研修を行い、その効果を検証したところ、保護者の指導力の向上及び学校との連携意識の向上という効果を得たことを報告している。

　　しかし、前掲の内閣府（2009, 2010a, 2011）の調査では、日本全国を対象とした大規模調査を実施し、保護者の教育の受講経験について調査を行っているものの、保護者の教育の受講経験とペアレンタル・コントロールとの関係性についての分析は行われていない。また、前掲の山本・清水（2008）の研究では啓発教育の受講経験とペアレンタル・コントロールとの相関に関する研究は行われているものの、限定的な範囲での被験者を対象とした検証にとどまっている。

(7) ペアレンタル・コントロール機能とは保護者などの管理者がメディアの閲覧に制限をかける機能のことであり、メモリーカードやウェブページを含むメディア全体の制限を個別に行う機能である。一方フィルタリングはウェブページの閲覧を制限するための機能である（参照：「KDDI用語集」http://www.kddi.com/yogo/）。両者の大きな違いは、ペアレンタル・コントロールは保護者である管理者が各機能の制限の範囲と強度を個別に行うことができる機能であるのに対し、フィルタリングはキャリア側がウェブページに対する制限を設定するものであり、その強度の段階もキャリア側がデフォルトで設定している。

第2章

青少年保護政策を最適化させるための意思決定

　インターネットを利用する青少年に向けて、適切な保護を講じるとともに、彼らのインターネットの利用の自由を最大限に確保するためには、青少年保護政策を最適化させることが重要な課題となる。今日のインターネットの利用環境を考えると、スマートフォン等の通信デバイスは、パーソナルな利用状況下において高度なインターネット通信を可能としている。しかし、このことは保護者の関与が行き届かない環境下でのインターネットの利用を可能としている。そのような環境下は、青少年にとって有害と考えられる情報が、直接青少年と接触する恐れがある。彼らの発達心理の側面から青少年のインターネットの利用環境を考えると、インターネットの脅威に対して青少年を取巻く外的な発達環境である学校やPTAの関与、インターネット関連企業の社会的責任や政府による保護政策を最適化させる必要があると言える。

　しかし、青少年保護政策における政策意思決定のプロセスを考えると、従来行われてきた伝統的政策意思決定は、政策立案者の主観的要因や集団主義的な要因が内包され、最適な政策を選択するための構造がデザインされていない恐れがあった。この政策立案者が抱える主観的要因を行動経済学の知見から考察すると、限定合理性、現状維持バイアス、集団保守主義的行動等の人間の意思決定行動に内在する認知的バイアスが影響していたと考えられる。

　このような意思決定過程の問題を解決させるためには、政策立案者が合理的な意思決定を下すことを可能とする情報提供メカニズムが必要となるであろう。なぜなら、青少年のインターネット利用の現状は不確実であり、そのような状況の中で最適な政策を選択するための情報の収集と整除が必要となるから

51

第Ⅰ部　青少年のインターネットリテラシー指標の開発と運用

である。この課題を解決するためには確立論の立場から統計的推測の結果を政策立案者に提供し、彼らが最適な政策を選択できることを支援するシステムを構築することが有効となると考えられる。本章では、この政策決定の手法として「エビデンスに基づく政策」の有効性について検証する。

　このエビデンスに基づく政策については、インターネット上の青少年保護政策においても、先進的な取り組みが行われている。しかし、これまで行われてきた青少年のインターネットの実態調査は、青少年のインターネットの利用状況、属性、意識調査にとどまっている。これらの調査により、青少年のインターネットの利用実態や彼らの心理的な側面を政策に反映させることはできるが、彼らのリスク回避能力に応じた政策を講じることはできなかった。もし、インターネットのリスク回避能力を可視化することができるのならば、彼らの能力レベルに適応した青少年保護を施行することができる。

　これは、過度な保護規制の抑制につながるとともに、可能な限り青少年のインターネットの利用の自由を確保することにつながると言える。さらに、インターネットの利用実態調査とリスク回避能力の結果をクロス分析することにより、学校関係者、PTA、インターネット関連事業者及び政府・自治体の各階層に求められる保護政策の選択を支援することが可能となるであろう。

　本章では、先行研究レビューを基に、青少年のインターネットリテラシー指標の開発の意義について議論を展開する。

2.1　発達心理からみるインターネット上の青少年保護の必要性

　インターネットから隆起する様々なリスクは、すべてのインターネットを利用するユーザーが直面する問題である。しかし、特に発達段階にある青少年は保護が必要であると言える。この青少年保護についてブロンフェンブレンナー（Bronfenbrenner 1979）が提唱する「人間発達の生態学」を手掛かりに考えることとする（図2.1）。

　ブロンフェンブレンナーは、人が生活している生態的環境を4つの領域に分類している。直接本人が経験し影響を受けその後の行動を方向づける「マイクロシステム」、家庭や学校の等の関係から影響される行動様式や役割などの

第2章　青少年保護政策を最適化させるための意思決定

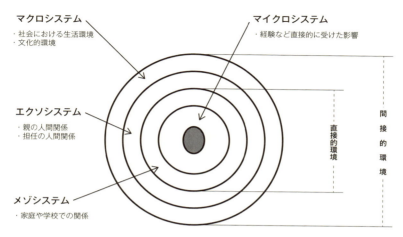

出所：古澤頼雄（2005）「ふたたび発達とは」柏木惠子他（著）『新版発達心理学への招待』ミネルヴァ書房 p.261

図2.1：ブロンフェンブレンナーの「人間発達の生態学」のイメージ図

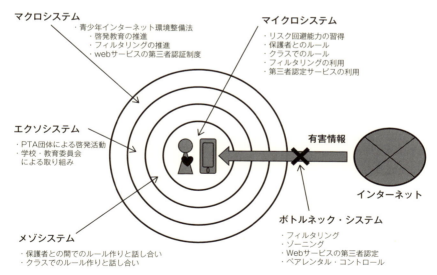

出所：古澤頼雄（2005）「ふたたび発達とは」柏木惠子他（著）『新版発達心理学への招待』ミネルヴァ書房 p.261 を基に筆者作成

図2.2：ブロンフェンブレンナーの「人間発達の生態学」を基にした青少年保護対策の方向性

53

第Ⅰ部　青少年のインターネットリテラシー指標の開発と運用

「メゾシステム」、親の人間関係や担任教員の人間関係など直接経験するのではないが本人のマイクロシステムに影響を及ぼす「エクソシステム」、社会における生活環境や文化的な背景等の「マクロシステム」と4つの発達環境を定義している。これらの環境が、青少年に対し直接的に間接的に人の発達に影響を及ぼしていると考えられる（図2.2）。

　次に、歴史的な観点からメディアの発展が青少年にどのような影響を与えたのか、そこにおいて保護者のかかわりはどのように変化していったのかについて、ブロンフェンブレンナーの理論を基に考えて行きたい。

2.1.1　テレビ時代の青少年の発達環境

　1980年代ごろに遡ると、青少年のマイクロシステムに直接影響を与えるメディアは、テレビであったと言える。当時は、テレビから発信される暴力シーン等の有害情報や（湯川 2003）、長時間視聴等などが問題にされていた（向田 2003）。この時代の青少年保護としては、テレビ局の放送倫理規定により、青少年にとって有害であるとされる情報は排除されたり、成人向けの内容は深夜枠で放送されるなど、放送倫理規定が青少年の発達のマイクロシステムに対するボトルネックとなり（放送倫理・番組向上機構 2013）、有害情報対策は機能していた時代であると言えよう。

　また、テレビは主に居間等の保護者の目が届く場所に設置されていたことから、保護者によるペアレンタル・コントロールが機能し、保護者自ら青少年のマイクロシステムに対する制御が可能な時代であったと言える。

2.1.2　インターネット時代の到来と青少年の発達環境

　1995年のWindows 95の販売以降、一般の人々がインターネットを利用できるようになった。このことは、情報の発信者と受信者を同一化させた。それまでの情報の発信者は、テレビ局やラジオ局にみられるように限られた情報発信者の倫理規定に準拠した情報が発信されていたが、インターネット時代に入り、受信者も自ら情報を発信することが可能となった（吉見・水越 2004）。このことは、発信者側の倫理規定を基にした有害情報に対するボトルネックが十分に機能しない時代を迎えたことを意味する。

第2章　青少年保護政策を最適化させるための意思決定

しかし、この当時にインターネットを利用しているのは成人や大学生などであったことと、インターネット接続環境はダイヤル回線やISDNが主であり、現在のような常時接続環境ではなかったことから、青少年の発達のマイクロシステムに対するインターネットの有害情報の影響は限定的であったと考えられる。

2.1.3　インターネットの大衆化時代の青少年の発達環境

これに対し、青少年のメディア環境が大きく変化したのが2000年から始まるADSLや光回線にみるブロードバンド接続環境の普及と、携帯電話のIP接続サービスの開始と言える。ブロードバンド接続環境が整備されたことにより、ユーザーのインターネット接続環境が劇的に向上したとともに、これまでテキストが主であったコミュニケーション環境が、画像、動画や音声等を使った多様なコミュニケーションが可能となった。さらに、インターネット上でのコミュニケーション環境を提供するブログ、プロフ、SNS等のコミュニケーション・サービスが登場した。また携帯電話のサービスでは、「iモード」を契機として各携帯電話会社からIP接続サービスが提供されたことにより、ユーザーのインターネット常時接続性は高まったと言える。

この時代の問題は、有害情報に対するボトルネックが十分に機能していない状況であるにもかかわらずに、青少年がインターネットを日常的に利用するようになったことである。さらに事態を拡大させる要因としては、青少年がフィーチャーフォン等の高機能な携帯電話を所有し始めたことにある（内閣府2006）。これにより、青少年は保護者の目の届かないところで、日常的にインターネットに接続できる環境の中に身を置くこととなった。そして、この時期からインターネットを使う青少年が学校裏サイトでのいじめやプロフを介した犯罪者との遭遇等、様々なトラブルに巻き込まれるようになり、徐々にそのトラブルが顕在化していった（下田 2008；文部科学省 2008a）。

このメディア環境の変化は、青少年の発達のマイクロシステムに対して大きな影響を与えるようになったのだが、それだけにとどまらずに、青少年を取り巻く諸環境に対しても混乱を招いた。青少年の発達のメゾシステムである保護者や教員は、どのように学校や家庭で保護・指導すればいいのかのノウハウを

55

第Ⅰ部　青少年のインターネットリテラシー指標の開発と運用

会得していなかった。エクソシステムである学校、教育委員会、PTAレベルでは、隆起する青少年のインターネット問題に対して、具体的な方策を打ち出すことに苦慮していた。さらに、マクロシステムとしての政府や地方自治体は、青少年保護のための通信業界団体を含めた国家的な制度を早急に整備する必要があった（総務省 2009a, 2009b, インターネット青少年有害情報対策・環境整備推進会議 2009）。

　このような状況に対するマクロシステム・レベルの対策として、政府は2008年に青少年インターネット環境整備法を立法し、2009年に本法を施行した。本法では、青少年が有害情報に遭遇する機会を可能な限り軽減させるための技術的な保護対策としてのフィルタリングの推進をするとともに（14条）、青少年が自らインターネットのリスクを回避するための能力を身につけるための啓発教育の普及が規定されている（13条）。さらに、それらの青少年保護活動を業界団体、教育界、保護者等のマルチステークホルダーがそれぞれの立場から協力し、青少年のインターネット環境の整備を推進して行くことを本法の趣旨としている（16条）（中谷 2008）。このように、青少年のメディア環境に対するマクロシステムとしての本法の施行を基に、エクソシステムであるPTA団体や学校・教育委員会に対する働きかけ、メゾシステムである保護者や担任教員に対する啓発活動が講じられるようになった。

2.1.4　スマートフォン時代の青少年の発達環境

　青少年インターネット環境整備法の施行以降、マルチステークホルダーによる様々な取り組みが行われてきたのだが、スマートフォンの登場により、その取り組みを見直す必要に迫られることとなった。

　i-Phoneの市場投入以降、携帯電話の市場はスマートフォンが席巻し、携帯ショップや家電量販店の店頭は、オセロのようフィーチャーフォンからスマートフォンにとって変わってしまった。この状況から青少年の携帯電話もスマートフォンが多数を占めるようになった。それに伴い、フィーチャーフォンの時代では見られなかった、新たな問題が顕在化することとなった。

　スマートフォン時代に入り、インターネットへの接続はさらに容易になり常時接続性が高まった。さらに提供されるウェブアプリケーション・サービス

56

第2章　青少年保護政策を最適化させるための意思決定

は、高度かつ魅力的なものが利用できるようになった。しかし、スマートフォンが魅力的であるがゆえに、青少年がフィーチャーフォンでは経験していなかったリスクに直面する要因となってしまっている。

スマートフォンの問題は、フィーチャーフォンに比べユーザーインターフェース性が高くハイスペックであることから、青少年がスマートフォンから提供される様々なコンテンツやサービスに没入してしまい、自己制御が利かない状況に陥ってしまう危険性を内包していることが指摘された（齋藤・吉田 2013）。このことは結果的に、ネット依存の問題を拡大させる要因となった（樋口 2013）。

さらに、アプリケーションを利用することにより、気軽にSNS等のサービスに接続することが可能となったが、公共性の高いSNSにおいて不適切な写真・動画・発言の投稿により、ネット上で炎上するだけにとどまらずに、自分の個人情報や近親者のプライベートまで晒されるという問題が生じている（小林 2011）。

さらに、気軽に利用できるようになったコミュニケーション・アプリの中には、閉鎖的なバーチャル空間によるコミュニケーションを提供しているものもあり、このような閉鎖的なコミュニケーション空間で起こる「コミュニティ内ネットいじめ」が顕在化した。このような閉鎖的なコミュニケーション空間では、保護者や学校教員の保護・監督を困難にしており、問題の鎮静化が容易でない状況になった。

以上述べたように、メディアは青少年の発達のマイクロシステムに直接影響を与える性質を持っている。さらに、メディアの発展はインターネットへのアクセスの容易性を高め、自制力が未発達な青少年においては、メディアの利用を自ら適切にコントロールできない状況に陥る恐れがある。この状況下において、保護者の関与を困難たらしめている要因が、メディアのパーソナル化であると言えよう。

ブロンフェンブレンナーの発達理論に立ち返り、メディアによる青少年の発達のマイクロシステムへの影響に対する政策としては、メゾシステム環境における取り組みとしての家庭での効果的なペアレンタル・コントロールの実施であると言える。また、エクソシステム環境におけるPTAの普及啓発活動や学

第Ⅰ部　青少年のインターネットリテラシー指標の開発と運用

校関係者による啓発教育の実施が重要となるであろう。さらに、マクロシステムにおけるインターネット関連事業者による技術的な措置や、青少年保護サービスの提供などの有効な青少年保護対策への取り組みが必要となるであろう。政府・自治体においても、青少年の発達のマクロシステム環境として、有効な社会制度設計や国民に対する啓発啓蒙政策を講じていくことが重要になると言える。

2.2　伝統的な意思決定モデルに依拠していたインターネット上の青少年保護政策

　上記の議論から、ブロンフェンブレンナーが分類した4つの階層において有効な青少年保護政策を施行する必要がある。なぜなら、有効な政策を講じることは、その政策の効果・効率を高めるとともに、青少年のインターネットの利用の自由を最大限に保護しつつ、必要とされる保護を講じることが可能となるからである。そのためには、政策の意思決定を可能な限り合理的に行い、政策の選択を最適化させることが望ましいと言える。

　ダイ（Dye 1995）は、これまで行われてきた政策決定を「グループ理論」「エリート理論」「制度モデル」「プロセス論モデル」の4つに分類し、これら4つの政策決定理論が非効率な意思決定手法であることについて言及している。そこで、ここでは政治学の観点からダイの指摘する伝統的政策決定理論について説明するとともに、インターネットを利用する青少年の保護問題における政策意思決定上の諸問題について議論を展開する。

2.2.1　「グループ理論」からみた青少年保護政策の意思決定過程の問題

　「グループ理論（Group theory）」による意思決定は、利益者集団にみられるようなある一定の利害から結びついた集団が政策的な意思決定に影響を与える行動理論である。レイサム（Latham 1956）によれば、グループ理論の本質とは「グループ間闘争において到達する均衡」であると論じている。この均衡とは、意思決定の妥協点が、政治的な影響力が上回っているグループ（利害者集団）の求める方向に収束することを意味している。レイサムの主張を基に考え

58

第2章　青少年保護政策を最適化させるための意思決定

ると、グループ理論は多数決メカニズムを働かせることから、民主主義のシステムに適合した理論ともとらえることができるが、一方で他のグループの主張を排除することにもつながりかねない。さらに、多数派の主張が社会全体の利益を満たすものでない場合、意思決定された政策は合理性を欠くものになる恐れがある。

　インターネット上の青少年保護に関する利害集団としては、インターネット産業界と、それに反する立場の全国PTA団体があげられる。この両者の社会的影響力を考えると、インターネット産業界は、経済的にも政治的に影響力を持っているとともに、政治家・議員をグループに取り込む力を持っていることから、一旦グループ理論が働くと、青少年保護に関連する諸政策は産業寄りに均衡が収束する恐れがある。このことから、グループ理論による意思決定は、青少年の保護が十分に行われない危険性を孕んでいると言える。

2.2.2　「エリート理論」からみた青少年保護政策の意思決定過程の問題

　「エリート理論（Elite theory）」による意思決定は、官僚等の一部の支配グループが政策の決定をする意思決定モデルである（Dahl 1985）。このモデルの場合、政策の意思決定はエリートの価値や選好に偏ったものになる恐れを内在しており、社会にとって好ましい意思決定と乖離する意思決定が下される可能性が高くなる。それは、客観的な価値判断が行われるのではなく、エリートにとって有利に作用する政策の選択が行われることを意味する（Dye and Zeigler 1990）。

　一方で、エリート理論が効果的な場合もある。それは、このモデルは本質的に保守的であり、現状維持を継続したい場合にプラスに作用するからであり、社会システムを安定させ、持続的な統治基盤を維持することにつながるからである。さらに、官僚は政策立案に関する知識を広範に持っており、命令と統制による政策の施行を適切に行うことができる能力を有している。

　しかし、エリート理論による政策の意思決定は、インターネットの環境整備に関する政策においてはマイナスに作用すると考えられる。それは、インターネットに関する技術の進歩は急激であることから、その技術進歩の速度に合わせて、政策立案に必要とされる専門知識も新たに獲得していかなければならな

59

第Ⅰ部　青少年のインターネットリテラシー指標の開発と運用

いからである（谷口 2003；生貝 2011）。しかし、官僚が新たに専門知識を得る速度よりも、技術革新の速度の方が速いことから、官僚が常に合理的な判断を下せるとは言えない。このことから、エリート理論による意思決定は、合理性を欠くものになる危険性を孕んでいる。

2.2.3　「制度モデル」からみた青少年保護政策の意思決定過程の問題

　「制度モデル（Institutionalism）」による意思決定は、公式組織・法的権力・手続的規則・各機関との公式な関係の下で行われる、政府機関による制度的アウトプットを目的とした意思決定である。このため、政治的構造としての国会・各府省庁と政策内容との関係性には注力されないことから、政策を講じることで得られる効果は軽視される傾向にある。さらに、政治的構造は各利害者グループとの関係性を持っていることから、社会的利害に対して中立な立場をとることが難しくなり、強い影響力を持つ利害者グループの意向が反映されやすくなる。

　青少年保護政策において制度モデルが作用するケースを考えると、国会・各府省庁には各年度において年度ごとの政策的アウトプットが求められる。政策的なアウトプットに主眼が向けられた場合、インターネットを利用する青少年の保護問題の鎮静化のための効果的な政策立案よりも、政策を講じていることのアピールとしての政策意思決定がなされることになる。特にこの問題は関係するステークホルダーが多方面に存在し、社会的インフラのICT化の進展、産業界の経済活動と規制とのバランスの問題及び利用者である青少年の保護とインターネットを利用する自由とのバランスの問題など、政府機関の主導による政策決定が困難な問題であると言える。このような状況において制度モデルが作用する場合、その政策意思決定には利害者集団として結束力と交渉力のある産業側の意向が強く反映してしまう恐れがあると言える。

2.2.4　「プロセス論モデル」からみた青少年保護政策の意思決定過程の問題

　「プロセス論モデル（Process）」は政策決定のプロセス及び政策決定行動に主眼が置かれている。この理論は、政策決定における政策問題の確認－アジェンダ設定－政策提案の立案－政策提案の採択－政策の実施－政策の評価等に各

第2章　青少年保護政策を最適化させるための意思決定

プロセスをモデル化することを目的としており、政策プロセスを動態的にとらえている。このことから、PDCAサイクルによる政策の修正が可能なモデルである。しかしプロセス論モデルは、制度モデルと同様に政策内容の最適化に視点が注がれているものではないことから、政策問題の確認や政策提案の採択のプロセスにおいて選択される判断が合理的なものであるとは言えないという問題を孕んでいる。

　青少年の保護政策においてプロセス論モデルによる政策意思決定が行われた場合を想定すると、青少年のインターネット利用から隆起する諸問題に対し、政策上取り組まなければならない問題が確認できたとしても、確認された問題が青少年全年代に対策が必要な問題なのか、日本の全地域において対処が必要なのか、特定の通信環境やアプリケーション・サービスに限られた問題なのかそれともインターネットを利用する青少年すべてに関係する問題なのかについての精査を十分に行うことなく、政策執行者は政策のプロセスを進めていくことに注力することとなる。もちろん、プロセス論モデルは政策のPDCAサイクルを前提にしていることにより、次年度に施行される政策は前年度の課題を改善したものになる正の循環を内包している。しかし、このモデルの問題点は政策の効果・効率を高めることよりも、政策の過程を執行することに力が注がれることにある。

2.3　行動経済学からみた伝統的意思決定過程に内在する意思決定者の認知上の問題

　前節では、政治学の観点からダイ（Dye 1995）のあげた4つの意思決定プロセスの非効率な側面について論じた。しかし、なぜ意思決定者が非効率な政策決定を下してしまうのかという疑問が残る。そこには、彼らの認知上の問題が内在していると考えられる。そこで、本節では行動経済学の立場から、ダイの伝統的政策決定理論を用いた意思決定を行う場合、政策意思決定者がどのような認知上の問題に陥っているのかについて議論を展開する。

第Ⅰ部　青少年のインターネットリテラシー指標の開発と運用

2.3.1　各政策決定モデルに内在する意思決定の非合理性の問題

　グループ理論では、多数派の利害関係者の意見が強く政策の意思決定に作用するという性質を持っている。この場合、グループの各メンバーにグループを維持しようとする集団保守主義（Collective conservatism）的行動をとることへのインセンティヴが働く（Thaler and Sunstein 2008）。このような行動がとられた場合、最適な政策を選択しようとする行動がとられないことから、限定的な範囲での意思決定に甘んじるという限定合理性（Bounded rationality）の問題が生じる（Simon 1951；Williamson 1985；Milgrom and Roberts 1992）。さらに、現行の政策を見直さなければならない場合においても、グループの維持へのインセンティヴが働くことから、現状維持バイアス（Status quo bias）が生じ、政策の見直しが先送りされるという恐れが内在する（Thaler and Sunstein 2008）。

　これら集団保守主義的行動、限定合理性、現状維持バイアス等の認知的バイアスの問題は、エリート理論や制度モデルにおいてもみられる。エリート理論においても、エリート層における小集団が形成され、最適な政策を選択することよりも、その小集団を維持させるための保守主義的行動がとられる。さらに、その集団の維持のための現状維持バイアスがかかり、政策の転換が必要な状況においても、大きな転換が図られることはない。

　制度モデルにおいては、政策の立案・施行を行う行政体制の形式に主眼が置かれていることから、各行政機関には最適な政策の選択よりも、行政機構の形式の維持という保守主義的行動をとるインセンティヴが働く。このことにより、最適な政策の検討のための情報収集には主眼がおかれず、限定的な範囲の情報を基にした政策の決定が行われる。さらに、行政機構の形式の維持のために、現状維持バイアスがかかり変革を必要とする政策の選択は行われない。

　一方、プロセス論モデルは、政策の施行のPDCAサイクルを運用することに主眼がおかれていることから、政策の結果を評価し、一層の最適化を目指すモデルと言える。しかし、このモデルでは、行政機関の意識がPDCAサイクルを回すことに注力した場合、最適な政策の選択を行うことよりも、政策施行のプロセスを遂行することの方が重視されてしまう。このような状況において

第2章　青少年保護政策を最適化させるための意思決定

政策担当者は、限定合理性の問題の緩和を目指す行動をとろうとはしないであろう（表2.1）。

表2.1：各政策決定理論における認知上の問題

意思決定モデル	意思決定上の問題	意思決定により有利になる集団	意思決定における認知上の問題	認知上の問題の解決の方向性
グループ理論	多数派の利害関係者に有利な意思決定となる。	団結力と交渉力を持ちえたグループである産業界の意向が政策に反映される傾向になる。	・限定合理性 ・現状維持バイアス ・集団保守主義的行動	情報の非対称性の緩和
エリート理論	限定合理的な意思決定となる。			
制度モデル	最適な政策決定を行うことに主眼が置かれていない。			
プロセス論モデル			・限定合理性	

出典：ダイ（Dye 1995）の政策決定理論、セーラーとサンスティーン（Thaler and Sunstein 2008）の認知的バイアスを基に著者作成

2.3.2　認知的バイアスの問題に対する対策としての情報提供メカニズムの必要性

　上記の各政策決定モデルが用いられる状況において影響力を持つのは、団結力と交渉力を持ちえたグループからの情報提供である。団結力と交渉力を持つグループは、行政機関及び政策担当者とのコンタクトの方策と、グループの意向を反映させるための交渉力を持っている。政策担当者が、限定合理的な意思決定状況において政策決定のための情報を必要としている場合、政策担当者にとどく情報は団結力と交渉力を持つグループの情報となりやすい。

　このような場合、政策決定上必要とされる団結力と交渉力を持っていないグループの意向、局所的な情報が政策に反映されない問題が生ずる。このことから、上記の政策決定上の問題の解決のためには、政策担当者が陥る限定合理性の問題を緩和させるための情報の提供が重要となる。言い換えるならば、政策担当者と局所的な情報を持っているものとの情報の非対称性（Asymmetry of information）を緩和させる施策が必要となると考えられる（Akerlof 1970；Milgrom and Roberts 1992）。

63

第Ⅰ部　青少年のインターネットリテラシー指標の開発と運用

　このことから、青少年保護政策における意思決定を下す際の情報の非対称性の問題を解決させるためには、合理的な意思を実現するための情報提供メカニズムの整備が必要となると言える。

2.4　政策意思決定の合理性を高めるエビデンスに基づく政策

2.4.1　エビデンスに基づく政策の必要性

　政策担当者が、限定的な情報により政策を決定している状況は、合理的な政策決定が行われているとは言えない。特に団結力のない集団が発する局所的な情報は、現状を改善するために必要な情報が含まれている可能性が高い。ダイは合理的な政策決定を行うことにより、その政策を施行したことで得られる純価値を最大化させることができることについて言及している（Dye 1995, 宮川1994）。

　しかし、合理的な政策決定を行うためには「全ての価値における社会選好と、それらの相対的な価値の重要度についての情報」と、「採用が考えられる全ての政策代替案についての情報」を得ていることが必要である（宮川1994）。サイモン（Simon, H.A.）やウィリアムソン（Williamson, O.E.）らが指摘したように、人間の意思決定は合理的な決定が行われず、限定的な選択肢の中から最も満足できるレベルの選択がなされる。

　であれば、従来の限定的な選択肢の幅を広げ、局所的な情報を抽出し、政策決定プロセスに反映させることが有効な手立てとなるであろう。そのための方策として、ダイが言及した合理性モデル（Rational model）により近づいた政策決定手法として、確率論的アプローチによる統計的推測の結果を政策意思決定に反映させることを可能とするシステムを構築することが有効であると考えられる。統計的推測には「不確実性の客観的な計量化」という機能を有しており（江口 2006）、「賢明な意思決定を行うための科学的手法」（ラオ 2010）である。従って、統計的推測を行うことにより、政策立案者が陥る認知的バイアスの発生を抑制することが可能になると言えよう。本章では、この確率論を用いた政策意思決定システム構築の方策として「エビデンスに基づく政策」に着目する。

第2章　青少年保護政策を最適化させるための意思決定

　エビデンスに基づく政策（Evidence Based Policy：EBP）は、1991年にカナダのマンチェスター大学のガイアット（Guyatt, G.H.）によって提唱されたエビデンスに基づく医療（Evidence Based Medicine）を発端として（津谷2000）、広く社会政策、教育政策や福祉政策等の各分野において活用されているものである（石垣 2001, 惣脇 2010）。OECD（2007）は、EBPを「政策を決定する際に、その各選択肢の中から誠実で明白なエビデンスを活用する」（OECD 2007）ことであるとしている。さらに、この方針は、発展的に広がり、様々な政策分野においてエビデンスを政策決定の根拠とした政策立案が提唱されている。

　西村（2005）は、このエビデンスの提供は「政策プロモーションに都合のよいアンケート結果といった恣意的なもの」ではなく、「客観的で政治的にも中立性が確保された統計指標」に基づくものでなくてはならないことを指摘している。そのような客観的なエビデンスは、公共の理解を得るとともに、政府と社会との間に信頼を構築することをも可能とする（OECD 2004）。さらにOECD（2012c）は、このようなエビデンスの測定基準（metrics）として、各政策分野の実情を可視化することを可能とする指標（Indicators）を策定することの重要性を指摘している（OECD 2012c）。

　以上の議論から、従来行われてきた政策決定プロセスには、政策担当者に認知上のバイアスが生じる恐れが内包されていたが、その問題を解決させるためには合理的な意識決定を支援するための意思決定システムとして確率論的アプローチによるEBPを施行することが有効であると言える。そのような政策を施行するための一方策として、エビデンスの測定基準としての指標を策定することが重要になると言える。

2.4.2　インターネット上の青少年保護に関するエビデンスに基づく政策の実践事例

　インターネットを利用する青少年の保護問題に対する政策の手法として、EBPは諸外国・諸機関において先行的に実践されている。本節ではこの社会問題におけるEBPの先行事例を概観するとともに、我が国におけるEBPへの取り組みについて議論を展開する。

65

第Ⅰ部　青少年のインターネットリテラシー指標の開発と運用

①イギリスのエビデンスに基づく政策によるインターネット上の青少年保護

イギリスの事例をあげると、ブレア元首相の指示のもと、バイロン（Byron, 2008）はイギリスでも社会問題化している青少年のインターネット利用の実態を調査し、この問題に対する政府と民間の役割を明確化した上で政策提言を行っている。この調査報告書は、2007年9月にブラウン首相の要請により行われたものであり、子どものインターネットとゲーム利用に関する質的調査・分析及び一般から寄せられた意見公募の結果をまとめたものである。バイロンはこの調査研究で得たエビデンスを基にした報告書において、インターネットを公共のプールに例えて、青少年にインターネットリテラシーを身につけさせることを「ゲートや標識を立てて、ライフガードが監視し、子どもたちに泳ぎ方の基本を教えることと同じことである」（Byron 2008）と主張している。さらに、1）関連業界団体による自主規制の推進が重要であり、それを推進・支援していくこと、2）これらの取り組みは青少年のインターネットの利用状況を調査した調査結果を基にして政策を講じること、3）青少年のインターネットのリスク回避のためには、青少年と保護者に対して、彼らがリテラシーを習得することが重要であることについて提言している。加えて、政府に対し"UK Council on Child Internet Safety"という青少年のインターネット利用の安全対策に取り組む協議会の設立を提案しており、それを受けて2009年9月に"UK Council on Child Internet Safety"が設立されている。また、業界団体に対しては"Code of Practice"という自主規制的な行動規範を定め、ペアレンタル・コントロールを可能とするフィルタリングサービスの改善が必要であることを指摘している（Byron 2008）。

バイロンの調査報告書を受けて、イギリス情報通信局（Office of Communications）は、2008年3月に"Ofcom's Response to the Byron Review"を公表し、青少年と保護者の両者によるメディアリテラシーの向上及び、関連業界団体による自主規制の推進が重要であることを指摘しており、業界団体の自主規制の方向性として、コンテンツの配信に関する規制と、ユーザーのアクセスに関する規制の2つの方策を明示した。コンテンツの配信に関する規制としては、ラベリング、年齢認証、コミュニティ・サイトの基準策定、オンライン広告業者の行動規範の策定をすることを勧告している。さらに、ユーザーの

第2章　青少年保護政策を最適化させるための意思決定

アクセスに関する規制としては、フィルタリングの利用の推進を行っていくことを勧告している（Office of Communications 2008）。さらに、イギリス・インターネットサービス・プロバイダー協会においてもバイロンの調査報告書の指摘を受けて、"Byron Review incorporates ISPA's key recommendations"を公表し、バイロンの調査報告書に賛同する声明を公表し、有害コンテンツに関する従来の基準及び基準の多様化についての議論が必要であることについて言及している（ISPA 2008）。

さらに、英国教育省（Ofsted）はバイロンの調査報告書の提言を受け、2009年に小中学校に対してインターネットの最新技術の安全利用に関する調査を行っており、インターネット経由の危険から子どもたちを守るためには、教育によりウェブコミュニケーション活用能力を育成するための啓発教育政策の必要性について言及している（Ofsted 2008, 2010）。

このようにイギリスでは、ややもすれば感情論で議論が進んでしまう恐れのある青少年のインターネット利用環境問題に対して、政府による要請のもと行われた調査研究をもとにエビデンスを基にした議論が行われ、政府の政策及び民間の取り組みが行われていることが特徴である。

②OECDのエビデンスに基づく政策によるインターネット上の青少年保護政策

経済協力開発機構（OECD）においても、実態調査結果をもとにしたエビデンスに基づく政策立案の必要性が言及されている。OECDでの青少年のインターネット利用環境整備に関する取り組みは、OECDの情報・コンピュータ・通信政策局の情報セキュリティとプライバシーに関する作業部会（Working Party on Information Security and Privacy）が担当しており、2008年6月に行われた「インターネット経済の未来に関するソウル閣僚会議」において「ソウル宣言」が公表された。このソウル宣言では、インターネット経済のさらなる発展のための政策的課題として、インターネット環境下において弱者となる青少年等[1]に対するインターネットの信頼性を確保する必要があることが指摘されている。さらに、ソウル宣言で示された政策課題は、2009年4月に行われたAPEC／OECDのジョイントシンポジウムである「青少年の安全なインターネットの利用環境の推進」に受け継がれた。このシンポジウムではソウル

67

宣言で示された政策課題を踏まえて、1）政府と民間が協働し青少年のインターネットの利用環境整備を実践していくこと、2）法的措置、自主規制、啓発教育など包括的なアプローチにより環境整備を実践していくこと、3）青少年、保護者及び教育者のエンパワーメントを図ること、4）国際的な協働を図ることの重要性について言及している（OECD 2009）。

　これらの政策課題を実装段階に進展させるためには、この問題に関する各関係者による共同規制を施行するための基盤を構築する必要がある。そのような政策基盤の整備として、2012年2月に「インターネット上の青少年保護勧告」が採択された。本勧告においては、各関係者が協調的に問題の解決に取り組むために「エビデンスに基づく政策」を施行することを奨励しており、その具体的方策として「子どもと保護者のインターネットのリテラシーの進化及び利用状況を評価し適切な政策を講じる」ことについて言及されている（OECD 2012c）。

　これらのことから、OECDにおいてもインターネットを利用する青少年の保護問題に対する国際政策を講じるためには、EBPをベースにして政策の意思決定を行うことを重要していると言える。

③OECDの「保護勧告」を実践した我が国における青少年インターネットリテラシー指標の開発

　イギリスのEBPの取り組み及びOECDにおけるEBPによるインターネット上の青少年保護政策に対する勧告を同調するように、我が国においてもEBPによる青少年のインターネット利用環境整備に、政策の力点がシフトしている。

　総務省は、OECDの勧告であげられている、子どものインターネット利用状況の定期的な調査結果を政策に活かすためのシステムの構築に向けて、2011年に「青少年のインターネットリテラシー指標有識者検討会」を設置し、青少年のインターネットリテラシーを測定するための指標の策定に向けた取り組みを開始した（総務省情報通信政策研究所 2012a）。

　この政策的取り組みは、OECD（2012a）の「インターネット上の青少年保護勧告」を国家レベルの政策として実践するものである。さらに、この勧告を世界に先駆けて実行しているものであり、分析及び評価から導かれる政策提言

第2章　青少年保護政策を最適化させるための意思決定

は、同様な社会問題を抱える国際社会に対し、先行事例として評価できるものであると言える。

2.5　エビデンスに基づく政策の基礎となる指標の策定事例

　本節では、EBPを実施するための国家規模の先行調査事例についてレビューを行う、レビューを行う事例としては、EUが加盟国を対象として実施している「フラッシュ・ユーロバロメータ」と、我が国内閣府が実施している「青少年のインターネット利用環境実態調査」をレビューする。さらに、これらのレビューを踏まえて、開発を目指す、「青少年のインターネットリテラシー指標」との差異を明らかにする。

2.5.1　EUによる加盟国比較調査「フラッシュ・ユーロバロメータ」

　EUではセーファー・インターネット・プログラムの政策の一環として、EU加盟国におけるインターネット利用に関する実態調査が継続的に行われている。2003年、2004年には子どもを対象とした量的調査が行われている。2005年は質的調査として加盟国の子どもを対象とした面接アンケート調査を実施しており（European Commission 2005）、2007年は質的調査として子どもに対して対話形式のインタビュー調査が行われている（European Commission 2007）。2008年は、保護者に対して子どものインターネットの利用状況やその対策についての実態調査を行っている（European Commission 2008）。対象者はEU加盟の27か国に居住する6～17歳の子どもをもつ保護者[2]であり、無作為に約12,750人を抽出し[3]、電話インタビューによる調査が行われている。

　これらの調査では、主に青少年のインターネットの利用実態、地域属性、心理状況、保護者のペアレンタル・コントロールの実施状況及び家庭における教育方針等について調査が行われている。調査分析結果は、セーファー・インターネット・プログラムの施策に反映されており、インターネットリテラシー及びモラルの普及啓発活動を行う国際連携機関であるInSafeや、有害情報に対する国際的なホットラインであるINHOPEの活動のための基礎資料となっている（European Commission 2009）。

69

第Ⅰ部　青少年のインターネットリテラシー指標の開発と運用

2.5.2　内閣府が実施する「青少年のインターネット利用環境実態調査」

　我が国では青少年のインターネットの利用状況を可視化するための指標として内閣府による「青少年のインターネット利用環境実態調査」が実施されている。この調査は2009年より経年的に青少年のインターネットの利用実態及び保護者の家庭における指導・保護の状況を明らかにするための調査として行われている。この調査は調査地域として日本全国から標本を抽出しており、青少年2,000人、保護者2,000人を対象者として実施されている。主な調査内容は、青少年のインターネットの利用状況、地域属性、行動属性であり、保護者に対しては、フィルタリングの利用等の青少年保護サービスの利用状況及び家庭における保護管理の実施状況が調査されている。調査方法は調査員による個別面接聴取法であり、標本の抽出に関しては層化二段無作為抽出法が採用されている（内閣府　2009, 2010a, 2011）。

　青少年インターネット環境整備法附則抄第三条では「政府は、この法律の施行後三年以内に、この法律の施行の状況について検討を加え、その結果に基づいて必要な措置を講ずるものとする」ことが規定されている。この調査は本法の附則抄第三条を受けて、本法施行後の青少年のインターネット利用環境の改善状況を評価するための指標として実施されているものであり、主に青少年のインターネットの利用状況、フィルタリングの認知・普及の状況及びフィルタリングの改善ニーズを調査し評価するための基礎データを提示することを目的として実施されているものである。

2.6　「青少年のインターネットリテラシー指標」開発の必要性

　上記で説明したように、各政府系機関から青少年のインターネットの利用状況に関して、継続的に実態調査が行われている。これらの調査結果から、青少年のインターネットの利用実態や啓発教育の受講状況、さらに保護者の啓発教育の受講経験やペアレンタル・コントロールに対する意識等が明らかとなっている。これらの分析結果を啓発教育の立案・実施に反映させることにより、青少年や保護者に必要とされる保護政策を講じることが可能になるとともに、そ

第2章　青少年保護政策を最適化させるための意思決定

の施行に必要とされる政策コストも適切な状態に保つことが可能となると言える。

　しかし、EBPの効果をより一層高めるためには、先行的に行われている内閣府やEUによる調査「フラッシュ・ユーロバロメータ」では計測されていない調査項目である青少年の「インターネットのリスクを回避する能力」を測定する必要があると言える。本節では、「インターネットのリスクを回避する能力」を測定することで可視化することが可能となる対策事項について議論を行う。

2.6.1　青少年保護の強度の調整

　リスク回避能力を測定することにより、フィルタリングをはじめとする、技術的な青少年保護の強度を調整することが可能と考えられる。

　フィルタリング利用の法令化にあたっては、総務省の検討会であるインターネット上の違法・有害情報への対応に関する検討会において、次にあげる3つの問題が内包されていることが指摘されていた。小学生から高校生に至る広範囲かつリスクに対する対処能力に差があるのにもかかわらず彼らに対して一律のフィルタリングの利用を義務化できるのか（画一性の問題）。ホワイトリスト方式[4]においては事業者により定められたサイトのみがアクセス可能となるが、大多数の有害でないサイトが排除されてしまう恐れもある。また、ブラックリスト方式[5]であっても、指定されたカテゴリーに分類されたサイトは有害でないサイトも含めて、すべてフィルタリングにかかりアクセスが制限されることとなる（フィルタリング対象の広範性の問題）。さらに、日々の青少年の生活に欠くことのできないコミュニティ・サイトの利用を制限していのか（利便性の問題）等が問題としてあげられていた（総務省 2008）。

　この問題に対し、青少年のリスク回避能力を測定することにより、青少年のリテラシーの習熟状況や精神的な発達状況に応じた青少年保護規制の強度の調節を図ることが可能となるであろう。このことは、青少年の保護の強度のレベルの最適化だけにとどまらず、青少年のインターネットの利用の自由を可能な限り確保することにもつながると言えよう。

71

第Ⅰ部　青少年のインターネットリテラシー指標の開発と運用

2.6.2　啓発教育政策の最適化

　リスク回避能力を測定することにより、啓発教育の内容を最適化することが可能となると考えられる。

　これまで行われてきた啓発教育では、啓発教育を提供する側の裁量に委ねられた教育が提供されてきており、その提供されている学習内容が青少年を取り巻くインターネットリスクに対応しているのか、優先度の高い学習項目はどのようなものかについては十分な議論がなされてきたとは言えない。

　指標を活用することによって、我が国の青少年が身につけなければならない各リスク回避能力を可視化することが可能となり、学習内容を最適なものに編成することができる。さらに、この学習内容の最適化は、個々の青少年の能力の習得状況に応じて、カスタマイズすることを可能にする。

　というのも、現行の諸調査の結果からでは、青少年保護の強度を調整することに十分に対応できていないからである。例えば、現行の調査では啓発教育の受講経験やその回数を量的にデータ化することは可能であるが、その啓発教育の受講により、どの程度インターネットのリスクを回避する能力が身についているのかについては明らかにすることができない。さらに、どのような分野のリスク回避能力が十分ではないのかを明らかにすることはできないことから、調査結果を具体的に青少年の保護政策に反映させることが困難である。

　もし、インターネットのリスクを回避する能力を測定することができれば、現実の青少年に不足している能力を習得するための啓発教育の実施が可能となる。さらに、どのようなリスク回避能力が十分ではないかが明らかになることで、啓発教育の内容の変更にとどまらず、青少年を保護するためのウェブサービスの仕様の変更や、青少年インターネット環境整備法及び本法を基にした諸政策の見直しをすることが可能となると言える。

　また、インターネットを利用する青少年の保護は青少年のインターネット社会に対する規範意識とも深く関連する問題である。例えば、違法コンテンツの送受信行為にみられるように、リスク回避に関する知識を身につけていても、必ずしもリスク回避的な行動をとるとは限らない。このような場合は、青少年のインターネット社会に対する規範意識を育てる教育が必要となると言える。

72

第2章　青少年保護政策を最適化させるための意思決定

　齋藤・新垣（2012）は、青少年の学年が上がるにつれて、啓発教育の受講経験と実際のリスク回避的行動との相関性が低下する傾向にあることを指摘している。このことは、年齢が増すにつれ、知識を伝達する教育だけでは、青少年がリスク回避的な行動を取るとは言えず、彼ら自らがインターネット社会の参加者であるという自覚を持つための規範意識の育成が必要となることを意味すると言えよう。

　これまで提供されてきた啓発教育は講義形式・講演形式による知識伝達型の啓発教育が主体であった（齋藤・新垣 2011）。しかし、知識伝達型の教育が、学習者の倫理観を育てる教育として適していると断言できない。知識としてインターネットリテラシーに関する各事項を学ぶことは可能であるが、その教育により学習者のインターネットに対する倫理観を育てることに直接つながっているとは言い切れない。啓発教育に求められているものは、教育を受けた学習者が、倫理観を持ってインターネットを利用するようになるという、学習者の態度変容を目的とした教育を提供することである。

　ガニエら（Gagne et al. 2005）の学習の成果の分類によれば、主に知識伝達型の教育から得られる学習成果は言語情報（verbal Information）としての知識の習得となる。しかし、青少年の規範意識を育てるうえで必要となる学習成果は、態度（attitude）である。

　この態度を育成する教育を考える上でコールバーグとチュリエル（Kohlberg and Turiel, 1971）とエリクソン（Erikson, 1959）の議論を参照したい。コールバーグとチュリエル（Kohlberg and Turiel, 1971）は、青年に規範意識を醸成させるための方策として「自分の発達段階を理解させる」「現実的な道徳的葛藤を体験させる」「直面する道徳的葛藤の解決のために自分の考えを思慮深く考えさせる」「自分の考えの矛盾を認識し、その矛盾の解決を促す」「一段階上位の考えにふれさせる」ことの必要性について言及している。コールバーグとチュリエルの指摘を踏まえると、青少年の規範意識を醸成させるためには、インターネット利用における自己中心的・安全軽視的な考えや行動を行っていいのかという現実的な葛藤に直面する機会を与え、インターネット社会の参加者としてのあるべき態度と現状の自分との矛盾を認識することが重要になる。よって、その矛盾を解決させるために内省する環境を与えるとともに、様々な

73

第Ⅰ部　青少年のインターネットリテラシー指標の開発と運用

ベストプラクティスの事例にふれる機会を提供することが有効であると言える。

　またエリクソン（Erikson 1959）は、青年期の発達にはアイデンティティの獲得が重要であることについて言及している。これを踏まえると、青年期は、アイデンティティを獲得することで社会の一員としての自分の役割を自覚できるとともに、自ら主体的に判断し行動することができるようになると言える。したがって、青少年のインターネットの利用においても、彼らにインターネット社会の一員としてのアイデンティティを獲得させることが重要であり、同級生や社会の人々と社会文化的な学習環境のもとで（Vygotsky 2001）、議論できる機会を提供することにより、その議論の過程の中で、彼らの規範意識が醸成されていくことが考えられる。このことから、規範意識の醸成が必要な青少年に対しては、知識を与えるだけでなく、規範意識を育てる啓発教育を行っていく必要がある。

　このような課題に対しても、指標を活用することにより、知識教育が必要な青少年と規範意識を育てるための教育を提供する必要がある青少年の判別が可能となる。このような対象青少年に合った啓発教育を提供することで、啓発教育政策の効果が向上すると考えられる。

2.6.3　テストとアンケートのクロス分析により可能となる属性別・地域別政策

　リスク回避能力としての能力テストの結果と被験者属性等の量的調査結果をクロス分析することで、被験者属性ごとの青少年保護対策を講じることが可能となると考えられる。

　例えば、能力テスト結果と地域データをクロス分析することにより、各地域におけるリスク回避能力の習熟度合いを可視化することが可能となる。それができれば、各地域に適応した青少年保護対策を講じることが可能となるであろう。さらに、啓発教育を地域ごとにカスタマイズすることにより、その地域のリスク回避能力の底上げにもつながるとともに、我が国全体における能力レベルの引き上げにも貢献することが可能となると考えられる。

第2章　青少年保護政策を最適化させるための意思決定

2.6.4　共同規制の最適化

　OECD（2006）は、共同規制を施行することの効果をあげており、1）各ス
テークホルダーが、取り組むべき目標を明確にすることを可能とする、2）他
の法規制との整合性を高めることができる、3）コンプライアンスメカニズム
を有しており政策に対する効果的なモニタリングシステムを内包していること
をあげている。

　OECDの指摘を受けて論ずると、共同規制を施行することにより、政策的
な目標が各ステークホルダー間で共有され、彼らの協働を可能とするであろ
う。さらに、その政策協働の効果を高め連携を効果的にするための基盤とし
て、指標を活用することにより現状の政策の問題点や見直しの方向を可視化す
ることが重要と言える。

　共同規制は規制する側の政府と規制される側の民間との共同的な取り組みを
講じる政策であり、両者の利害を調整し、青少年のインターネットの利用環境
整備政策が効率的に施行していく必要がある。OECDはこのような利害が対立
する両者の共同を実現するためには、政策の透明性を高めることが必要不可欠
であることを指摘している（OECD 2011a）。

　青少年のリスク回避能力を測定することにより、青少年のインターネットリ
テラシーの習熟により、各ステークホルダーの役割分担が明確になることが期
待される。例えば、調査の結果フィルタリングに関する知識の習熟が必要であ
るという結果がもたらされた場合は、政府はフィルタリング利用に向けた社会
的理解に向けて民間事業者に対する働きかけ、保護者や教育者に対する支援活
動を行うことができる。一方、民間事業者は企業の社会的責任としての自社に
おける消費者教育の実施や、業界連携的な啓発活動の枠組みの構築を行うため
のエビデンスとなるであろう。教育者においては、フィルタリングの利用を促
すような児童・生徒指導の実施が必要となるであろう。さらに保護者において
は、モバイル通信機器利用に際して青少年との話し合いや、家庭での継続的な
保護・監督を行うことが必要になるであろう。このように、指標から得られた
結果は、各関係者の各々の役割を明確にし、その役割の遂行を支援する物差し
となると言える。

75

第Ⅰ部　青少年のインターネットリテラシー指標の開発と運用

　以上の議論から、青少年の発達環境の各階層において、インターネットを利用する青少年の保護の各ステークホルダーによる青少年保護政策を最適化させるためには、確率論的アプローチを用いてインターネットを利用する青少年の不確実な実態を客観データとして計量化し、そのデータを政策立案者の意思決定に活かすための情報提供システムを構築することが必要であると考える。そのためには、先進的に行われているEBPを発展させるかたちで、彼らのインターネットのリスク回避能力を測定するための青少年のインターネットリテラシー指標を開発することが必要となる（図2.3）。この指標から提供される青少年のリスク回避能力をエビデンスとすることで、彼らの的確な保護とインターネットの利用の自由を確保することが可能となると言える。

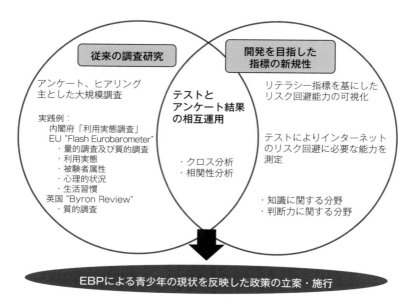

出所：著者作成

図2.3：従来の調査研究と開発を目指した指標の新規性

第2章　青少年保護政策を最適化させるための意思決定

注

(1) インターネット環境下における弱者としては、青少年の他に高齢者、身体障害者等が挙げられている（OECD 2008）。

(2) この調査による親には、継親、保護者も含まれている。

(3) 各国当たり約500人の親を抽出。キプロス、マルタ、ルクセンブルクに関しては約250人の親を抽出。

(4) ホワイトリスト方式とは、問題がないと判定されたウェブサイトのみを通過対象リストに掲載し、それ以外のサイトはフィルタリングにより閲覧できなくするシステムのことである。

(5) ブラックリスト方式とは、有害と判定されたウェブサイトを遮断対象リストに掲載し、これをフィルタリングに反映させるシステムのことである。

第3章
青少年のインターネットリテラシー指標開発の
コンセプト

　インターネットを利用する青少年のインターネット利用の自由を最大限に確保しつつ、十分な保護を行うためには、青少年保護政策を最適化して、保護の強度を適度な状態に保つことが求められる。この保護と自由の相反する2つの政策の方向性のバランスを実現させるためには、政策の意思決定過程において、人間の非合理的な判断を補うとともに、不確実な現状を計量化することにより最適な意思決定を下すための政策意思システムを構築することが必要である。

　本章では、確率論のアプローチを用いた政策意思決定システムとしての指標開発の方向性を示す。この指標を運用することにより、不確実性が内在する青少年のインターネット利用状況を可視化することが可能となるであろう。

　しかし、これまで実施されてきた国内外における青少年のインターネット利用動向調査は、被験者属性、被験者の意識、行動特性等の量的な調査にとどまっており、青少年のインターネットから隆起するリスクに対する対処能力は測られてこなかった。仮に、青少年のリスク回避能力の獲得状況を彼らの保護政策に反映することができたとしたら、青少年のリスク回避能力の獲得状況に応じた青少年保護政策を講じることが可能となる。このことを言い換えるならば、彼らのリスク回避能力を保護政策に反映させることにより、画一的に講じられてきた政策を最適化することを可能とし、過度な保護を抑制するとともに、保護が十分ではない領域に対して適度の保護を講じることが可能となる。そこで、本章ではインターネットから隆起する諸リスクに対する、青少年のリスク回避能力を測定するための「青少年がインターネットを安全に安心して活用

第Ⅰ部　青少年のインターネットリテラシー指標の開発と運用

するためのリテラシー指標」（以下：ILAS）の開発コンセプトについて述べる。

　本章では、インターネット上の青少年保護政策を具現化するための指標の開発として、事例研究の立場から青少年のインターネット利用から生じた諸問題の分類化と行動レベルでの体系化、体系化されたリスク回避能力を測定することを可能とするテストアイテムの開発、知識テストや能力テストでは測定することができない青少年のインターネットの利用状況や各属性に関するアンケートの策定、さらに知識テスト、能力テストとアンケートで得た調査データのクロス分析の方向性を示した。

3.1　インターネット上の青少年の保護と自由を最適化させるためのインターネットリテラシー指標に求められる要件

　青少年にとって望まれる保護政策は、インターネットから隆起するリスクに対する保護を確実なものとしつつ、過度な利用規制を避け彼らのインターネット利用の自由を最大限に確保できるものであると言える。そのためには、青少年保護に必要となる施策を講ずるためのエビデンスを示し、そのエビデンスを政策に活かすことである。本節では、開発を目指す「青少年のインターネットリテラシー指標」に求められる各要件について議論を進める。

3.1.1　インターネットから隆起するリスクを回避することができる能力を測定することが可能であること

　青少年が遭遇する恐れのあるインターネットのリスクの領域は広域であるが、指標には、それらのリスクを網羅しており、それらの能力を測定することが可能であることが求められる。OECD（2012c）では、青少年のインターネットのリスクを「インターネット・テクノロジー・リスク（Internet Technology Risks）」「消費者関連リスク（Consumer-Related Risks）」「情報プライバシー・セキュリティ・リスク（Information Privacy and Security Risks）」の3つの大項目に分類し、その下部層に7つの中分類、その下部層に詳細な小分類に分類し、オンライン上のリスクを定義している（図3.1）。

　また、総務省では12のインターネットリテラシーを定義しており、インタ

第3章 青少年のインターネットリテラシー指標開発のコンセプト

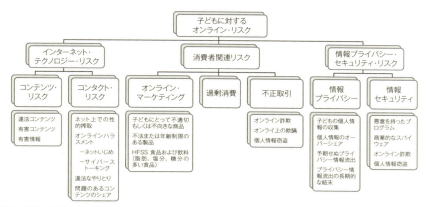

出所：OECD（2012c），p.25

図3.1：OECDが定める青少年のインターネットのリスク分類

ーネットのリスクに関する項目としては、「コミュニケーションする相手を尊重する能力」「ICTメディアを安全に使う能力」「情報の権利を保護する能力」「情報化社会を生き抜く能力」を定義している（内田洋行教育総合研究所 2010）。文部科学省（2010a）では、「情報社会に参画する態度」として、「社会生活の中で情報や技術情報が果たしている役割や及ぼしている影響の理解」「情報モラルの必要性や情報に対する責任」「望ましい情報社会の創造に参画しようとする態度」を定義している。

　これらの先行調査研究のレビューを基に、青少年が身につけることが望まれるインターネットのリスク回避に必要とされる諸能力を定義するとともに、それらの定義に定められた諸能力を測定することを可能とするテスト問題を策定することとした。

3.1.2　青少年の心理的側面を測定することが可能であること

　インターネットを利用する青少年の保護を行うためには、リスク回避に関するリテラシーを測定することだけでは、効果的な保護を行えるとは言えない。なぜならば、仮に青少年がリスク回避のためのリテラシーを身に付けていたとしても、必ずしも適切な行動をとるとは言えない。言い換えると、リスク回避

第Ⅰ部　青少年のインターネットリテラシー指標の開発と運用

のための知識を習得していたとしても、精神的な成熟が十分でないことから、規範的な行動がとれないこともあり得る。

　このような状況の具体的な例として、LINEで顕在化した「既読無視（既読スルー）」によるネットいじめの問題があげられる。これはLINEの受信者がメッセージを読んだこと（既読）が送信者に伝わる機能により、メッセージに対して返信をしないことが無視として受け止められることに端を発している。アプリが実装した機能が、ユーザー間の人間関係に影響を及ぼす一つの例と言える。

　当事者である青少年は、即読無視が明らかにいじめ行為であることを理解しているはずである。特に、青少年は成人と比べ集団に対し同調的であることから、仮にコミュニティのメンバーが不適切な方向に向かった場合に、適切な判断を下せない状況に陥ることもあり得るだろう。

　このことから、青少年保護政策の効果を上げるためには、青少年の精神的な発達段階をも可視化できることが望まれる。ここで、青少年の保護強度の最適化を図るための方策についてモデル図を用いて考えてみたい。図3.2はインターネットのリスク回避に関するリテラシーの習熟及び規範意識の成熟と、保護の強度を表したものである。

　縦軸にフィルタリング等の措置による技術規制の強度をとり、横軸を青少年の成熟の深度とする。第2章でも述べたが、インターネットから隆起するリスクに対し適切に対処するためには、リスクに関するリテラシーと、社会的に適切とされる行動をとることができる規範意識の成熟が必要となる。このことから、青少年の成熟はA－Bの線で表されたリテラシーの習熟と、A－Cの線で表された規範意識の成熟として書き表すことができる。

　今、青少年のリテラシー習熟レベルがD点であった場合、技術的な保護強度はa′点となる。e点のレベルではa′－eの領域分のリスクがいまだ存在しており、その部分を補うための技術的な保護が必要となる。

　次に、青少年の成熟がB点にあったとしよう。この点では、リスク回避に必要とされるリテラシーは十分に獲得している状況である。しかし、規範意識の成熟が十分でないことからいまだa″点のレベルの技術保護が必要となる。技術的な保護が必要でなくなるレベルはC点のレベルであり、この点ではリテラ

第3章　青少年のインターネットリテラシー指標開発のコンセプト

シーの習熟と規範意識の成熟が達成され、インターネットのリスクに対し自分の判断により適切に対処できる能力を身につけていることを表している。

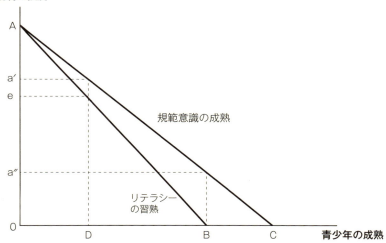

出所：著者作成

図3.2：リテラシーの習熟と規範意識の成熟状況から導き出される最適な青少年保護政策の強度

　これまで、インターネットのリスクに対して啓発教育が行われてきたが、その多くの教育が知識伝達型に傾斜していることと、知識伝達の教育と心を育てる教育とが未分化であり、各々の青少年の習熟状況に応じた啓発教育が行われてきたとは言えない（齋藤・新垣 2012）。

　開発を目指した指標は、アンケート形式の心理測定機能を構成することにより、青少年の規範意識の成熟状態を可視化することを可能とするものとした。このことにより、技術的保護レベルの調整や啓発教育内容の最適化が可能となる。

3.1.3　分析結果を個別具体的な政策に活用することができること

　開発する指標では、青少年のインターネットリテラシーの測定のみならず、

第Ⅰ部　青少年のインターネットリテラシー指標の開発と運用

アンケート機能も構成することにより、被験者特性、行動特性、心理的状況をも測定し、特性ごとの青少年の状態を可視化することを可能とするものとした。さらに、アンケート機能とテスト機能の結果をクロス分析することによって、特性ごとの啓発教育政策の最適化を行うことを可能とするものとした。

　例えば、地域別のリテラシーの習熟がわかれば、地域ごとにカスタマイズした啓発教育対策を講じることが可能となる。また、行動特性として、保護者の関与の状況とリテラシーとの関係を可視化することができれば、青少年の発達のメゾシステムとしての家庭での保護者による保護監督を行うための根拠となる。さらに、青少年の発達のエクソシステムにあたるPTA団体や各地域の教育委員会レベルに対する情報提供を行うことが可能となるであろう。

3.1.4　分析結果を各ステークホルダーの施策に活かすことができるとともに彼らの共同規制を支援することが可能であること

　開発する指標は、青少年が直面する恐れのあるリスクを包括的に定義リストに内包することを目指した。このことから、リテラシー測定の結果から、各ステークホルダーが取り組まなければならない領域を可視化することが可能となると考えられる。

　例えば、リテラシーの測定の結果、セキュリティに関する知識が低い結果となったとしよう。この場合、啓発教育を提供する教育関係者はセキュリティに関する教育を拡充することが重要となる。さらに、サービスを提供するインターネット関連企業は、利用者の現状に適合させるためのセキュリティ対策の強度の検討を行うことが求められるとともに、サービス提供時における消費者に対する説明の強化、さらにはCSR活動としての啓発教育の強化が求められるであろう。政府機関においては、各ステークホルダーが課せられた役割を遂行するための支援を行うこととともに、政府機関として今後の政策の方向性の検討材料となることが考えられる。

　このように、指標を運用して、青少年が置かれている状況を可視化することにより、各ステークホルダーが取り組まなければならない役割が明確になる。役割が明確になることにより、問題の解決に向けて、各ステークホルダーによる協力を得ることが可能となるであろう。このことは、インターネットを利用

第3章　青少年のインターネットリテラシー指標開発のコンセプト

する青少年の保護問題の共同規制の推進を支援することにつながると考えられる。

3.2　青少年のインターネットリテラシー指標の構造

　前節で述べた青少年のインターネットリテラシー指標に求められる要件を満たすためには、現実の青少年が直面している様々なインターネット上のリスクに対する適切な対処能力と、彼らの各属性の測定が可能であることが求められる。

　このとから、青少年が直面する恐れのあるインターネット上の諸リスクを分類化し、各リスク項目において求められるリスク回避行動を定めた定義リストを策定し、その定義リストに定めたリスク回避能力を測定するためのテストセットを開発することとした。さらに、被験者の地域属性、インターネットの利用状況、心理的要因及び行動特性を測定するためのアンケート・セットを開発し、リテラシー測定テストとアンケートの集計結果をクロス分析する分析工程から構成されるものとした（図3.3）。

　以下では、青少年のインターネットリテラシー指標を構成する各機能について説明する。

3.2.1　青少年のインターネットリテラシー定義リスト

　本章が策定を目指す青少年のインターネットリテラシー指標は、高校1年生等（15歳相当）の青少年に必要とされるリテラシーを定義することを目指した。定義を策定するにあたって「高校1年生等に必要とされるリテラシー」とした理由は2点である。1点目の理由は、青少年の携帯電話の所有率が高校入学時に急激に増えているからである。内閣府（2011）の調査では、中学までの携帯電話の所有率は63.2%であるが、高校への入学をきっかけに99.3%にまで上っていることが報告されている。この理由から、ほとんどの青少年が携帯電話を持ち始める年齢において、彼らが身につけているインターネットを安全に安心して活用するリテラシーを可視化し、啓発教育政策をエビデンスに基づいて行うことを可能とするためである。2点目の理由は、OECDが行っている

85

第Ⅰ部　青少年のインターネットリテラシー指標の開発と運用

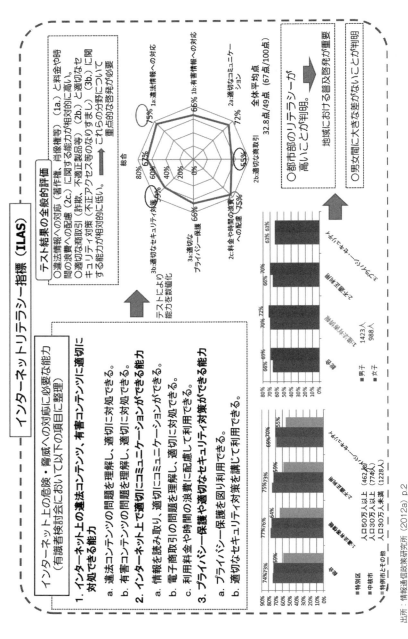

図3.3：インターネットリテラシー指標の構成の概観図

出所：情報通信政策研究所（2012a）p.2

第3章　青少年のインターネットリテラシー指標開発のコンセプト

【青少年に対するインターネット上のリスク分類】
［OECDのリスク分類を参照して作成］

大分類	中分類	小分類
I 違法・有害情報リスク	a 違法情報	1 著作権等、肖像権、犯行予告、出会い系サイト等
	b 有害情報	1 公序良俗に反する情報、成人向け情報等
II 不適正利用リスク	a 不適正接触	1 誹謗中傷
		2 匿名SNS
		3 実名SNS
		4 迷惑メール
		5 アプリケーション（※）
	b 不適正取引	1 詐欺、不適正製品等の販売等
	c 不適正利用	1 過大消費
		2 依存
III プライバシー・セキュリティリスク	a プライバシーリスク	1 プライバシー・個人情報の流出、不適切公開
	b セキュリティリスク	1 不正アクセス等のなりすまし
		2 ウイルス

《習得すべきリテラシー項目》〈例〉

知識（●）

［原理原則］
● 実名登録サイトでも全員が実名登録しているわけでないことを知っている。
● 実名登録サイトでは、匿名サイトよりプライバシー・個人情報漏洩リスクが高いことを理解している。

［発信者側］
● 自らの情報を公開する範囲に注意する必要性を理解している。
［受信者側］
● 実名登録サイトにおいても、事実と異なる情報登録があり得ることを理解している。

行動（○）

［発信者側］
○ 適切な公開範囲を設定する。
［受信者側］
○ 実生活で関わりのない人から連絡があった場合は、トラブルの可能性があるとの認識を持って慎重に対応する。

《問題例》
問　同じ趣味の人が集まる実名のSNSで、同性の人が会いたいとメールをしてきた時に、とるべき行動で、最も適切なものはどれか。
(1) 実名のSNSであっても素性を偽っている場合があるので、自分だけで判断せず、保護者に相談する。
(2) 実名で登録しているメンバーだから安心して会う。
(3) 同性の人なので、安心して会う。
(4) 同じ趣味を持つ仲間なので、いろいろな関係さたいので絶対に会う。

図3.4：ILAS定義リストの大・中・小分類と各定義及びテスト問題との関係

出所：情報通信政策研究所（2012a）p.11

第Ⅰ部　青少年のインターネットリテラシー指標の開発と運用

PISA調査が15歳の学力を国際比較することを目指していることから、今後の
OECDをはじめとする国際的な連携を強化するためにも調査対象年齢を合せ
ておく必要があったためである。

　定義リストの策定にあたっては、国内外の公的機関が施行した先行政策で定
められた各定義のレビューを基にして策定を目指した。特に、国際的なイン
ターネット上の青少年保護の政策的指針として公表されているOECD（2012c）
のリスク分類を基にしつつ、事例研究の立場から総務省（2009c）が取りまと
めたトラブル事例及び高校教員等に対しヒアリングを行うこととした。さら
に、それらから得られたインターネット上のリスクを整理し、青少年に必要と
考えられる諸能力をリスト化することを目指した。

　この指標は、義務教育が修了する15歳までに身につけることが望まれる
「インターネット上の違法コンテンツ、有害コンテンツに適切に対処できる能
力」「インターネットで適切にコミュニケーションできる能力」「プライバシー
保護や適切なセキュリティ対策ができる能力」の各能力を定めるものであり、
これらのインターネット上のリスクを大項目3分類（違法・有害情報リスク、
不適正利用リスク、プライバシー・セキュリティ・リスク）、中項目7分類、
小項目13分類に分化することとした。そして、そこから導き出された各スキ
ルをマッピングすることにより（図3.4）、インターネットから隆起するリスク
に対する回避能力を体系化することを図ることとした（Spencer, L.M. and
Spencer, S.M. 1993）。

　各スキル内容は、知識だけでなく適切な行動をとるための判断力についても
問える問題の開発も視野に入れ、「知識」「行動」の各能力に細分化するものと
した。特に知識に関しては、「安全安心に利用するための知識」と消費者教育
政策の視点から「通信事業者の安全安心への取組」に分化し、青少年が民間セ
クターによるインターネットの利用環境整備の施策に対する認識を測定するこ
とを目指した。

3.2.2　定義リストに定めた各能力を測定するためのテスト機能

　次に、青少年のリテラシーを測定するためのテストアイテムについて言及す
る。このテストはCBTテスト形式の多肢選択問題で実施することから、ブル

第3章　青少年のインターネットリテラシー指標開発のコンセプト

ーム（Bloom 1971）が提唱する教育目標の分類学（ブルーム・タキソノミー）における認知的領域の取得を測定するテストとした。開発にあたっては、高校教員及び都道府県教育委員会委員の教員からの協力を得て、現実の高校1年生が受検することを想定した100問以上の問題の開発を目指した（図3.4）。各問題は定義リストに定めた各スキルに対応させて開発し、これらの問題の正答率により青少年のインターネットを安全安心に活用するためのリテラシーの測定を可能とすものとした。

3.2.3　青少年の属性及びインターネットの利用状況と心理的側面を測定するためのアンケート機能

　アンケートの開発は、被験者の属性、通信デバイスの利用状況、行動特性、心理特性等を可視化することを可能にするものとした。特に、テスト問題の回答だけでは、被験者のリスクに対する行動特性や安全に対する意識を測定することが困難であり、そのような実態の調査は、心理測定尺度を用いたアンケートの方が適しているからである。

　具体的には、被験者属性として被験者の居住地域、性別、学校種別を質問項目に入れた。インターネットの利用状況としては、通信デバイスの利用状況、インターネットの利用時間、利用している通信回線種別、フィルタリングの利用状況、SNSやオンラインゲームの利用状況、リスクの経験に関する質問とした。行動特性としては、安全利用に関する家庭での話し合いの状況、安全利用のための確認行為の状況を質問項目に入れた。心理特性の測定に関しては、安

表3.1：アンケート機能で測定する質問領域

測定領域	内容
被験者属性	居住地域、性別、学校種別
インターネットの利用状況	通信デバイスの利用状況、インターネットの利用時間、利用している通信回線種別、フィルタリングの利用状況、SNSやオンラインゲームの利用状況、リスクの経験
行動特性	家庭での話し合いの状況、安全利用のための確認行為
心理特性	安全利用に対する意識、安全利用に関する学習意欲、インターネットの利用における不安

出所：情報通信政策研究所（2012a）を基に著者作成

第Ⅰ部　青少年のインターネットリテラシー指標の開発と運用

全利用に対する意識、安全利用に関する学習に対する学習意欲、インターネットの利用における不安に関する質問を質問項目に入れた（表3.1）。

　これらの質問項目を網羅的にアンケート機能として構成することにより、テスト機能では測定することができない領域の可視化を可能にすることを目指した。

3.2.4　調査データの可視化とクロス分析機能

　リテラシー測定テストの結果は、定義リストで定めるリスク・カテゴリーの大項目3分類及び、中項目7分類ごとの平均正答率、分散を算出する。さらにそれらを、レーダーチャートとして可視化することとした。

　さらに、青少年の属性とリテラシーとの関係を明らかにするために、リテラシー測定テストの結果とアンケート結果のクロス分析を行う。このクロス分析により、各地域におけるリテラシーの習熟状況を可視化することが可能となる。これにより、各地域に必要とされる青少年保護政策を講じることが可能となるであろう。また、オンライン・トラブルを経験している被験者のリテラシーとの関係が明らかになれば、保護を強化すべきか、緩和すべきかの判断を下す際の有益な情報になるであろう。

　これらの分析の結果から、政策の課題点を浮き彫りにし、政策のさらなる最適化に向けた政策提言を行うことを目指した。このような活動により、インターネット上の青少年の保護政策はPDCAサイクルのもと、彼らにとって必要とされる政策を施行することを可能とするとともに、その政策にかかる政策コストを最適化することが可能となるであろう。

第4章
青少年のインターネットリテラシー指標の開発と評価

本章では、青少年のインターネット利用から隆起する様々なリスクに対する青少年保護政策を講じる政策担当者の意思決定を支援するシステムとしての指標であるILASの開発過程及び評価について述べる。

これまで、我が国においても、他国においても青少年のインターネットの利用実態を明らかにするための調査は行われてきた。しかし、それらの調査は、利用者である青少年とその保護・監督者である保護者のサービスの利用動向、利用者属性、心理的側面をアンケートによって調査するものであった。

しかし、最適な青少年保護政策を施行するためには、実際の青少年のリスク回避能力の習熟に合ったものでなければならない。例えば、青少年のリスク回避能力が十分でないのであれば、啓発教育の拡充にとどまらず、共同規制体制を強化して、技術的保護対策や社会的な保護制度を行わなければならないであろう。一方、リスク回避能力が身についているのであれば、それに合った啓発教育、技術的保護対策、社会的の保護制度の見直しを行う必要があるであろう。

このように、青少年のインターネットのリスク回避能力を確率論的アプローチにより、推測されたデータを可視化し、政策の最適化を図ることで、青少年保護政策の効率性を高めるとともに、政策コストを削減することができるであろう。このことは、結果的に青少年のインターネットの利用の自由の確保につながると考えられる。

ILASの開発あたっては、リスク回避能力を定めた定義リストの策定（186定義）、テスト問題の開発（100問）、テストとのクロス分析のためのアンケート質問票（37質問）の策定を行った。

第Ⅰ部　青少年のインターネットリテラシー指標の開発と運用

　ILASシステムにおける妥当性・信頼性の検証としては、形成的評価及び総括的評価により、システムの課題抽出と改善を行った。形成的評価としては、高校でのテスト問題の出題数を決定するために行った予備テスト（実施校：1校、サンプル数：37）と、システムの実運用に向けて実施したプレテスト（実施校：14校、サンプル数：569）を行った。

　予備テストでは、ILAS定義リストの7つのリスク中分類から7問ずつの計49問を出題することを決定した。また、男女の平均正答率を比較検討したところ、本テストに性差はないという結果を得た。このことにより、共学の学校においてのテスト運営上の特別の配慮や、男子校・女子校の別なく同じ被験者集団として評価することができると判断することができた。

　プレテストでは、CBTテストシステムを施行する上での、ネットワーク上の課題抽出を行った。さらに、出題した49問のテストセットに対する信頼性・妥当性の分析として、得点分布に対する評価、信頼性係数の算出、主軸法による因子分析、弁別指数の算出、テスト問題の選択肢の選択と正答率との関係性の評価を行い、改善すべきテストアイテムの抽出と改善点の明確化を図った。

　本テストにおいては、全国23校の高校などの協力のもと2,937人の高校1年生を対象として、テストセット全体に対する評価と、改善したテストアイテムの再評価を行い、ILASシステムに対する総括的評価を行った。評価の結果、得点分布の改善、信頼性係数の改善、寄与率の改善、弁別指数の改善及びテスト問題の選択肢の選択と正答率との関係性についても改善がみられた。このことからILASシステムは、青少年のインターネットリテラシーを測定するための指標として妥当であり、信頼性の高い指標であると言える。

　本章では、上記で述べた指標開発に向けた一連の取り組みについて述べるとともに、開発過程において浮き彫りになった課題について議論を展開する。

4.1　指標開発プロジェクトの組織体制

　指標開発プロジェクトは、図4.1に示すような体制の下、総務省情報通信政策研究所及び総務省情報通信基盤局消費者行政課の研究プロジェクトとして実施されたものであり、実質的な研究プロジェクトの実施は、有識者検討会での

第4章 青少年のインターネットリテラシー指標の開発と評価

協議により遂行された。有識者検討会では、指標策定プロジェクトの全体の方針の決定及び配下にある作業部会の成果物のレビュー及び評価を行った。

また、有識者検討会の合意のもと研究プロジェクトで開発を目指す指標の名称は「青少年がインターネットを安全に安心して活用するためのリテラシー指標（ILAS）」と名付けられた。

有識者検討会の配下にある作業部会は四つの作業部会に分かれており、「リテラシー定義作業部会」では、インターネット上のリスクを分類し、リテラシー指標の基礎となるILAS定義リストの策定が行われた。「テスト開発作業部会」では、青少年のインターネットリテラシーを計測するためのテスト問題が開発された。「テスト評価作業部会」では、形成的評価としての「予備テスト」「プレテスト」及び総括的評価としての「本テスト」の集計結果の分析・評価が行われた。「テスト実施作業部会」では、プレテスト及び本テストを実施し、データの収集が行われた（図4.1, 表4.1）。

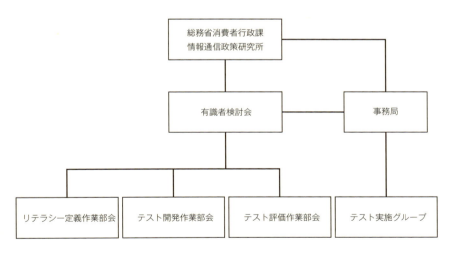

出所：総務省情報通信政策研究所（2012a）p.6

図4.1：ILASプロジェクト組織体制図

93

第Ⅰ部　青少年のインターネットリテラシー指標の開発と運用

**表4.1：青少年がインターネットを安全に安心して活用するための
リテラシー指標（ILAS）プロジェクト概要**

題名	青少年がインターネットを安全に安心して活用するためのリテラシー指標（ILAS）プロジェクト
主催・協賛	総務省情報通信政策研究所／総務省情報通信基盤局消費者行政課
本論文研究者の立場・取り組み	・有識者検討会委員 ・リテラシー定義作業部会委員 ・テスト開発作業部会委員 ・テスト評価作業部会委員 　上記で上げた委員会の委員として、研究プロジェクト全体運営、ILAS定義リストの策定、テスト問題の策定、アンケート質問票の策定、テスト結果の分析・評価を実施した。
目的	・青少年のインターネットのリスク回避能力測定のためのリテラシー測定指標の開発と国内での運用。 ・我が国で策定された指標をOECDに報告し、国際的な青少年のインターネットリテラシー指標開発のための基礎データとする。
開発・調査期間	2011年9月～2012年9月

出所：情報通信政策研究所（2012a）をもとに著者作成

　本書著者は、指標策定プロジェクトにおける有識者検討会の一員として、研究プロジェクト全体運営・評価を行うとともに、リテラシー定義作業部会、テスト開発作業部会、テスト評価作業部会の委員を兼務し、各作業部会の委員と共同して、ILAS定義リストの策定、テスト問題の策定、アンケート質問票の策定、テスト結果の分析・評価等の主要な工程において研究を実践した。

4.2　ILASの開発工程

　指標策定プロジェクトは次のフェーズにより開発・評価・報告が行われた。フェーズ1では、OECD（2011b）が定義したリスク分類をはじめとして、インターネットリテラシーに関する諸定義を参照し、指標策定プロジェクトとしての、青少年のインターネット上のリスクに対応するための諸能力を定めたILAS定義リストを策定した。

　フェーズ2では、ILAS定義リストに定めた諸能力を測定するためのテストシステムの開発として、テスト問題の開発を行った。次に、テスト問題では、判定が困難な被験者のデバイスの利用状況、被験者属性及び心理的状況の可視

94

化を可能とするアンケート質問票を作成した。このアンケートとテスト問題とのクロス分析を行うことで、青少年の実態に適合した政策立案が可能となる。次に、全国14校の高等学校等の協力を得て、被験者約569人を対象としたプレテストを行い、形成的評価としてILASテストシステムの妥当性の検証を行った。さらに、形成的評価で浮き彫りになった改善点を改修した。

フェーズ3においては、改修したILASテストシステムを用いて、全国23校の高等学校等の協力を得て、被験者2,937人を対象として、我が国における青少年のインターネットリテラシーを可視化するための本テストを実施した。次に、指標策定プロジェクトの総括的評価として、テストシステムに対する信頼性・妥当性の分析・評価及び被験者から採取したテスト結果とアンケート結果に対する評価を行った。

フェーズ4では、指標策定プロジェクトから得られた、青少年のインターネットリテラシーの実態をもとに、これまでの政策を評価するための情報提供を行った。さらに、国際レベルでの指標策定を目指すOECDに対して、指標策定プロジェクトの取り組みを報告し、国際指標策定のための第1ステップとして、OECDの国際会議において、加盟国34か国に対してプレゼンテーションを実施した（表4.2）。

表4.2：指標策定プロジェクトの各フェーズ概要

フェーズ	内容
1	・青少年におけるインターネット上のリスク分類整理とILAS定義リストの策定
2	・ILASテストシステムの開発 ・テスト問題の開発 ・アンケート質問票の策定 ・プレテストの実施（全国14校、被験者数：約600人） ・形成的評価 ・ILASテストシステムの改修
3	・本テストの実施（全国23校、被験者数：2,937人） ・総括的評価 ・テストシステムに対する評価 ・テスト結果及びアンケート結果に対する評価
4	・国内政策への情報提供 ・OECDへの報告と国際指標策定に向けての取り組みの開始

出所：情報通信政策研究所（2012a）をもとに著者作成

第Ⅰ部　青少年のインターネットリテラシー指標の開発と運用

　次節以降では、指標策定プロジェクトの各フェーズでの取り組みを詳しく述べるとともに、そこで浮き彫りとなった課題について議論を展開する。

4.2.1　リスク回避能力を定めた定義リストの開発

　青少年のインターネットから隆起するリスクに対する回避能力を定めたILAS定義リストの策定にあたって、先ずインターネットリテラシー能力を定めている先行研究のレビューを行った[1]。レビューの結果、各政府機関、団体が定めている定義は、情報活用能力についての定義が行われているものの、リスク回避能力に関する能力定義が十分ではなかった。この不足を補うために、事例研究の立場から総務省（2009c）「インターネット利用におけるトラブル事例等に関する調査研究」に収録されている実際に起きた各トラブルを参照した。リスク回避能力の定義化にあたっては、高等学校で生徒を指導する教員からも委員に加わって頂き、教員の助言を反映するかたちで、青少年がインターネットを利用する際に身につけることが望まれる各能力を定義した（表4.3）。

　定義リストでは、ガニエら（Gagne et al. 2005）の学習の成果分類を援用し、言語情報（Verbal Information）に関する能力に関しては、「知識」と分類した。さらに、インターネットを利用する青少年の保護問題は、民間事業者による自主的取り組みとして、様々な青少年保護に関する取り組みが行われている。ことから、青少年がこれらの取り組みに対する認識も得ていることが望まれることから、民間事業者による自主的取り組みに関する認知に関しては「事業者関係」と分類した。また、態度（Attitude）に関しては、「行動」と分類し、その下部に各能力を186のスキルとして定義した[2]。

第4章 青少年のインターネットリテラシー指標の開発と評価

表4.3［1/2］：ILAS定義リストの一例

大分類	中分類	小分類	知識（●）・事業者関係（△）	行動（○）
Ⅱ 不適正利用リスク	a 不適切接触	1 誹謗中傷	【原理原則】 ●悪質な誹謗中傷、いじめ、特定の人に危害を加えるような書き込みは、深刻な人権侵害であり犯罪行為にあたる場合もあるので絶対に許されないことを理解している。 ●書き込みは、書き込んだ人の記録がサイトやプロバイダに残っており、手順を踏んで調べると特定できる可能性があることを理解している。 ●青少年の利用に配慮できていないサイトは利用すべきでなく、フィルタリングをかけることで不用意なアクセスを回避できることを理解している。	
			【発信者側】 ●インターネット上で一度公開された情報は、多くの人にすぐ広まり、完全に消すことが困難であることを理解している。 ●軽い気持ちで書いたものでも、他者を深刻に傷つける可能性があることを理解している。	○軽い気持ちで書いたことでも、書かれた相手をひどく傷つける場合があること、注目され大きな問題となりうること、他の場所に発言がコピーされる等して完全に削除できないことを理解し、不用意な発信をしない。
			【受信者側】 ●ネット上で誹謗中傷を受けた場合、発見した場合の対処方法（事業者に削除依頼、大人への相談）を理解している。	○誹謗中傷を受けても、感情的になって誹謗中傷を返したりせず慎重に対応する。 ○悪質な誹謗中傷の書き込みを受けた場合、発見した場合は、事業者に削除依頼する、もしくは大人に相談する。
			【事業者の取組】 △青少年の利用に配慮している事業者は、悪質な誹謗中傷等の書き込みを削除するため、サイト上のパトロールを行っていること、通報窓口を設けていることを理解している。	【事業者の取組の活用】 ○サイト上で悪質な誹謗中傷等を見つけた場合、サイト管理者等の通報窓口に通報する。

97

第Ⅰ部　青少年のインターネットリテラシー指標の開発と運用

表4.3［2/2］：ILAS定義リストの一例

大分類	中分類	小分類	知識（●）・事業者関係（△）	行動（○）
		2 匿名SNS	【原理原則】 ●SNSへの書き込みが原因で炎上したり、恨みを買う危険性があることを理解している。 ●インターネット上で知り合った人物に自分たちだけの判断で会うことの危険性を理解している。	
			【発信者側】 ●SNSへプライバシー・個人情報や写真を掲載することにより、連絡先や名前を公開され攻撃されたり、自宅や学校で待ち伏せをされて拉致・誘拐などの事件に巻き込まれる等のリスクが伴うことを理解している。 ●コミュニティ・サイトに起因する犯罪では、加害者に対して与えたプライバシー・個人情報が脅迫の材料とされて被害にいたった事例が多いことを理解している。	【発信者側】 ○情報発信の際は、操作ミス等をしないよう慎重を期す。 ○発信する情報につき、適切な公開範囲を設定する。 ○インターネット上で知り合った人物に自らのプライバシー・個人情報を送信するよう依頼されても、安易に送らない。
			【受信者側】 ●インターネット上で知り合った人は、性犯罪や詐欺を企てている可能性があること、性別、年齢、職業等を詐称している可能性があることを理解している。 ●コミュニティ・サイトからの誘引による犯罪被害が多いことを理解している。	【受信者側】 ○インターネット上で知り合った人物に慎重に対応する。

出所：情報通信政策研究所（2012a）から抜粋

4.2.2 リスク回避能力測定のためのテストアイテムの開発

開発したテストアイテムは、ILAS定義リストに定めたリスク回避に必要となる各能力を反映させることを目指した。テストアイテムには、現実の高校1年生相当の生徒が理解できる内容であり、回答可能な難易度のレベルであることが求められた。このことから、テストアイテムの開発にあたっては、実際に教育現場で教鞭をとっている情報科目担当の高校教師及び教育委員会委員6名からの教育を得てテストアイテムの開発を行った。

本書著者は、テスト開発作業部会の委員という立場から、6人の教員とともに、テストアイテムの開発及び、それらの改修を担当した。

テストアイテムは、108問のアイテムを開発した。これにより、ILAS定義リストの七つの中項目に対して15問以上のストックを配置することができた。

以下に、テストアイテムの出題内容を記載する（表4.4）。

表4.4：ILASテストの出題内容

問1	青少年の利用が法律で禁止されているwebサイトを選択する問題。（四肢択一）
問2	ネット炎上を引き起こす要因となる有害情報のアップロードに関する問題。（四肢択一）
問3	福祉犯罪の要因となりうるSNSサイトでの見知らぬ者とのコンタクトに関する問題。（四肢択一）
問4	個人情報をwebサイトに登録する際に利用する暗号化技術に関する問題。（四肢択一）（問5）
問5	オンラインゲームを利用する際に生ずるおそれのある長時間利用に関する問題。（四肢択一）
問6	IPアドレスに関する問題。（四肢択一）
問7	適切なパスワード設定に関する問題。（四肢択一）

出所：ILASテストセットを基に著者作成

第Ⅰ部　青少年のインターネットリテラシー指標の開発と運用

4.2.3　被験者の属性を測定するためのアンケートの開発

　被験者の地域属性、行動属性、心理属性や通信デバイスの利用状況について
は、アンケートにより彼らの置かれている状況を可視化することとした。これ
は、テストによる能力測定にとどまらず、アンケートによる被験者の属性を調
査することで、彼らのリテラシーと利用実態との関係を可視化することを可能
にし、青少年保護政策を最適化させることを目指すものである。

　アンケートはプレアンケート13質問、ポストアンケート24質問の計37質問
を策定した。プレアンケートでは、主に通信デバイスの利用状況及び心理測定
尺度の手法を用いたリスク回避的行動に対する意識を問う質問で構成した。テ
スト受講後に実施するポストアンケートでは、テストの受講に対する意識調査
及びテストの事前と事後での安全利用に対する意識の変化等についての質問で
構成した（表4.5)[3]。

表4.5［1/2］：アンケートのサンプル

例1
あなたは、SNSやブログ等によりインターネットで情報を発信する際に情報公開の範囲に気をつけていますか。（一つだけ） （1）気をつけている （2）やや気をつけている （3）あまり気をつけていない （4）気をつけていない （5）情報公開の範囲を設定できることを知らなかった （6）情報発信していない
例2
あなたは青少年の安全なインターネット利用のための、以下のいずれかの取組を知っていますか。また取組に参加、もしくは利用されたことがありますか。（複数選択可） （1）e-ネットキャラバンの講座を受講したことがある （2）情報通信の安心安全な利用のための標語に応募したことがある （3）安心ネットづくり促進協議会の取組を知っている （4）第三者機関EMAの取組を知っている （5）携帯電話事業者の啓発講座を受講したことがある （6）SNS事業者の啓発アプリを利用したことがある （7）その他の普及啓発の取組 （8）どれも参加・利用したことがない

第4章　青少年のインターネットリテラシー指標の開発と評価

表4.5［2/2］：アンケートのサンプル

例3
あなたはインターネット上でトラブルにあったことがありますか。（複数選択可） （1）違法情報に遭遇した （2）有害情報に遭遇した （3）誹謗中傷を受けた （4）SNSで知り合った人物とトラブルになった （5）迷惑メールを受け取った （6）スマートフォンのアプリで情報が流出した （7）インターネット上の売買でトラブルになった （8）インターネット上のサービスを使い過ぎてしまった （9）インターネットに依存的になってしまった （11）プライバシーが流出した （12）不正アクセスを受けた （13）ウイルスに感染した （14）その他 （15）トラブルにあったことはない
例4
インターネット上の危険を回避するためには、一人一人がインターネットの安心安全利用について学ぶ必要があると思いますか。（一つだけ） （1）そう思う （2）どちらかというとそう思う （3）どちらともいえない （4）どちらかというとそう思わない （5）そう思わない （6）わからない
例5
あなたは、インターネット上の危険について家庭で話し合っていますか。（一つだけ） （1）よく話し合っている （2）時々話し合っている （3）あまり話し合ったことがない （4）話し合ったことがない

出所：総務省情報通信政策研究所（2012b）, pp.31-34から抜粋

第Ⅰ部　青少年のインターネットリテラシー指標の開発と運用

4.3　ILASテストシステムに対する形成的評価と総括的評価

4.3.1　予備テストの実施と形成的評価

　開発したILASテストシステムの妥当性・信頼性を検証するために、テスト評価作業部会の委員と協働して、ILASテストシステムに対する形成的評価と総括的評価を行った。はじめに、ILASテストの出題数を高校の50分の授業に適応させるための実証実験として「予備テスト」を行った。予備テストは、東京都内の私立Ｔ高等学校の協力を得て、37名の高校1年生の被験者を対象に行われた。

　実証実験として実施する「プレテスト」及びリテラシー測定のために行う「本テスト」では、コンピュータ・ベースド・テスト（以下：CBT）で実施する予定であったが、紙筆式とCBTに回答時間にさほど差が出ないことが予測されたことと、システムの準備の問題から、予備テストは紙筆式で行うこととした。テストの出題数は、開発した108問の問題から55問の問題を抽出し出題した（表4.6）。

表4.6：予備テスト実施概要

実施日	2011年12月27日
被験者	私立Ｔ高校1年生37名
実施内容	テスト（55問出題）、事後アンケート
テスト方式	紙筆式
所要時間	50分

出所：総務省情報通信政策研究所（2012a）をもとに著者作成

　予備テストの結果は、平均正答率は0.73、平均回答時間は30分であったが、回答時間の分布をみると、回答に30 ～ 35分かかる生徒群が最も多かった（図4.2）。プレテストでは、CBTで実施することを鑑みると、CBTに不慣れな生徒に対する対応も必要になることが予測された。この問題に対応するために、回答可能でかつリテラシーの測定結果の妥当性・信頼性を担保できる最適な出題数を検討する必要があった。

第4章 青少年のインターネットリテラシー指標の開発と評価

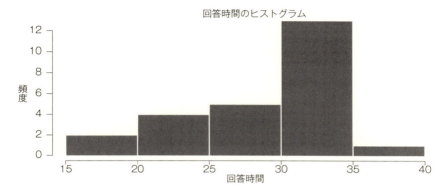

出所：情報通信政策研究所（2012a）p.22

図4.2：予備テストの回答時間の分布

　予備テストの結果を受けて、問題の出題数は49問の出題とした、これは、1) 50分の授業時間の内、テスト受験時間を35分と定め、この35分の受験時間で回答できる問題数であることへの配慮と、2) ILAS定義リストのリスク分類の中分類である7分野に対応する問題を各7問ずつ均等に出題するための措置であり、テスト実施後の結果を分野ごとに比較分析することを容易にするための判断であった（表4.7）。

表4.7：テストアイテムの出題数

ILAS定義中分類	出題数
違法情報	7
有害情報	7
不適正接触	7
不適正取引	7
不適正利用	7
プライバシー・リスク	7
セキュリティ・リスク	7
合計	49

出所：総務省情報通信政策研究所（2012a）をもとに著者作成

第Ⅰ部　青少年のインターネットリテラシー指標の開発と運用

4.3.2　プレテストの実施と形成的評価
①プレテストの実施
　予備テストの結果を受けて、総出題数を49問としプレテストを実施することとした。プレテストの協力校の選定には、全国から地域に偏りがないように選定し、普通科、専門科合わせて14校の協力を得て、569名の高校1年生（15歳相当）を対象にプレテストを行った（表4.8）。

表4.8：プレテスト実施概要

実施地域	日本全国：14高校 北海道地区：1校、東北地区：1校、関東地区：3校、北信越地区：2校、東海地区：2校、近畿地区：1校、中国四国地区：2校、九州・沖縄地区：2校
実施形式	CBT、紙筆式
実施期間	2012年1月30日～2月9日
被験者	569名（CBT方式：422名、紙筆式：147名）
有効回収数	532名（CBT方式：422名、紙筆式：110名）
所要時間	50分
出題数	49問（多肢選択問題）
内容	・CBT説明：10分 ・事前アンケート：5分 ・テスト受験：35分 ・事後アンケート：5分

出所：総務省情報通信政策研究所（2012a）をもとに著者作成

　CBTの実施にあたっては、各協力校の通信速度の差の問題があったため、通信速度の遅い高校ではコンピュータがフリーズしてしまうことも予測された。ここから、コンピュータがフリーズした場合は、紙筆式のテストに切り替えられる体制をとった。

　今回のCBTシステムは、概ね下り実測20Mbpsの通信環境ではCBTが実施できるシステムであるが、通信速度が20Mbpsを下回る学校では、ログインへのアクセスを数人ずつにするなど、回線のトラフィック集中を避ける措置をとって実施した（図4.3）。しかし、3Mbps以下の環境ではフリーズが生じたことから、それらの学校では紙筆式に切り替えてテストを行った（表4.9）。

104

第4章　青少年のインターネットリテラシー指標の開発と評価

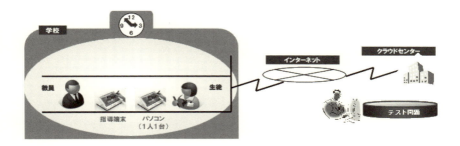

出所：情報通信政策研究所（2012a）p.27

図4.3：CBTシステムの概要

表4.9：紙筆式テスト実施校の実施状況

	回線環境	詳細
1	下り20Mbps程度、学校の上位回線は県の教育センター経由であり他の学校と共用	CBTで開始したもののレスポンスが悪く紙筆式テストに変更（回線が教育センター経由なので実施前より、回線が混雑することが予想されていた）。
2	不明	生徒が一斉にトップページにアクセスしたところすべてのPCがフリーズし、紙筆式テストに変更。
3	下り2.8M	テスト開始前に数人の生徒がトップページにアクセスし、フリーズしてしまったため紙筆式テストに変更。
4	下り2M程度	数人はアクセスできたものの、他のPCはフリーズしてしまい紙筆式テストに変更。

出所：総務省情報通信政策研究所（2012a）p.28

②ILASテストシステムに対する形成的評価

　プレテストの評価は、532名のテスト結果をもとに分析した[4]。まずCBT受験の422名と紙筆式受験の110名の平均点を比較すると、CBT36.0点（SD=7.2）、紙筆式35.9点（SD=6.5）と平均点に大きな差はなく、同じ集団としてみなすことができる（表4.10）。

第Ⅰ部　青少年のインターネットリテラシー指標の開発と運用

表4.10：CBTと紙筆式テストの成績比較

	平均値	標準偏差
紙筆式	35.9	6.5
CBT	36.0	7.2
Total	36.0	7.1

出所：総務省情報通信政策研究所（2012a）をもとに著者作成

　次に、有効回答被験者である男子296名と女子232名の正答数の平均点を比較したところ、男子36.3点（SD=7.3）、女子35.7点（SD=6.8）となり、プレテストで出題した問題が性差により有利不利がないことがわかった（表4.12）。

　次に、全テスト問題（49問）の信頼性係数をみてみると $a = 0.86$ となり、被験者全体の平均正答率は0.73、各問題の正答率は0.26 ～ 0.96となった（表4.13）。

　さらに、主軸法を用いて開発したテストと、ILAS定義の大項目領域との関係を分析した。分析の結果、2つの問題（問題10、29）を除き、Ⅰa（違法情報）、Ⅰb（有害情報）の問題群は第1因子である違法・有害情報リスクと、Ⅱa（不適切接触）、Ⅱb（不適切取引）、Ⅱc（不適切利用）の問題は第2因子である不適正利用リスクと、Ⅲa（プライバシー・リスク）、Ⅲb（セキュリティ・リスク）の問題は第3因子であるプライバシー・セキュリティ・リスクと最も関係があることがわかり、問のテスト問題の改修は必要なものの、総じて各項目に関係性があるという結果となった（表4.14）。

　次に、総得点ごとの選択肢の選択率を考察するために、被験者の総得点ごとの各選択肢の選択率をグラフ化したところ、正答率が低く総得点の高い被験者層においても各選択肢の選択率にばらつきがある問題と（問題10、42）、正答率が高く不正解である3つの選択肢が機能していない問題（問題1、3、8、14、16、19、22、27、29、31、32、34、36、43、44、47）があることが明らかとなった（図4.4, 図4.5）[5]。

　これらの問題に関しては、本テスト実施に向けて改修することとした。改修にあたっては、各定義カテゴリーに対する寄与率を高めるために、ILAS定義リストに定めたれた各能力に連動した選択肢の修正となるように配慮した。ま

た選択肢が有効に機能していない誤答の選択肢を改修し、4つの選択肢の機能を高めテスト問題の弁別率を向上させることを目指した。

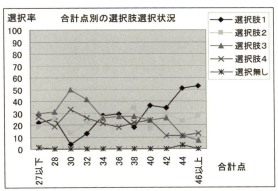

図4.4：難度を調節する必要がある問題の一例（問題10）

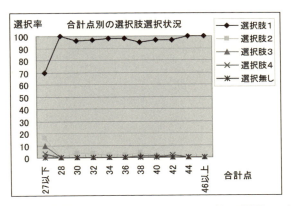

図4.5：各選択肢を機能させるために修正する必要がある問題の一例（問題3）

4.3.3　本テストの実施と総括的評価
①**本テストの実施**

　本テストは、プレテストに対する形成的評価及びその評価を受けて改修し、ILASテストの問題群を再構築して出題した。本テストの参加校においても全

第Ⅰ部　青少年のインターネットリテラシー指標の開発と運用

国各地域からまんべんなく参加校を募り、全国23校高校等の協力を得て、2,937
人の高校1年生（15歳相当）を被験者として本テストを実施した（表4.11）。

表4.11：本テスト実施概要

実施地域	日本全国：23高校 北海道地区：1校、東北地区：2校、関東地区：5校、北陸地区：2校、信越地区：2校、東海地区：3校、近畿地区：3校、中国地区：1校、四国地区：1校、九州・沖縄地区：3校
実施形式	CBT
実施期間	2012年6月4日～7月20日
被験者	2,937名
有効回収数	2,464名
所要時間	50分
出題数	49問（多肢選択問題）
内容	・CBT説明：10分 ・事前アンケート：5分 ・テスト受験：35分 ・事後アンケート：5分

出所：総務省情報通信政策研究所（2012a）をもとに著者作成

②ILASテストシステムの妥当性の検証（総括的評価）

　本テストで得た被験者2,464人のテスト結果をもとに、ILASテストシステム
に対する総括的評価を行った。正答数の平均を算出したところ、男子32.5点
（SD=8.7）、女子33.6点（SD=7.3）、全体で32.8点（SD=8.3）となり、若干女子
の方が平均点が高くなったが、本テストの結果からも性差により有利不利がな
いと言える（表4.12）。

表4.12：男子と女子の成績比較

	プレテスト		本テスト	
	平均値	標準偏差	平均値	標準偏差
男子	36.3	7.3	32.5	8.7
女子	35.7	6.8	33.6	7.3
全体	36	7.1	32.8	8.3

出所：総務省情報通信政策研究所（2012a,b）をもとに著者作成

　次に、信頼性係数を算出したところ $\alpha = 0.89$ となり、本テストにおいて信頼

第4章　青少年のインターネットリテラシー指標の開発と評価

性がさらに高まった。各問題の正答率においても0.22 ～ 0.94となった。このことから、幅の広い難易度のテスト問題群に改善することができたと言える（表4.13）。

表4.13：信頼性係数と正答率分布の結果

	プレテスト	本テスト
平均正答率	0.73	0.67
信頼性係数	0.86	0.89
正答率分布	0.26 ～ 0.96	0.22 ～ 0.94

出所：総務省情報通信政策研究所（2012a,b）をもとに著者作成

　さらに、主軸法による因子分析においても、該当すべき因子への寄与率が低い問題が1問（問題30）のみとなり、Ⅰa（違法情報）、Ⅰb（有害情報）の問題群と第1因子である違法・有害情報リスクと、Ⅱa（不適切接触）、Ⅱb（不適切取引）、Ⅱc（不適切利用）の問題群と第2因子である不適正利用リスクと、Ⅲa（プライバシー・リスク）、Ⅲb（セキュリティ・リスク）の問題群と第3因子であるプライバシー・セキュリティ・リスクとの関係が鮮明となり、3つの大カテゴリーとの関係性がより高まったと言える（表4.14）。このことから、本テストで実施したテスト問題群は、ILAS定義リストの各能力を測定するに妥当なテストに改善されたと言える。

　次に、総得点別の問題ごとの選択肢の選択率との関係においても、改修したすべての問題において各選択肢の選択率に改善がみられた（図4.6, 図4.7）[6]。

　さらに弁別指数においても、改修した問題において概ね改善がみられた[7]。問題1、9の弁別指数は0.20以下であるものの、それ以外の問題は0.20以上に改善した（表4.15）。

　さらに、総得点の分布状況においても、プレテストでは38 ～ 41点付近をピークに急激に分布が減少し25点以下はほとんど分布していなかったが、本テストにおいては36 ～ 38点付近をピークに低得点に向けてなだらかに分布している。このことから、総得点の分布の集中が改善できたと言える（図4.8）。

　上記の分析の結果から、被験者のインターネットリテラシーを指標化するためのテスト問題としての妥当性が高まったと言える。

第Ⅰ部　青少年のインターネットリテラシー指標の開発と運用

表4.14［1/3］：テスト結果の主軸法による分析

カテゴリー中分類	問題	因子パターン					
		プレテスト			本テスト		
		因子1	因子2	因子3	因子1	因子2	因子3
Ⅰa	1	0.35	− 0.09	− 0.08	0.39	− 0.12	− 0.03
Ⅰa	8	0.64	0.02	− 0.21	0.35	0.06	0.00
Ⅰa	15	0.23	0.04	0.17	0.40	− 0.05	0.05
Ⅰa	22	0.48	0.16	− 0.07	0.71	0.01	− 0.08
Ⅰa	29	0.12	0.07	0.22	0.26	− 0.03	0.12
Ⅰa	36	0.69	− 0.09	0.00	0.66	− 0.08	0.10
Ⅰa	43	0.30	0.09	0.12	0.42	0.02	0.07
Ⅰb	2	0.35	0.01	0.06	0.41	0.07	0.02
Ⅰb	9	0.57	− 0.23	0.07	0.65	− 0.04	− 0.10
Ⅰb	16	0.77	0.04	− 0.28	0.77	− 0.05	− 0.10
Ⅰb	23	0.19	− 0.02	0.10	0.14	0.05	0.05
Ⅰb	30	0.10	0.04	0.15	0.12	0.13	0.09
Ⅰb	37	0.49	− 0.02	0.10	0.41	0.15	− 0.02
Ⅰb	44	0.24	− 0.10	0.08	0.07	0.06	0.04

第4章　青少年のインターネットリテラシー指標の開発と評価

表4.14［2/3］：テスト結果の主軸法による分析

カテゴリー中分類	問題	因子パターン					
		プレテスト			本テスト		
		因子1	因子2	因子3	因子1	因子2	因子3
Ⅱa	3	0.26	0.42	− 0.19	0.01	0.45	− 0.10
Ⅱa	10	0.03	− 0.01	0.08	− 0.11	0.29	0.03
Ⅱa	17	− 0.07	0.59	− 0.12	0.07	0.48	− 0.08
Ⅱa	24	− 0.13	0.50	0.05	0.10	0.50	− 0.04
Ⅱa	31	0.00	0.58	− 0.10	− 0.05	0.60	0.04
Ⅱa	38	− 0.09	0.38	0.23	− 0.13	0.55	0.11
Ⅱa	45	0.03	0.65	0.01	− 0.01	0.61	0.06
Ⅱb	4	− 0.04	0.41	− 0.01	0.00	0.48	− 0.06
Ⅱb	11	0.03	0.12	0.05	− 0.11	0.27	0.08
Ⅱb	18	− 0.01	0.33	0.01	− 0.09	0.44	0.03
Ⅱb	25	0.04	0.25	− 0.12	− 0.06	0.35	0.01
Ⅱb	32	− 0.08	0.14	0.13	− 0.04	0.25	− 0.01
Ⅱb	39	− 0.07	0.36	0.15	0.05	0.32	0.11
Ⅱb	46	− 0.13	0.42	0.08	− 0.10	0.30	0.07
Ⅱc	5	− 0.07	0.46	− 0.04	0.10	0.38	− 0.07
Ⅱc	12	0.11	0.46	− 0.15	0.10	0.41	− 0.10
Ⅱc	19	0.11	0.61	− 0.17	0.16	0.49	− 0.07
Ⅱc	26	0.09	0.46	− 0.01	0.04	0.57	− 0.01
Ⅱc	33	− 0.04	0.50	0.02	− 0.06	0.43	− 0.01
Ⅱc	40	− 0.05	0.41	0.09	0.02	0.45	0.00
Ⅱc	47	− 0.04	0.46	0.15	− 0.13	0.62	− 0.01

111

第Ⅰ部　青少年のインターネットリテラシー指標の開発と運用

表4.14［3/3］：テスト結果の主軸法による分析

カテゴリー 中分類	問題	因子パターン					
		プレテスト			本テスト		
		因子1	因子2	因子3	因子1	因子2	因子3
Ⅲa	6	− 0.09	− 0.05	0.54	0.02	0.03	0.33
Ⅲa	13	0.12	0.04	0.29	− 0.04	− 0.06	0.36
Ⅲa	20	− 0.04	0.03	0.51	− 0.05	0.01	0.59
Ⅲa	27	0.08	0.05	0.16	0.08	− 0.07	0.40
Ⅲa	34	0.05	0.12	0.44	0.15	− 0.02	0.57
Ⅲa	41	0.14	0.12	0.28	0.06	− 0.07	0.65
Ⅲa	48	0.05	0.05	0.28	− 0.02	0.03	0.47
Ⅲb	7	0.04	− 0.15	0.48	− 0.03	0.06	0.34
Ⅲb	14	− 0.08	− 0.08	0.53	− 0.05	0.00	0.25
Ⅲb	21	− 0.06	− 0.07	0.49	− 0.07	0.07	0.38
Ⅲb	28	− 0.01	− 0.07	0.61	0.02	− 0.01	0.55
Ⅲb	35	− 0.06	− 0.04	0.48	0.01	− 0.05	0.48
Ⅲb	42	− 0.04	− 0.04	0.22	− 0.13	0.06	0.26
Ⅲb	49	− 0.06	0.03	0.64	− 0.10	0.06	0.74

出所：総務省情報通信政策研究所（2012b）p.28を参照のもと著者作成

第4章 青少年のインターネットリテラシー指標の開発と評価

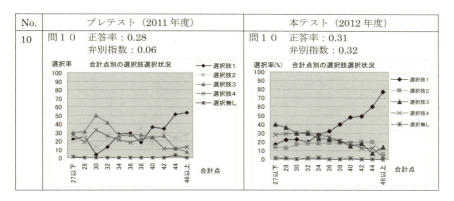

図4.6：改修後の総得点と選択肢の選択率の一例（問題10）

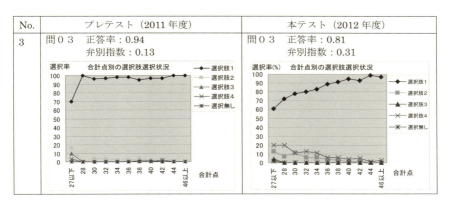

図4.7：改修後の総得点と選択肢の選択率の一例（問題3）

第Ⅰ部　青少年のインターネットリテラシー指標の開発と運用

表4.15［1/2］：プレテストと本テストのテスト問題ごとの弁別指数と正答率の比較表

テスト問題	弁別指数		正答率	
	プレテスト	本テスト	プレテスト	本テスト
1	0.09	0.14	0.89	0.91
2	0.30	0.35	0.84	0.84
3	0.13	0.31	0.94	0.81
4	0.26	0.37	0.86	0.80
5	0.24	0.25	0.88	0.88
6	0.42	0.41	0.77	0.72
7	0.28	0.33	0.81	0.80
8	0.19	0.45	0.90	0.67
9	0.15	0.17	0.95	0.94
10	0.06	0.32	0.28	0.31
11	0.33	0.38	0.40	0.36
12	0.27	0.33	0.85	0.80
13	0.51	0.33	0.65	0.27
14	0.53	0.32	0.36	0.39
15	0.43	0.40	0.73	0.69
16	0.12	0.28	0.96	0.89
17	0.31	0.42	0.81	0.75
18	0.35	0.47	0.66	0.62
19	0.24	0.33	0.90	0.86
20	0.57	0.65	0.69	0.58
21	0.42	0.48	0.60	0.56
22	0.12	0.20	0.96	0.93
23	0.41	0.36	0.49	0.39
24	0.25	0.37	0.90	0.84
25	0.24	0.36	0.61	0.57

第4章　青少年のインターネットリテラシー指標の開発と評価

表4.15 [2/2]：プレテストと本テストのテスト問題ごとの弁別指数と正答率の比較表

テスト問題	弁別指数		正答率	
	プレテスト	本テスト	プレテスト	本テスト
26	0.40	0.51	0.81	0.79
27	0.15	0.40	0.87	0.70
28	0.44	0.50	0.74	0.77
29	0.61	0.47	0.52	0.51
30	0.40	0.47	0.58	0.51
31	0.30	0.44	0.86	0.82
32	0.30	0.30	0.57	0.41
33	0.50	0.48	0.71	0.57
34	0.20	0.37	0.93	0.87
35	0.36	0.45	0.66	0.64
36	0.12	0.30	0.96	0.91
37	0.40	0.44	0.83	0.79
38	0.63	0.63	0.68	0.65
39	0.39	0.44	0.78	0.75
40	0.38	0.44	0.80	0.71
41	0.35	0.49	0.84	0.78
42	0.24	0.27	0.22	0.22
43	0.33	0.52	0.86	0.66
44	0.32	0.27	0.33	0.26
45	0.31	0.47	0.91	0.83
46	0.56	0.39	0.42	0.34
47	0.48	0.57	0.78	0.63
48	0.32	0.47	0.79	0.72
49	0.35	0.55	0.86	0.79

第Ⅰ部　青少年のインターネットリテラシー指標の開発と運用

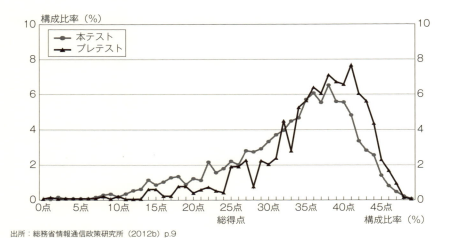

出所：総務省情報通信政策研究所（2012b）p.9

図4.8：プレテストと本テストの正答分布比較図

4.4 ILASテストシステムの信頼性と妥当性

　指標策定プロジェクトでは、青少年のインターネットリテラシーを測定するための指標の策定に取り組み、ILASテストシステムを開発した。開発したILASテストシステムは、信頼性が高く、難度が分散しており、ILAS定義との関係性が高いテスト問題が開発できたと言える。このことから、ILASテストシステムにより、青少年が身につけておくべきリテラシーを測定するためのテスト問題として妥当なテストを開発することができたと言える。

　また、ILASテストシステムの開発過程において、CBTと紙筆式のテスト差があるとは言えず、同一のテストとみなすことができるという結果を得た。このことから、CBTのシステムにトラブルがあった際には、紙筆式テストで代替させることが可能と言える。さらに、男女の性差によって有利不利という問題が生じていないことがわかった。内閣府（2011）の調査では、高校生の携帯電話経由のインターネットの利用率は、男子98.8%、女子100%と利用においても性差のない状況であり、自分を守るために求められるリテラシーにも性差がないことから、ILASテストを性別を問わずに実施することができると言える。

第4章　青少年のインターネットリテラシー指標の開発と評価

　以上本章では、政策担当者の意思決定を支援するILASの開発過程と、青少年のインターネットリテラシーを測定する指標としての妥当性を検証してきた。次章では、ILASが政策意思決定システムとして、青少年の発達環境であるマクロシステム、メゾシステム、エクソシステムの各階層で活動を行う政策担当者に対して、合理的な意思決定のための有益な情報を提供することを目指す。

注

(1) レビューを行った先行研究は、内田洋行教育総合研究所（2010）「インターネットの特性を踏まえた情報の受発信・情報交換についての指導内容等に関する調査研究」、文部科学省（2009）「教育の情報化に関する手引」、ETS（2010）"Information and Communication Technology Literacy：What Do Businesses Expect and What Do Business Schools Teach?"、文部科学省（2010b）「OECD生徒の学習到達度調査（PISA）2009年度調査の結果について」である。ANNEX-1に各リテラシー定義を掲載した。参照されたい。

(2) ILAS定義リストのフルセットはANNEX-2に掲載している。参照されたい。

(3) 開発したアンケート質問票はANNEX-3に記載した。参照されたい。

(4) プレテスト実施運営上の問題で、紙筆式で実施した1校37名のテータを回収することができなかったため、回収できた532名のデータを分析対象とした。

(5) 本文では、問題の選択肢を回収しなければならない事例として、問題3と問題10の例をあげた。他の47問の選択肢の選択状況と正答率との関係図はANNEX-5に掲示した。参照されたい。

(6) ILASテスト49問の全問題の総得点別の問題ごとの選択肢の選択率を表したグラフをANNEX-5に記載した。参照されたい。

(7) 問題14、29、44においては弁別指数が下がっているが、それ以外の問題においては改修の効果が現れている。上記にあげた問題に関しては、今後のILASテスト運用に向けてさらに改修を行うこととした。

第5章

指標を基にした青少年の
インターネットリテラシーの分析と評価

　本章では、妥当性と信頼性が証明された指標を用いて測定された青少年のインターネットリテラシーの生データを分析することにより、青少年のインターネットから隆起するリスクに対する対処能力の可視化を試みる。本章における分析では、ILAS定義リストに定められた各定義項目における正答率の結果から明らかにされる啓発教育の学習重点項目の可視化、各通信デバイスの利用状況から導き出される政策の方向性の提示、スマートフォン利用に関連する各サービスの利用実態から導き出されるスマートフォン利用下での青少年保護対策の方向性、青少年の心理属性、行動属性及び地域属性とテスト結果とのクロス分析から導き出される属性ごとに必要とされる青少年保護政策の方向性について提示することを目指す。

　さらに、インターネットを利用する青少年の保護問題は、青少年の発達環境の各階層において責務を果たすステークホルダーが存在し、彼らに対して求められる政策課題を明らかにすることが必要とされる。このことから、ブロンフェンブレンナーの発達理論を援用してメゾシステム環境としての保護者の責務、エクソシステム環境としてのPTAや学校関係者の取り組みの方向性、マクロシステムとしてのインターネット関連事業者の社会的責任及び政府・地方自治体が行うべき政策的課題を各階層ごとに明示することを試みる。この試みを果たすことができたならば、この政策意思決定システムは青少年の発達環境において、マルチステークホルダーに対する重層的な政策の立案・施行を支援することができるシステムであることを証明できたと言えるであろう。

第Ⅰ部　青少年のインターネットリテラシー指標の開発と運用

5.1　アンケート結果から導き出される青少年の通信デバイスの利用動向

　本節では、青少年の通信デバイスの利用状況について言及する。調査データとしては、通信デバイスの保有・利用状況、通信デバイス別のインターネットの利用目的に関する調査データを提示する。さらに、それらの調査結果から浮き彫りになる政策的な課題について議論を展開する。

5.1.1　各通信デバイスの保有状況

　青少年の通信デバイスの保有状況について、アンケート・データを集計した。通信デバイスに関しては、複数所有していることが予測されたので、質問方法としては複数回答方式をとった。調査結果では、2012年時点において、インターネット接続機器として所有率の高いものは、スマートフォン（58.98%）、ノートPC（48.99%）、携帯型ゲーム機（40.97%）、フィーチャーフォン（37.22%）、デスクトップPC（24.37%）となった（図5.1）。

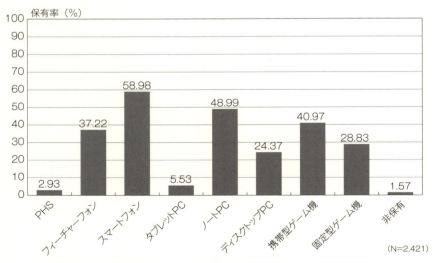

図5.1：保有しているインターネット通信デバイス（複数回答）

第5章　指標を基にした青少年のインターネットリテラシーの 分析と評価

　内閣府（2011）の調査結果を踏まえると、2011年時点から2012年7月にかけて、青少年にスマートフォンが急速に普及したことがうかがい知れる。内閣府（2011）と本調査は、被験者の抽出、質問方法及び評価分析方法は異なるため、単純に数値を比較することはできないが、青少年のインターネット接続デバイスとしてスマートフォンが主たる接続機器となっていることは理解できる。

5.1.2　最も利用する通信デバイス

　最も多く利用している通信デバイスについて調査したところ、被験者の48％がスマートフォンを最も多く利用していることがわかった。次に利用されている通信デバイスがフィーチャーフォン（24％）、続いてノートPC（13％）となっていた（図5.2）。このように、今日青少年においてスマートフォンは欠くことのできない通信デバイスとなっており、このことから、スマートフォン利用から生まれる新たな諸問題について対策を講じていく必要があると言える。

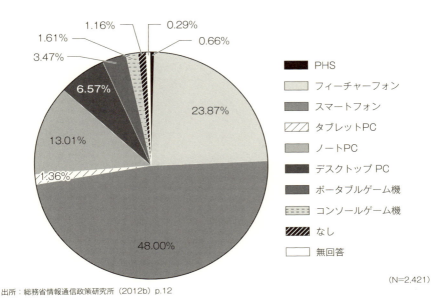

出所：総務省情報通信政策研究所（2012b）p.12

図5.2：最も利用する通信デバイス

5.1.3 各通信デバイスにおけるインターネットの利用目的

次に各通信デバイスにおけるインターネットの利用目的について調査したところ[1]、情報収集、オンラインゲーム、SNS、メールの送受信の項目において、スマートフォンが他の通信デバイスよりも利用頻度が高いという結果となった（図5.3）。特に注目したいことは、これまで情報の収集においては、パソコン（PC）が果たす役割が大きいと考えられてきたが、今日の青少年においては、情報収集の主要な通信機器はスマートフォンになっている。さらに、オンラインゲームにおいても専用のゲーム機よりもスマートフォンの方がオンラインゲームを楽しむための主たるデバイスとなっている。一方、商品の購入においてはPCが一番利用されているが、スマートフォンも第2位であり、商品購入においても活用可能性が高い通信デバイスと言える。

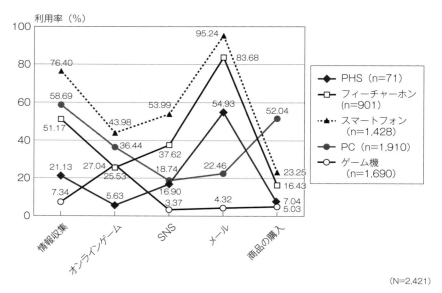

図5.3：各通信デバイスにおけるインターネットの利用目的（複数回答）

以上の結果から、スマートフォンは近年青少年に急速に普及していること、さらにスマートフォンは多機能であることから非常に汎用性が高く、ユーザ

第5章　指標を基にした青少年のインターネットリテラシーの分析と評価

ー・フレンドリーな設計から各種利用目的に向けて利用されている通信デバイスであると言える。

5.2　調査から得られたテスト・データの分析

　本節では、青少年のリスク回避能力を測定したテスト結果に対する分析・評価を行う。まず、15歳相当の青少年がどのような分野のリテラシーが高く、どのような分野のリテラシーの習得が進んでいないかを明らかにするために、本テストの結果をもとに、ILAS定義の各項目の正答率を比較した。その結果、大項目においてプライバシー・セキュリティ・リスクの正答率（62.91%）が、違法・有害情報リスク（70.73%）及び不適正利用リスク（67.23%）よりも低い数値となった（p<0.00, df=7391, vr=1984.33）（表5.1）。

表5.1：本テストのカテゴリー大項目における平均正答率

カテゴリー	正答数	平均正答数	平均正答率	分散
違法・有害情報	24,398	9.90	70.73	5.90
不適正利用	34,785	14.12	67.23	15.39
プライバシー・セキュリティ	21,701	8.81	62.91	8.00

(n=2,464)

　さらに、中項目別に詳しくみていくと、2b不適正取引リスク（55.09%）、3bセキュリティ・リスク（59.48%）の正答率が、他の中項目群に比べて低いことが明らかとなった（p<0.00, df=17247, vr=304.84）（表5.2）。この結果から、啓発政策としてこれらの知識の習得の機会を提供する必要があると言える。

表5.2：本テストのカテゴリー中項目における平均正答率

カテゴリー	正答数	平均正答数	平均正答率	分散
違法情報	13,020	5.28	75.49	2.10
有害情報	11,378	4.62	65.97	1.86
不適切接触	12,366	5.02	71.70	2.53
不適正取引	9,502	3.86	55.09	2.34
不適切利用	12,917	5.24	74.89	2.51
プライバシー	11,442	4.64	66.34	2.70
セキュリティ	10,259	4.16	59.48	2.42

123

第Ⅰ部　青少年のインターネットリテラシー指標の開発と運用

5.3　テスト結果とアンケート結果のクロス分析

　本節では、青少年のリスク回避能力テストの結果と彼らの諸属性に関してクロス分析の結果を示す。分析の内容は、青少年が居住する地域の人口規模とリテラシーとの関係、啓発教育受講経験とリテラシーとの関係、家庭での安全利用に関する取り組みとリテラシーとの関係、オンライン・トラブルとの遭遇経験とリテラシーとの関係について分析を行った。さらに、その分析から浮き彫りとなる政策課題について議論を展開する。

5.3.1　正答率と青少年の居住都市の人口規模との関係性
　青少年の居住する都市の人口規模により、インターネットリテラシーに差があるかについての分析を行った。分析は青少年が通学する学校が立地している都市の人口を、50万人以上、30万人以上、30万人以下と3つの人口規模に分け、人口規模ごとの正答率を比較した。
　その結果、リスク・カテゴリーの3分野において、人口30万以下の都市の青少年の正答率が低かった。また、総合正答率においては、50万人以上が74％、30万人以上が73％、30万人以下が59％と人口規模が小さくなるにつれて、総合正答率も低下するという結果となった（図5.4）。

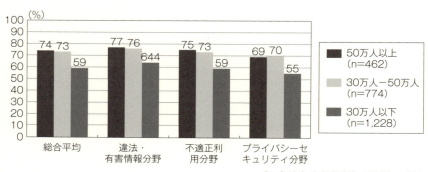

図5.4：正答率と青少年の居住都市の人口規模とのクロス分析

第5章 指標を基にした青少年のインターネットリテラシーの分析と評価

このような結果となった要因としては、1) 大都市圏の方が、情報通信サービスの利用環境が整っていること。2) そのことから、日頃から情報の受発信を行っていることで彼らのインターネットリテラシーを高めていることが考えられる。

5.3.2　正答率と啓発教育受講経験との関係

啓発教育の経験の有無が、インターネットリテラシーの獲得に関係があるかについて分析するために、啓発教育の受講経験者と未受講者の正答率を比較した。その結果、受講経験者の方が、未受講者よりも正答率が高かった（$t(276.31) = 7.21$, $p<0.001$）。特に、不適切利用リスクでは8ポイントの開きがあり、プライバシー・セキュリティ・リスクにおいては10ポイントの開きがあった（図5.5）。

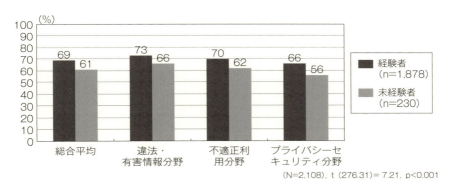

図5.5：正答率と啓発教育受講経験とのクロス分析

5.3.3　正答率と家庭での話し合いの有無との関係

保護者と家庭において、話し合いを行っている被験者と、話し合いを行っていない被験者の正答率を比較分析した。その結果、家庭で話し合いを行っている被験者の総合正答率は70％であり、話し合いを行っていない被験者は68％であり、開きが2ポイントと大きい差ではないものの、家庭で話し合いを行っている被験者の正答率の方が高いという結果となった（$t(148.08) = 3.46$, $p=0.001$）（図5.6）。この結果を踏まえて、家庭での話し合いは青少年のインタ

ーネットリテラシー育成に正の要因であると考えられる。

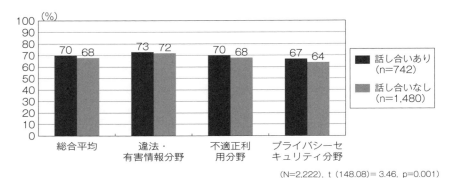

(N=2,222), t (148.08)= 3.46, p=0.001)
図5.6：正答率と家庭での話し合いの有無とのクロス分析

　家庭での話し合いをしていない保護者について考えてみると、インターネットの安全利用について話し合わない理由として、1) 保護者のインターネットリテラシーの問題と、2) インターネットのリスクに対する認識不足が考えられる。このことから、保護者が家庭においてインフォーマルな教育を青少年に提供できるように、彼らの学習の機会を提供していくことは必要であると言えよう。

5.3.4　正答率とオンライン・トラブルの経験の有無との関係

　オンライン・トラブルの経験者と未経験者の正答率を比較分析した。その結果、総合正答率において経験者の正答率が71％となり、未経験者の正答率が65％とトラブルを経験している被験者の方が正答率が高いという結果となった。特に、プライバシー・セキュリティ・リスクにおいては、その開きが6ポイントと、他の分野よりも開きが大きかった（t (2,235.53) =8.07, p<0.001）（図5.7）。

　このことから、青少年はインターネットの利用の過程で、何かしらのトラブルに遭遇し、その対処の過程においてリテラシーを習得していることが推測される。この結果を受けて、過度なインターネット利用規制はすべきではなく、インターネットの利用の過程において、様々な経験からリテラシーを高めるた

第5章 指標を基にした青少年のインターネットリテラシーの分析と評価

めの保護・指導が重要であると言えよう。

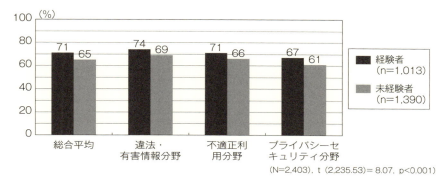

図5.7：正答率とオンライン・トラブルの経験の有無とのクロス分析

5.3.5 オンライン・トラブルの経験種別

前の分析を受けて、被験者のオンライン・トラブル経験の有無と種別について、複数回答式のアンケート調査の結果をグラフに表した。その結果、41.1%の被験者が何かしらのオンライン・トラブルを経験していた。次に、オンライン・トラブルの経験種別をみてみると、迷惑メールが31.7%、インターネットへの依存が7.55%、ウイルス感染が6.86%となった（図5.8）。

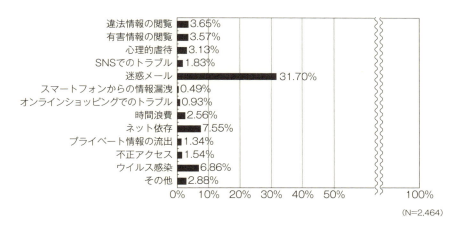

図5.8：オンライン・トラブルの経験種別

127

第Ⅰ部　青少年のインターネットリテラシー指標の開発と運用

　この結果から、啓発教育として、迷惑メールを受けとった際の対処方法、特に架空請求メールや、ウイルスへの適切な対処方法を教育することが有効であると言える。

5.4　スマートフォンの利用状況及びスマートフォンに必要とされる取り組み

　前述したように、我が国では2009年の青少年インターネット環境整備法施行を機に、官民による共同規制体制により様々な対策が講じられてきている。しかし、これまでの携帯電話に対する取り組みは主にフィーチャーフォンに対して行われてきたものであった。しかし、スマートフォンの登場により、新たにスマートフォンに対する青少年保護対策の必要性が高まった。

　青少年保護の観点から、フィーチャーフォンとスマートフォンのそれぞれに必要とされる対策の相違について見てみよう。検討課題として、先ずスマートフォンにおけるWi-Fi[2] 利用時のフィルタリングの問題を考えたい。これまで、フィーチャーフォンにおけるインターネット通信は第三世代移動通信システム（3G）[3] と呼称される携帯電話回線が利用されていた。この携帯電話回線は携帯キャリアが提供している通信網であるため、携帯キャリア側でフィルタリングを設定することができた。言い換えれば、携帯キャリア側で閲覧情報をコントロールすることができていたのである。

　しかし、スマートフォンの場合は、この携帯電話回線に加えてWi-Fiの2つの通信方法を利用することが可能となる。これまで青少年保護として行われてきた携帯電話のフィルタリングシステムは携帯電話回線を前提としていたことから、新たにWi-Fi通信網を利用した通信時における青少年保護対策が必要となった。このWi-Fi利用時におけるフィルタリングとしては、フィルタリング・アプリを利用することとなるが、フィルタリング・アプリを利用するためには利用者自らがアプリケーションをダウンロードしなければならないという課題がある。このため、利用者である青少年とその保護者に対して、1）携帯電話回線で利用していたフィルタリングに加えて、新たにWi-Fi通信用のフィルタリング・アプリを利用する必要があることについての情報提供を行う必要

第5章　指標を基にした青少年のインターネットリテラシーの 分析と評価

があり、2) このフィルタリング・アプリの利用普及を進めていく必要がある。

　次に、アプリケーションについて言及する。フィーチャーフォンにおいてインターネットのウェブページを閲覧する場合や特定のサービスを利用する場合は、ブラウザーを介して利用する方式であったが、スマートフォンではブラウザーの利用に加えてアプリケーションソフト（以降：アプリ）をダウンロードし、ブラウザーを利用せずに専用のアプリを介して直接サイトのサービスを利用することができる。このアプリ利用時の問題としては、アプリを利用して便利に使えるウェブサイトに青少年が没入してしまい、時間を浪費してしまう恐れがあるということが挙げられる。その問題に対応するための技術的措置としてアプリ制限機能が利用できる。重要となることは、青少年自らが自己を律して、適度にアプリ・サービスを利用できるようになることであり、そのようになるための段階的な措置として、アプリ制限サービスの利用促進を図る必要があると言える。

　さらにアプリの利用には、もう1つ大きな問題が生じている。利用者がアプリをダウンロードする際に、アプリ提供者側から利用者の個人情報が収集されてしまうという問題が生じている。これは、アプリ利用者である青少年が、個人情報が収集されていることを認識していないという問題と、収集された個人情報が他の用途に流用されることに対して問題意識を持っていないという問題が挙げられる。この問題に対する取り組みとしては、利用者である青少年及びその保護者に対して、アプリダウンロードに際しては、個人情報が収集される可能性を認識することと、収集される個人情報の範囲を確認することが必要となる。その対策として、プライバシー・ポリシーの確認行為の重要性に関する啓発教育を行うことが重要となる。

　一方で、スマートフォンは、多機能な通信デバイスであることから、ペアレンタル・コントロール機能[4]及びプライバシー保護機能が利用できるという特徴がある。特に、ペアレンタル・コントロール機能は、青少年のインターネットの安全利用に保護者が関与し、段階的に青少年のスマートフォン利用を変更することができる。このことは、青少年のインターネットの安全利用を青少年に任せきりにするのではなく、青少年と保護者が一緒に安全なインターネットの利用環境を作りだすことができることを意味している。このことから、こ

129

第Ⅰ部　青少年のインターネットリテラシー指標の開発と運用

の2つの保護機能の利用普及に努めることが課題となる。

　以上、フィーチャーフォンで行われてきた取り組みに加えて、スマートフォンでは新たな青少年保護に関する課題が生じていることを見てきた。上記で触れたようにスマートフォンは多機能であるために、利用する側にも安全安心に利用するための知識が必要となる。それは、利用者である青少年だけではなく、青少年を保護・監督する立場である保護者にとっても知識を身につける必要がある。したがって、政策課題としては、彼らが知識を身につけ、インターネット上の危険に対して自ら判断し解決できるための啓発教育と、彼らの知識・判断力を段階的に補完するための技術的な措置の利用を促していく普及活動も重要な課題と言える。

　一方、OECD（2011a）の国際的なインターネット政策に関する勧告では、個人情報の保護を国際的な協調のもとで、継続的に一貫性のある政策立案をすることが重要であることが述べられている。その一方策として、政府・民間・教育界などの様々な関係者が関与するというマルチステークホルダーの視点から、官民が共同的に政策に関与することの必要性について言及されている。さらに規制面の保護だけではなく、むしろ共同規制の重要課題の1つとして、利用者のリテラシーの向上と判断力の強化のための利用者教育が重要であることについても言及されている。

　これらの議論を踏まえて本節では、スマートフォンの利用環境及び利用状況に関する分析として、Wi-Fiと携帯電話回線の通信利用状況の実態、そしてその状況下での安全利用に対する対応の状況について分析を行う。また、アプリ導入時に発生する恐れのある、個人情報の漏洩に対する措置及びそれに対する青少年の意識、さらには利用者教育の観点から、家庭での話し合いと安全への措置の状況についても分析を行う。

5.4.1　各種青少年保護サービスの利用状況

　先ず、青少年がスマートフォンを安心安全に利用するために、各事業者から提供されている青少年保護サービスの利用状況の集計結果を見ていく。スマートフォンで利用可能な各種青少年保護サービスの利用状況について見てみると、図5.9に示したようにセキュリティ・アプリの利用率は42.79%と4割強の

第5章　指標を基にした青少年のインターネットリテラシーの分析と評価

青少年がセキュリティ・アプリを利用している。セキュリティの問題は青少年のスマートフォンの安心安全利用に直接的に影響を及ぼす問題と言え、青少年にとってアプリ機能を利用しようとするインセンティヴが比較的はたらきやすい青少年保護サービスであると考えられる。しかし、6割弱の青少年がセキュリティ・アプリを利用していないと言うことでもある。すべてのモバイルOS提供事業者のアプリ審査基準が十分であると言えない現状況において、アプリの信頼性・安全性に配慮せずに、アプリをダウンロードすることは非常に危険なことであり、そのことからもセキュリティ・アプリを利用して、安全なスマートフォン利用を促すことは重要であると言える。

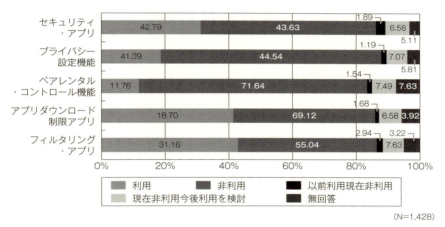

図5.9：各種青少年保護サービスの利用状況

　次にプライバシー設定機能においても、41.39%と4割強の青少年がプライバシー設定機能を利用している。この機能においても直接的に青少年のインターネットの安心安全利用にかかわってくる問題であり、利用へのインセンティヴがはたらきやすいと考えられる。しかし、6割弱の青少年がプライバシー設定機能を利用していないと言え、彼らに利用を促していく必要があると言える。
　一方、端末のペアレンタル・コントロール機能の利用率は11.76%であることから、9割弱の青少年はペアレンタル・コントロール機能を利用していない状況であると言える。高校1年生（15歳相当）という年齢を考慮すれば、青少

第Ⅰ部　青少年のインターネットリテラシー指標の開発と運用

年自身の自尊心に配慮し、ペアレンタル・コントロールを利用しないという選択肢も十分に考えられる。しかしその場合は、青少年と保護者の間で利用するかしないかについて十分に話し合い、双方合意のもとで利用しないことを決断することが望まれる。

　アプリダウンロード制限アプリにおいても利用率が18.7%と、8割強の青少年がこのアプリ・サービスを利用していない状況にあると言える。アプリの利用には、アプリをダウンロードし、アプリを利用するための様々な知識が必要になることから、アプリをより多く活用することは彼らのスマートフォン活用のためのリテラシーを高めることにつながっていることも考えられる。しかし、多くの青少年が利用したいと思う、すべてのアプリが正規なオンラインショップからダウンロードできるものではなく、信頼性の低いサイトも存在している。また、正規のオンラインショップにおいても登録されているアプリの審査が十分でない場合も存在する。このことから、アプリダウンロード制限アプリにおいては、青少年のリテラシーの深度に合わせて利用することが望まれると言える。

　次に、フィルタリング・アプリにおいては、31.16%であり、3割強の青少年がフィルタリング・アプリを導入しているものの、無回答を除いた7割弱の青少年はこのアプリを利用していない状況である。フィルタリングの非利用を決断するのは、基本的には保護者である。しかし、内閣府（2011）の調査においても、保護者がフィルタリングを解除する理由として「家庭で使うのに不便と感じた（42.9%）」「子どもにとって不便と感じた（21.4%）」「子どもを信用している（14.3%）」などの意見が高い割合を示している。その一方で、スマートフォン活用にあたっての子どものリテラシー度合いを把握したうえで、フィルタリングを解除しているという意見はなかった。望まれることは、子どものスマートフォンを活用するためのリテラシーの深度に合わせて、段階的にフィルタリングの強度を変更していくことであると言える。

5.4.2　無線LANと携帯電話回線に対する利用状況と認識

　次に、無線LANと携帯電話回線に対する利用状況と認識について調査したところ、図5.10で示したように無線LANと携帯電話回線の利用に大きな開き

第5章 指標を基にした青少年のインターネットリテラシーの分析と評価

がないという結果となった。しかし、注目しなければならない点は、「無線LANと携帯電話回線の違いが分からない」と回答した青少年が全体の30%であることである。スマートフォンの利用上の問題に、無線LAN使用時のフィルタリングの問題がある。携帯電話回線を利用していれば、携帯電話キャリア側でのフィルタリングが可能であるが、無線LANを利用した場合は、端末側にフィルタリング・アプリをインストールしてフィルタリングをかける必要がある。ここで問題となる点では、フィルタリング・アプリをインストールしていない場合に、無線LAN利用時にフィルタリングがかかっていない状況でインターネット利用をしていることに青少年が気づいていないことである。さらに、この問題は同様に保護者においても認識されていないことが推測される。

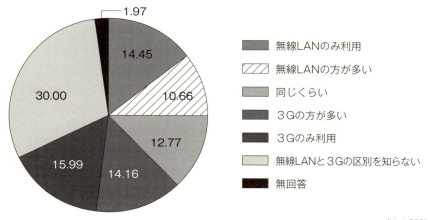

出所：総務省情報通信政策研究所（2012b）p.14

図5.10：無線LANと携帯電話回線に対する利用状況と認識

　無線LANを利用する理由についての質問では、「自宅で無線LANを利用しているので（33.14％）」「無意識に無線に切り替わるので（31.39％）」という意見が多い[5]。また、よく使う無線LAN回線の場所について調査したところ、「自宅（47.88％）」「意識せずに使用（27.15％）」となっている[6]。無線LAN利用時には携帯キャリア側の保護対策を受けることができないということを認識

133

第Ⅰ部　青少年のインターネットリテラシー指標の開発と運用

する必要があり、利用通信回線に関するリテラシーを高めるための措置を講じる必要があると言える。さらに、保護者の安全利用に向けたリテラシーの向上及び青少年との話し合いが重要となると言える。

5.4.3　アプリダウンロード時の情報漏洩の危険性に対する認識

　アプリダウンロード時の情報漏洩の危険性に対する認識を可視化するために、無回答者を除く1,304人の回答に対して、危険性があることを「良く知っている（4点）」「多少知っている（3点）」「あまり知らない（2点）」「全く知らない（1点）」とし、青少年の情報漏洩の危険性に対する認識について4件法による評価を行った。評価の結果、青少年の認識の平均値は2.74となり、中程度の認識をもっていることがわかった（表5.3）。この結果から、アプリダウンロード時に情報漏洩の危険性があることについて認識している青少年の方が多数であると言える。

表5.3：アプリダウンロード時の情報漏洩の危険性に対する認識

	人数	配点	得点	平均
よく知っている	320	4	1,280	
多少知っている	526	3	1,578	
あまり知らない	259	2	518	
全く知らない	199	1	199	
合計	1,304		3,575	2.74/4

　しかし、アプリによる情報漏洩についてどう思うかについての質問では、「情報を外部に送信されたくない（34.09%）」という回答が多かった。次に多い意見として「特に気にしない（30.73%）」という意見が回答されている[7]。この結果から、青少年は情報漏洩の危険性に関する認識はあるものの、その危険性を重く受け止めていないことがうかがい知れる。

5.4.4　プライバシー・ポリシー規約の確認行為

　青少年がアプリを利用する際のプライバシー・ポリシーの確認行為を評価するために、アプリの非利用者と無回答者を除く1,302人の回答に対して、アプ

第5章　指標を基にした青少年のインターネットリテラシーの分析と評価

リケーションのダウンロード時にプライバシー・ポリシーを「読んでいる（4点）」「多少読んでいる（3点）」「あまり読んでいない（2点）」「読んでいない（1点）」とし、青少年のプライバシー・ポリシー規約の確認行為を4件法により評価した。評価の結果、青少年の平均点は2.32とやや低い値となった（表5.4）。

表5.4：プライバシー・ポリシー規約の確認行為

	人数	配点	得点	平均
読んでいる	172	4	688	
多少読んでいる	439	3	1,317	
あまり読んでいない	327	2	654	
読んでいない	364	1	364	
合計	1,302		3,023	2.32/4

　この結果は、前述のアプリダウンロード時の情報漏洩の危険性に対する認識でもみるように、青少年は知識・情報として危険性は知りつつも、危険に対する意識が高いとは言えないこと、及びそれに伴う危険回避的な行動を積極的に取っているとは言えない結果となっている。

5.4.5　青少年保護サービスの利用と家庭での話し合いとの相関

　前述の分析結果における議論では、習得した知識と危険回避のための実際的な行動との結びつきが高いとは言えないことを述べた。では、危険回避的な行為として、安心安全に関するサービスを利用している青少年はどのような意識、行動を取っているのだろうか。この課題を明らかにするために、青少年保護サービスの利用と家庭での話し合いとの相関関係について分析することとする。

　先ず、青少年の青少年保護サービスの利用状況と家庭での話し合いとの相関について分析することとする。分析する青少年保護サービスとしては、フィルタリングの利用、ペアレンタル・コントロール機能の利用、プライバシー保護機能の利用を取り上げることとする。各サービスにおいて、無回答者を除いた青少年回答に対し、そのサービスを「利用している（2点）」「利用していない（1点）」と配点し、インターネット上の危険について家庭で話し合っているか

135

第Ⅰ部　青少年のインターネットリテラシー指標の開発と運用

についての回答については「良く話し合っている（4点）」「時々話し合っている（3点）」「あまり話し合っていない（2点）」「話し合ったことはない（1点）」としてそれぞれの相関関係数を算出した[8]。

表5.5：各青少年保護サービスの利用と家庭での話し合いとの相関

	家庭での話し合いとの相関係数	有意確率（両側）	有効回答数
フィルタリング	0.10	0.000	1,214
ペアレンタル・コントロール機能	0.11	0.000	1,184
プライバシー設定機能	0.77	0.000	1,210
セキュリティ・アプリ	0.09	0.001	1,221

　相関係数分析の結果、表5.5に示すようにフィルタリングの利用と家庭での話し合いとの間のPearsonのrは0.10、ペアレンタル・コントロール機能と家庭での話し合いとの間は0.11、セキュリティ・アプリと家庭での話し合いとの間は0.09と、いずれもほとんど相関がみられなかった。しかし、プライバシー設定機能と家庭での話し合いとの間の相関においては、0.77と非常に強い相関がみられた。前の議論で明らかにしたようにプライバシー設定機能とセキュリティ・アプリは他の青少年保護サービスよりも利用率が高かったが、家庭での話し合いとの相関が強いのはプライバシー設定機能であるという結果となった。本サービスと家庭での話し合いとの相関が高くなった理由としては、本サービスは、青少年に直接的にかかわってくる安全問題であるとともに、保護者も子どもの安全を守る上で、関心の高い項目であることが推測されること、さらにフィルタリング、ペアレンタル・コントロール機能やセキュリティ・アプリは、スマートフォンの購入時に予め利用設定していることが推測されるが、プライバシー設定機能に関しては、青少年がスマートフォンを利用していく過程において保護者に相談しながら利用する機会が増しているのではないかと推測される。

5.4.6　各青少年保護サービスの相関関係

　各青少年保護サービスの相関関係を評価するために、フィルタリングの利

第5章　指標を基にした青少年のインターネットリテラシーの分析と評価

用、プライバシー設定機能の利用、セキュリティ・アプリの利用及びペアレンタル・コントロール機能の利用における相関係数を算出した。相関係数の算出にあたっては、無回答者を除いた青少年の回答に対し、各青少年保護サービスを「利用している（2点）」「利用していない（1点）」と配点した。

表5.6：各青少年保護サービスの相関関係

	フィルタリング	プライバシー	セキュリティ	コントロール
フィルタリング利用	1.00			
プライバシー設定	0.47	1.00		
セキュリティ・アプリ利用	0.40	0.89	1.00	
ペアレンタル・コントロール利用	0.45	0.44	0.43	1.00

(N=1,271, P=0.000)

　分析の結果、表5.6に示すようにフィルタリングの利用とプライバシー設定機能の利用との間のPearsonのrは0.47となり、中程度の相関の関係があるという結果を得た。フィルタリングの利用とセキュリティ・アプリ機能の利用との間のrは0.40となり、この関係においても中程度の相関があるという結果を得た。フィルタリングの利用とペアレンタル・コントロール機能の利用との間のrは0.45となり、この関係においても中程度の相関があるという結果を得た。プライバシー設定機能の利用とセキュリティ・アプリ機能の利用との間のrは0.89と非常に強い相関関係があるという結果を得た。また、プライバシー設定機能の利用とペアレンタル・コントロール機能の利用との間のrは0.44となり、中程度の相関関係があるという結果を得た。さらに、セキュリティ・アプリ機能の利用とペアレンタル・コントロール機能の利用との間のrは0.43となり、中程度の相関関係であるという結果を得た。

　以上の結果から、安心安全に関するサービスを利用している青少年は、単独のサービスにとどまらずに、他のサービスも併用して安全対策を講じる傾向にあるということがわかった。このことから、青少年のインターネットの安全利用のために、先ず1つの保護サービスを利用することを促し、その利用を手掛かりに、他の青少年保護サービスも提案していくことが有効であると言えよ

137

第Ⅰ部　青少年のインターネットリテラシー指標の開発と運用

う。

5.4.7　アプリの情報漏洩の危険性への認識とプライバシー・ポリシーの確認行為との相関

　アプリの情報漏洩の危険性への認識とプライバシー・ポリシーの確認行為との相関関係を評価するために、無回答者を除いた青少年のアプリの情報漏洩の危険性に対す回答について「よく知っている（4点）」「多少知っている（3点）」「あまり知らない（2点）」「全く知らない（1点）」とし相関係数を算出したところ、Pearsonのrは0.88と非常に強い相関があるという結果を得た（表5.7）。

表5.7：アプリの情報漏洩の危険性への認識とプライバシー・ポリシーの確認行為との相関

	情報漏洩	読んでいる
情報漏洩	1.00	
読んでいる	0.88	1.00

(N=1,173, P=0.000)

　このことから、プライバシー・ポリシーをよく読む青少年ほど、アプリの情報漏洩の危険性への認識が高いと言える。この結果を逆説的に考えれば、啓発教育の際にプライバシー・ポリシーを読むことを促すことにより、情報漏洩への注意喚起にも正の影響を与えることが可能となることが考えられる。

5.5　テスト結果とアンケートのクロス分析結果に対する総論

　指標策定プロジェクトから得られたテスト結果のデータ及びアンケート結果のデータを活用して、彼らのインターネットリテラシー、携帯デバイスの利用の状況及び意識について分析を行った。分析の結果、ILAS定義のカテゴリー別の正答率に差がみられた。特に中項目における不正取引リスク、セキュリティ・リスクの正答率が低かったことから、啓発教育においてもこの分野の教育を拡充して行く必要があると言えよう。

138

第5章　指標を基にした青少年のインターネットリテラシーの分析と評価

　アンケート調査の結果では、高校1年生の主たる通信デバイスはスマートフォンであり、急速にスマートフォンが彼らに普及していることがわかった。また、用途別のインターネットの利用に関する分析においても、情報収集、オンラインゲーム、SNS、メールの送受信など、多くのインターネットの利用目的で一番多く利用されている通信デバイスがスマートフォンであった。このことは、スマートフォンが彼らにとっても利用における利便性が高く、彼らの情報活動及びコミュニケーションを豊かにする通信デバイスであると言える。

　また、携帯電話回線を使った場合は、携帯キャリア側のフィルタリングを利用できるが、Wi-Fi回線を利用した場合は携帯キャリア側のフィルタリングを利用することができないという問題に対して、青少年の携帯電話回線とWi-Fiに対する認識について分析した。その結果から、30%の青少年が携帯電話回線とWi-Fiに対する認識が不十分であることがわかった。このことは、仮にフィルタリングを利用していたとしても、携帯電話回線とWi-Fiの認識がない青少年は、Wi-Fi回線利用時にはフィルタリングがかからないままインターネットを利用している可能性がある。フィルタリングを利用しない状況でのインターネット利用は、それだけ有害コンテンツに遭遇する確率が増加するわけであり、彼らの認識の問題を解決するためにも利用者教育を広めていく必要があると言える。

　スマートフォンを安全安心に利用するための各種サービスの利用状況においては、セキュリティ・アプリ及びプライバシー設定機能において4割強の利用率であったものの、ペアレンタル・コントロール機能、アプリダウンロード制限アプリにおいては、利用率が10%台と利用の普及が進んでいない状況であった。特に言及したいこととしては、ペアレンタル・コントロール機能の普及が進んでいないことである。ペアレンタル・コントロール機能を利用するということは、スマートフォンを青少年に買い与えるだけでなく、保護者も青少年のスマートフォン利用の当事者となり、青少年の適切なスマートフォン利用に関与することであると言える。さらに言えば、段階的なペアレンタル・コントロール機能の強度の操作は、その強度調整の際に青少年と話し合いの機会が持たれることであり、家庭における青少年のインターネットの適切利用のための環境整備が進展することを意味する。そのためにも、保護者に対する教育を進

139

第Ⅰ部　青少年のインターネットリテラシー指標の開発と運用

めていく必要があると言える。

　アプリダウンロード時の情報漏洩の問題については、青少年の半数以上が情報漏洩の危険性を認知しているものの、実際の行動としてアプリのダウンロード時にプライバシー・ポリシーを読んでいない青少年が半数を超える結果となった。このことは、情報漏洩に対する認識はあるものの、実際に情報が漏洩してしまうことに対する危機感が高いとは言えない状況である。したがって、青少年に対してリスクに対する認識を高めることを主眼においた利用者教育を拡充することが重要となってくるであろう。

　各種青少年保護サービスの利用と家庭での話し合いとの相関分析では、プライバシー設定機能と家庭での話し合いとの相関において非常に高い結果を得たものの、他のフィルタリング、ペアレンタル・コントロール機能、セキュリティ・アプリにおいてはほとんど相関がないという結果となった。このことは、家庭での話し合いが実際の青少年保護サービスの利用につながっていない恐れがあることを否定できないと言えよう。この課題を解決するためには、保護者の青少年保護サービスに関する知識を高めて、青少年に対して実質的で具体的な助言・教育ができるように支援する必要があると言える。

　各種青少年保護サービスの利用率は高いとは言えないが、これらのサービスを利用している青少年の利用状況を分析することにより、いまだ各種青少年保護サービスを利用していない青少年に対する啓発の方向性を導き出せるかもしれない。そのために、各種青少年保護サービス相互の利用状況の相関分析をしたところ、各サービスにおいて非常に強い相関及び中程度の相関があることがわかった。このことは、青少年保護サービスを1つでも利用している青少年は、他の安全サービスも併せて利用している傾向にあることを意味していると言える。言い換えるならば、1つの安全機能利用への理解が、安全に対する意識を強め、他の安全機能を追加的に導入するという行動に正の影響を及ぼしていると考えられる。このことから、青少年保護サービスをいまだ利用していない利用者層に向けた啓発として、青少年と保護者に対して青少年保護サービスを利用することのメリットを伝え、呼び水として先ず1つの青少年保護サービスの利用を促すことが重要と言える。

　同様に、アプリの情報漏洩の危険性への認識及びプライバシー・ポリシーの

第5章　指標を基にした青少年のインターネットリテラシーの分析と評価

確認行為を行う青少年の傾向について分析するために、アプリの情報漏洩の危険性への認識及びプライバシー・ポリシーの確認行為の間の相関関係を分析したところ、両者に非常に強い相関があるという結果を得た。このことは、安全利用に対する認識の高い青少年は、安全に対する意識も高く行動も伴う傾向にあることが推測される。利用者教育として重要なことは、意識が決して高くない層に向けてどのように啓発教育を行っていくかということである。この課題の解決のためには、そのような層に向けて、ネットワーク社会の一員であることを自覚させて、彼らのインターネット空間に対する規範意識を育てることであろう[9]。そのための第1ステップとしては、知識啓発を行うことであり、そのような利用者教育を継続的に行うことにより、彼らの規範意識を高めることが重要になると言えよう。

5.6　青少年の各発達環境において必要とされる政策の提示

　本節では、前節で行ったテストとアンケートのクロス分析の結果を基に、ブロンフェンブレンナーが提唱した青少年の発達環境の各階層に求められる青少年保護政策を明らかにする。ブロンフェンブレンナーによれば、青少年が自ら経験し、彼らの発達に直接的な影響を及ぼす発達環境がマイクロシステムとして定義されている。このマイクロシステムへの有害情報の直接的接触に対して、いかにしてメゾシステム、エクソシステム、マクロシステムの各階層において効果的な対策を講じて行くかが重要な鍵となる。

　青少年の発達環境の各階層に該当するステークホルダーは以下になる。メゾシステムとしての保護者が関与する家庭環境、エクソシステムとしてのPTA団体や、学校及びそれらを統括する地域の教育委員会、マクロシステムとしてのインターネット関連事業者の社会的責任活動や、政府・地方自治体等の青少年保護政策が該当する。OECD（2012a）は、すべての関係者がインターネット上の青少年保護に取り組むことが勧告されている。さらに、青少年インターネット環境整備法においても、政府機関・地方自治体[10]、民間企業等[11]、保護者及び教育関係者[12] 等のマルチステークホルダーがインターネットを利用する青少年の保護問題の解決に向けてそれぞれの立場から青少年保護を行って

141

第Ⅰ部　青少年のインターネットリテラシー指標の開発と運用

いく責務があることを規定している。

　以下では、本章の分析により明らかになった政策課題について、各ステークホルダーがそれぞれの置かれた発達環境の階層において果たさなければならない政策課題について議論を展開する。

5.6.1　青少年の不得意分野を補う啓発教育の実施

　分析結果から、青少年においては、「不正取引リスク」「セキュリティ・リスク」の分野のリテラシーが他の分野よりも劣っているという結果となった。「不正取引リスク」について考えてみると、15歳相当の青少年は電子商取引の経験が浅いのではないかということが推測される。もちろん、電子商取引サービスを利用する過程でリテラシーを高めることは可能であるが、リスク回避の側面から考えると、電子商取引サービスを利用する前から、電子商取引にはどのようなリスクが存在するのかについて理解をしておくことは、彼らのリスクの対処能力を高めるためには必要なことであると考えられる。

　次に、「セキュリティ・リスク」について考えると、この分野は技術に関する分野であるが、技術分野は不慣れな者にとっては難しく感じてしまう分野であると考えられる。必要なことは、1）セキュリティに関する学習機会を確保することと、2）スモール・ステップ方式により、学習のステップを細かく設定する（鈴木 2004）。これらのことに、配慮した啓発教育を行うことが重要となると考えられる。

　各ステークホルダーに課された政策の方向性としては、社会教育を提供する立場である政府機関・地方自治体及びCSR活動を行う民間機関においては、啓発教育の実施プログラムを見直し「不正取引リスク」「セキュリティ・リスク」の学習の機会を確保することが重要と言える。

　学校関係者やPTA組織においては、組織的な指導体制の構築と指導力の向上に努める必要があると言える。保護者においては、これらの分野の知識の習得に努め、青少年を保護・監督するための能力の向上を図ることが求められる（表5.8）。

第5章　指標を基にした青少年のインターネットリテラシーの分析と評価

表5.8：各階層における青少年の不得意分野を補う啓発教育の課題

発達環境	関係者	求められる政策
マクロシステム	政府・地方自治体・事業者	「不正取引リスク」「セキュリティ・リスク」分野の啓発教育の重点化。
エクソシステム	学校関係者・PTA組織	「不正取引リスク」「セキュリティ・リスク」分野の指導体制の構築と指導力の向上。
メゾシステム	保護者	「不正取引リスク」「セキュリティ・リスク」分野の知識を獲得し青少年を保護・監督する。

5.6.2　リテラシーの地域間格差の是正

　分析結果から、都市の人口規模においてリテラシーに差があり、特に人口規模が小さい都市のリテラシーが低いことに対する対策が必要となる。人口規模が小さい都市の青少年のリテラシーが低い原因は、実社会における情報流通の差、インターネットに関する利用情報を得るための社会基盤の差等様々な要因が折り重なっていると考えられる。

　啓発教育の実践面における課題を考えると、大都市圏に比べて、小都市圏では、社会教育として啓発教育を提供する際のネットワークが整備されていない傾向にある。具体的に述べると、大都市圏の方が、各地方都市において取り組みが組織だっており、研修会やシンポジウムなどの社会教育イベントとして啓発教育を提供することが容易と考えられる。一方、小都市圏ではそのような組織形成が十分でない地域もあり、啓発教育を提供することが困難な場合もあると考えられる。しかし、実社会でのネットワークは未整備であっても、インターネットのネットワークは、どのような小都市にもリーチしていることから、インターネット上のリスクは、大都市であろうが小都市であろうが、青少年に対するリスクは同等であろう。このことからも、全国あまねく啓発教育を実践して行く必要があると言える。

　この課題を解決するために、各ステークホルダーに課された政策の方向性として、政府機関は地方自治体及び各地域の政府の出先機関との連携を強め、全国にあまねく啓発教育を提供することが求められる。民間機関には、地方支社との連携を図り、CSR活動として啓発教育を提供して行くことが求められる。

　学校関係者やPTA組織においては、教育委員会やPTA組織が研修会を開催し、組織的な指導力の向上を図ることが必要になると言えよう。保護者におい

第Ⅰ部　青少年のインターネットリテラシー指標の開発と運用

ては、居住する地域で行われる研修会に積極的に出席し、自分の保護・監督力の向上に努める必要があると言える（表5.9）。

表5.9：リテラシーの地域間格差の是正の課題

発達環境	関係者	求められる政策
マクロシステム	政府・地方自治体・事業者	・政府は地方自治体との連携を図り、啓発教育をあまねく展開する。 ・事業者は地方支社との連携を図り、各地方において啓発教育を実践する。
エクソシステム	学校関係者・PTA組織	地域の研修会を開催し、組織的な指導力の向上を図る。
メゾシステム	保護者	居住する地域での研修会に積極的に参加し、保護・監督力を高める。

5.6.3　過度なインターネットの利用規制の回避

　分析結果では、インターネット上のトラブルを経験している青少年の方が、トラブルを経験していない青少年よりもリテラシーが高いという結果となった。このことから、過度なインターネット利用規制は、青少年のインターネットリテラシー習得にマイナスの影響を及ぼすことが考えられる。特に、インターネットをはじめとしたICTの利用は、彼らの21世紀を生きる力を育てると言える（Saito 2013; Partnership for 21st Century Skills 2009）。このことから、青少年のインターネットにアクセスする自由と保護のバランスを取る必要がある（OECD 2012c）。

　このような課題の対応として、各ステークホルダーに求められる政策の方向性として、政府は適切な強度の技術規制及び社会制度立案を目指す民間の取り組みを支援するとともに、青少年が自らリスク回避できる能力を身につける機会としての啓発教育の拡充を図ることが求められる。さらに、このような施策を効果的に行うために、青少年のインターネットリテラシーの獲得状況を定期的に調査する必要があると言える。

　民間機関においては、政府機関との協力の下、適切な強度の自主規制を目指すとともに、青少年が自らリスク回避できる能力を身につける機会としての啓発教育を拡充することが求められる。

　また、学校関係者やPTA組織においては、利用の禁止という立場は極力行

第5章　指標を基にした青少年のインターネットリテラシーの分析と評価

わずに、家庭との連携を高め、啓発教育の観点から組織的に注意喚起を継続的に行うことが必要となるであろう。保護者においては、家庭での保護・監督力を高め、青少年のリテラシー習得を支援することが求められる（表5.10）。

表5.10：過度なインターネットの利用規制に対する課題

発達環境	関係者	求められる政策
マクロシステム	政府・地方自治体・事業者	・政府は適切な強度の技術規制及び社会制度立案を目指す民間の取り組みを支援し、青少年が自らリスク回避できる能力を身につける機会としての啓発教育を拡充する。さらに、青少年のインターネットリテラシーの獲得状況を定期的に調査する。 ・事業者は適切な強度の自主規制を目指し、青少年が自らリスク回避できる能力を身につける機会としての啓発教育の拡充を図る。
エクソシステム	学校関係者・PTA組織	家庭との連携を高め啓発教育の立場から組織的な注意喚起を継続させる。
メゾシステム	保護者	家庭での保護・監督力を高め、青少年のリテラシー習得を支援する。

5.6.4　各種青少年保護サービスの利用促進

　各種青少年保護サービスの利用状況の調査結果では、すべての保護サービスの利用率が50％を下回っていた。特にペアレンタル・コントロール機能においては11.76％であった。しかし、ペアレンタル・コントロール機能を利用するということは、保護者も青少年のスマートフォン利用の当事者となり、青少年の適切利用に関与することであると言え、保護者に対する教育を進めていく必要がある。

　一方で、青少年保護サービスを利用している青少年のサービスの利用状況の相関分析では、1つの保護サービスを利用している青少年は、他の保護サービスも利用している傾向にあった。このことから、積極的な青少年保護サービスの利用促進を図ることは効果的であると考えられる。

　この課題の対応として、政府機関・地方自治体及び民間団体は、相互に協働して各種青少年保護サービス利用の促進に努めることが求められる。

　また、学校関係者やPTA組織においては、青少年と保護者に向けてサービスの利用の働きかけが必要になるであろう。そして、保護者においては、当事

第Ⅰ部　青少年のインターネットリテラシー指標の開発と運用

者として、青少年と話し合い、保護サービスの利用に務めることが重要となる（表5.11）。

表5.11：各種青少年保護サービスの利用促進の課題

発達環境	関係者	求められる政策
マクロシステム	政府・地方自治体・事業者	・政府による各種青少年保護サービスの利用の奨励・促進。 ・事業者による各種青少年保護サービスに関する情報提供を拡充と契約時における利用の幹旋。
エクソシステム	学校関係者・PTA組織	・青少年と保護者に対し各種青少年保護サービスの利用を幹旋する。
メゾシステム	保護者	青少年保護サービスを利用する。特に、ペアレンタル・コントロール機能利用を検討する。

5.6.5　Wi-Fiネットワーク用フィルタリングの利用促進

　調査結果から、スマートフォン利用者の約3割がWi-Fiと携帯電話ネットワークの違いについて認識をせずにインターネットを利用していることが明らかとなった。

　この課題への対応として、政府機関・地方自治体は民間団体と協働して、携帯電話ネットワーク用のフィルタリングのみならずに、Wi-Fiネットワーク用のフィルタリングの認知を広め、利用の促進に努めることが重要と言える。

　学校関係者やPTA組織においては、青少年と保護者に対し、Wi-Fiネットワーク用のフィルタリングの利用の提案を行うことが求められる。さらに、保護者は青少年を保護・指導する当事者として、青少年と話し合い、サービスの利用に努めることが必要であると言える（表5.12）。

表5.12：Wi-Fiネットワーク用フィルタリングの利用促進の課題

発達環境	関係者	求められる政策
マクロシステム	政府・地方自治体・事業者	Wi-Fiネットワーク用フィルタリングの利用促進。
エクソシステム	学校関係者・PTA組織	Wi-Fiネットワーク用フィルタリングの利用の提案。
メゾシステム	保護者	Wi-Fiネットワーク用フィルタリングの利用。

第5章　指標を基にした青少年のインターネットリテラシーの 分析と評価

5.6.6　インターネットリテラシーの育成と規範意識の醸成の２つのタイプ の啓発教育の実施

　齋藤・新垣（2011）の研究では、知識伝達型の教育では、規範意識を育成す ることは困難であり、青少年がインターネット社会の参加者である自覚を身に つけるための内省型の教育を提供する必要があることを主張している。この主 張を踏まえ、インターネットの適切利用に関するリテラシーの育成のみなら ず、青少年にインターネット社会の一員としてネットワークに参加する態度を 身につけさせることが重要となる。そして、そのような規範意識を育てる教育 は年齢が増すにつれて、重要性も高くなるであろう。

　この課題に対する各関係者の対応として、政府機関及び地方自治体は啓発教 育の実施において、2つのタイプの啓発教育を効果的に組み合わせて啓発教育 の機会を提供することが求められる。

　具体的には、リテラシーの育成を目的とした集合授業型の教育と、規範意識 の醸成を目的としたワークショップ型の教育を、受講者である青少年の年齢・ 属性・利用状況に合わせて実施することが効果的だと考えられる（齋藤・新垣 2011）。特に高学年の青少年には規範意識を育てるための教育としてディスカ ッションベースの啓発教育を提供することが必要であると考えられる。また、 青少年及び保護者のベストプラクティスを表彰する機会の創出も有効であると 考えられる。

　民間団体においては、政府機関・地方自治体と同様に、2つのタイプの啓発 教育を実践していくことが必要であると言えよう。特にワークショップ型の教 育は、教育者のファシリテーション能力が重要となることから、このような人 材の育成が課題となるであろう。

　また、集合授業型の教育は一度に多数の受講者を対象に授業を行うことがで きるが、ワークショップ型の教育では、少人数集団での教育実践となることか ら、教育を伝播させることが課題となる。このことからも、ワークショップ型 の教育を実践することができる地域ファシリテータの育成が課題となってくる であろう（表5.13）。

第Ⅰ部　青少年のインターネットリテラシー指標の開発と運用

表5.13：2つのタイプの啓発教育実施の課題

発達環境	関係者	求められる政策
マクロシステム	政府・地方自治体・事業者	・政府は2つの啓発教育を効果的に組み合わせて啓発教育の機会を提供する。特に高学年の青少年には規範意識を育てるための教育としてディスカッションベースの啓発教育の提供を奨励や、青少年及び保護者のベストプラクティスの表彰が有効と考えられる。 ・民間企業は年齢が増すにつれてディスカッションベースの内省型啓発教育の提供を図る。
エクソシステム	学校関係者・PTA組織	生徒との話し合いにより生徒の内省を促進させ彼らの規範意識を醸成するとともに、中高生に対しては、ディスカッションベースの内省型啓発教育を提供する体制を整える。
メゾシステム	保護者	家庭での対話の機会を増やし子どもの責任感を育てる。

　学校関係者においては、生徒との話し合いにより生徒の内省を促進させ彼らの規範意識を醸成するとともに、中高生に対しては、ディスカッションベースの内省型啓発教育を提供する体制を整えることが求められる。保護者においては、家庭での対話の機会を増やし、子どものネット社会の一員としての責任感を育てることが必要であろうし、子ども自らの内省を促進させ、彼らの規範意識を醸成するような保護・管理を実践することが重要になると言える。

5.6.7　保護者支援のための保護者に対する啓発教育の提供

　齋藤・新垣（2012）の研究では、保護者に対する啓発教育の効果は非常に高いことを明らかにした。しかし、保護者に対して啓発教育が十分に提供されているとは言えない。なぜなら、青少年においては、学校でのフォーマル教育と社会教育としてのインフォーマル教育で学ぶ機会があるが、保護者においては、イベント、セミナーやPTAの会合等で提供されるノンフォーマルな教育が主な学習の機会となっているからである。

　このような、保護者の教育の機会の問題の解決のために、政府機関・地方自治体は、保護者向けの社会教育の機会を確保し、継続的に、広域に提供していくことが必要である。

　民間団体においては、政府機関と協働して、社会教育の実質的な提供と、最

第5章　指標を基にした青少年のインターネットリテラシーの分析と評価

新の通信デバイスやネットワーク環境に関する情報を保護者に提供し、保護者の家庭教育を支援していくことが必要である。

表5.14：保護者に対する啓発教育の提供の課題

発達環境	関係者	求められる政策
マクロシステム	政府・地方自治体・事業者	・政府による保護者に対する啓発教育の実施と奨励。 ・事業者による保護者に対する啓発教育及び情報提供の拡充。
エクソシステム	学校関係者・PTA組織	保護者に対する啓発教育及び情報提供の拡充。
メゾシステム	保護者	自ら指導力を改善するために研修会などへ参加する。

　学校関係者やPTA組織においては、保護者との会合の機会に保護者に向けた教育を提供するとともに、保護者と協働して青少年を保護・指導していく体制を築いて行くことが重要であると言える。そして、当事者である保護者は、家庭での指導力を高めるために自ら研修会などに参加し、自分のリテラシーの改善に努めることが望まれる（表5.14）。

　以上みてきたように、青少年の発達環境の各階層におけるステークホルダーに対して、本章の分析結果から導き出された求められる政策の方向性を示すことができた。このことは、各ステークホルダーが担う政策の意思決定を支援するとともに、政策の効率性を高める効果があると言える。

　特にこの政策意思決定システムは、統計的推測の手法を用いることにより人間の意思決定の限界を補うことを可能としたと言える。この事実は、本章が青少年の発達環境における各階層におけるステークホルダーの共同規制による青少年保護政策の最適化に貢献できたと言える。

5.7　第Ⅰ部のまとめとして

　以上のように、第Ⅰ部では総務省をはじめとする青少年の安全なインターネット利用に関係する様々なステークホルダーと協働し、全国35校（3,543名）の高校の協力を得て、インターネットリテラシー指標の開発と検証を行った。検証の結果、開発した指標は青少年のインターネットリテラシーを測定するの

149

第Ⅰ部　青少年のインターネットリテラシー指標の開発と運用

に妥当で信頼性の高い指標であることを証明することができた。さらに、開発した指標を運用して23校（2,937名）の高校を対象に調査を行ったところ、多面的な青少年のリスクの回避能力や利用実態を明らかにすることができたとともに、多様な要因が青少年のリスク回避能力に影響を及ぼしている様相を定量的に表すことができた。

　このことは、これまで決定論の立場から行われてきた利用制限的な保護によらずに、青少年のダイナミックな利用状況に適した政策を講じることが可能となったことを意味する。また、青少年の発達環境の各階層において関係するステークホルダーの意思決定を支援するシステムを社会に提供することができた。

　これらのことから、ILASは、青少年の的確な保護と彼らのインターネットへのアクセスの自由と表現の自由を最大限に確保するための「尺度」であると言える。

注

(1)　本調査における質問の選択肢では、デスクトップPC、ノートPC、タブレットPCと3項目に分類して質問しているが、グラフ作成時においてこれらの3つのPC項目を「PC」と1つの項目にまとめている。同様にゲーム機においても、携帯型ゲーム機と固定型ゲーム機を「ゲーム機」と1つの項目にまとめて集計を行っている。

(2)　Wi-Fi（Wireless Fidelity）とは、各種の無線LAN機器のうち、Wi-Fi Allianceという業界団体からの認定を受け、相互接続性が担保された機器を示す。本書では携帯電話事業者が提供している回線以外の通信方式として議論を進める。

(3)　携帯電話事業者が提供している回線には、従来から3Gと呼ばれる回線のほか、LTEやWiMAX等、3.9Gもしくは4Gと呼ばれるものもある。本書ではこれらの通信回線を「携帯電話回線」として議論を進める。

(4)　ペアレンタル・コントロールとは保護者などの管理者がメディアの閲覧に制限をかける機能のことであり、メモリーカードやウェブページを含むメディア全体の制限を個別に行う機能である。一方フィルタリングはウェブページの閲覧を制限するための機能である（参照：「KDDI用語集」http：//www.kddi.com/yogo/）。両者の大きな違いは、ペアレンタル・コントロールは保護者である管理者が各機能の制限の範囲と強度を個別に行うことができる機能であるのに対し、フィルタ

第5章　指標を基にした青少年のインターネットリテラシーの分析と評価

リングはキャリア側がウェブページに対する制限を設定するものであり、その強度の段階もキャリア側がデフォルトで設定している。

(5) この質問は複数回答方式を取っていることから、本書では「選択数／被験者総数」として算出している。

(6) この質問においても同様に複数回答方式を取っていることから、同様の算出方法を取っている。

(7) この質問においても複数回答方式を採用していることから、同様の算出方法を取っている。

(8) ここではパラメトリック方法をとるPearsonの積率相関係数を用いている。

(9) 齋藤・新垣（2011）参照。

(10) 青少年インターネット環境整備法第3条「基本理念」では、「民間における自主的かつ主体的な取組」を「国及び地方公共団体はこれを尊重する」ことが定められている。また第4条では、「国及び地方公共団体」は、「青少年が安全に安心してインターネットを利用することができるようにするための施策を策定し、及び実施する責務を有する」ことが定められている。さらに第13条では、インターネットの適切な利用に関する教育の推進として、「国及び地方公共団体は、青少年がインターネットを適切に活用する能力を習得することができるよう、学校教育、社会教育及び家庭教育におけるインターネットの適切な利用に関する教育の推進に必要な施策を講ずるものとする」ことが規定されている。これらのことから関係者の一員として政府機関及び地方自治体があげられる。

(11) 第16条では民間の関係者を「青少年のインターネットの利用に関係する事業を行う者」としており、民間企業としては、インターネット関連企業等が該当することが理解できる。

(12) 第16条に記載されている「その他の関係者」として内閣府・総務省・経済産業省（2009）では、保護者及び教育者が該当することを指摘している。

ANNEX-1
ILAS定義リスト策定にあたり参照した
先行研究のリテラシー定義

総務省の先行研究により定義された12のインターネット・リテラシー

番号	インターネット・リテラシー
01	ICTメディアの特性を理解する能力
02	ICTメディアを操作できる能力
03	情報を収集する能力
04	情報を処理・編集する能力
05	情報を表現する能力
06	情報を伝達する能力
07	ICTメディアにおける送り手の意図を批判的に読み解く能力
08	主体的にコミュニケーションする能力
09	コミュニケーションする相手を尊重する能力
10	ICTメディアを安全に使う能力
11	情報の権利を保護する能力
12	情報化社会を生き抜く能力

平成21年度　総務省事業「インターネットの特性を踏まえた情報の受発信・情報交換についての指導内容等に関する調査研究」報告書より抜粋

文部科学省が定義した3観点8要素からなる情報活用能力

番号	情報活用能力
A	情報活用の実践力
A01	課題や目的に応じた情報手段の適切な活用
A02	必要な情報の主体的な収集・判断・表現・処理・創造
A03	受け手の状況などを踏まえた発信・伝達能力
B	情報の科学的な理解
B04	情報活用の基礎となる情報手段の特性の理解
B05	情報を適切に扱ったり、自らの情報活用を評価・改善するための基礎的な理論や方法の理解
C	情報社会に参画する態度
C06	社会生活の中で情報や技術情報が果たしている役割や及ぼしている影響の理解
C07	情報モラルの必要性や情報に対する責任
C08	望ましい情報社会の創造に参画しようとする態度

平成22年10月　文部科学省発表「教育の情報化に関する手引」より抜粋

第Ⅰ部　青少年のインターネットリテラシー指標の開発と運用

ETSのICTリテラシーフレームワーク

番号	Literacy
01	Define: Understand and articulate the scope of an information problem in order to facilitate the electronic search for information.
02	Access: Collect and/or retrieve information in digital environments. Information sources might be web pages, databases, discussion groups, e-mail, or on-line descriptions of print media.
03	Evaluate: Judge whether information satisfies an information problem by determining authority, bias, timeliness, Relevance, and other aspects of materials.
04	Manage: Organize information to help you or others find it later.
05	Integrate: Interpret and represent information, by using digital tools to synthesize, summarize, compare, and Contrast information from multiple sources
06	Create: Adapt, apply, design, or construct information in digital environments.
07	Communicate: Disseminate information tailored to a particular audience in an effective digital format

2010年8月　ETS発表「Information and Communication Technology Literacy : What Do Businesses Expect and What Do Business Schools Teach?」より抜粋

PISA調査におけるリテラシー定義

番号	定義
01	数学的リテラシーとは、「数学が世界で果たす役割を見つけ、理解し、現在及び将来の個人の生活、職業生活、友人や家族や親族との社会生活、建設的で関心を持った思慮深い市民としての生活において確実な数学的根拠にもとづき判断を行い、数学に携わる能力」である。
02	科学的リテラシーとは、「自然界及び人間の活動によって起こる自然界の変化について理解し、意思決定するために、科学的知識を使用し、課題を明確にし、証拠に基づく結論を導き出す能力」である。
03	問題解決能力とは、「問題解決の道筋が瞬時には明白でなく、応用可能と思われるリテラシー領域あるいはカリキュラム領域が数学、科学、または読解のうちの単一の領域だけには存在していない、現実の領域横断的な状況に直面した場合に、認知プロセスを用いて、問題に対処し、解決することができる能力」である。

平成22年12月　文部科学省発表「OECD生徒の学習到達度調査(PISA)2009年度調査の結果について」より抜粋

出所：総務省情報通信政策研究所（2012a）pp.9-10

ANNEX-2
ILAS定義リスト

大分類	中分類	小分類	知識（●）・事業者関係（△）	行動（○）
I 違法・有害情報リスク	a 違法情報	1 著作権等、肖像権、犯行予告、出会い系サイト、等	【原理原則】 ●発信した情報は多くの人に広まることを理解している。 ●書き込みをした人物は特定し得ることを理解している。 ●文章、図表やグラフ、絵、写真などの人(自分や他人)が作ったもの(著作物)には、他の人に勝手に使われない権利（著作権）があり、利用する場合には許可が必要であることを理解している。 ●著作権者には、自らの著作物について同一性保持権があること、他人の著作物を著作権者の同意なく改変してはいけないことを理解している。 ● 人には写真や似顔絵、名前を勝手に使われない権利（肖像権など）があり、利用する場合には許可が必要であることを理解している。 ●犯行を予告するような書き込みは、いたずらであっても犯罪行為（業務妨害罪、脅迫罪、場合によっては決闘罪等）にあたりうることを理解している。 ●出会い系サイトを未成年が利用することは、違法であることを理解している。	
			【発信者側】 （著作権等） ●著作権者の許諾を得ないで著作物をブログやウェブページに置くことは、著作権侵害として多大な損害賠償請求がなされるおそれがあることを理解している。 ●著作権を有するコンテンツのネット上での共有は、犯罪であることを理解している。	【発信者側】 （著作権等） ○コミュニケーションツール（ブログやメールなど）などで著作物を使う場合、著作物を作った人の許可を得る。 ○自分でコピーした画像、楽曲、ゲームソフト等を友達に譲渡、配布しない。

155

第Ⅰ部　青少年のインターネットリテラシー指標の開発と運用

大分類	中分類	小分類	知識（●）・事業者関係（△）	行動（○）
			●他人の著作物を同意なく改変してはいけないことを理解している。 （肖像権） ●芸能人やスポーツ選手などの写真を無断で使うと、肖像権等の侵害になりうることを理解している。 （犯行予告） ●いたずらでも犯行予告は犯罪になりうることを理解している。 （出会い系サイト） ●出会い系サイトを未成年が利用することは、違法であることを理解している。	○他人の著作物を許可なく改変しない。 （肖像権） ○自分で撮影した芸能人やスポーツ選手などの写真をブログに載せない。 （犯行予告） ○いたずらでも犯行予告の書き込みを行わない。 （出会い系サイト） ○出会い系サイトを利用しない。
			【受信者側】 （著作権等） ●市販されている音楽やゲームが無料でダウンロードできるサイトは、違法サイトであることが多い。違法なサイトから音楽やゲームをダウンロードすることは、著作権の侵害にあたる恐れがあることを理解している。 （肖像権） ●芸能人の写真を無断で他に利用すると肖像権侵害になりうることを理解している。 （犯行予告） ●犯行予告を発見した場合の対応について理解している。 （出会い系サイト） ●未成年に対しても出会い系サイトに関するメールが送られてきたり、広告が表示されることがあるが、未成年が出会い系サイトを利用することは違法であることを理解している。	【受信者側】 （著作権等） ○インターネット上から音楽やゲームのダウンロードを行う際は、エルマークなどでサイトの信頼性を確認する。 （肖像権） ○友人のブログ等に、芸能人の写真が掲載されていた場合、肖像権侵害になりうることを伝える。 （犯行予告） ○犯行予告をみつけたら事業者、大人等に連絡する。 （出会い系サイト） ○出会い系サイトに関連するメールが送られてきても、無視したりそのまま廃棄し、出会い系サイトを利用しない。
			【事業者の取組】 △事業者においては、著作権等を侵害するコンテンツ等の違法コンテンツを排除するため、サイト上のパトロールを行っていること、通報窓口を設けていることを理解する。	【事業者の取組の活用】 ○サイト上で違法なコンテンツを見つけた場合、サイト管理者等の通報窓口に通報する。

156

ANNEX-2

大分類	中分類	小分類	知識（●）・事業者関係（△）	行動（○）
b 有害情報	1 公序良俗に反するような情報・成人向け情報等		【原理原則】 ●情報は、常に送り手の意図や目的によって作られていることを理解している。	
			【発信者側】 ●自ら公序良俗に反するような情報（反社会的な情報、他者を傷つけるような情報）を発信することは、社会や周囲に影響を与えることを理解している。	【発信者側】 ○情報発信の前に内容をよく吟味する（公序良俗に反する情報でないか、他人を傷つける情報でないか等）。
			【受信者側】 ●有害な情報に出会ったときの適切な対処方法（事業者等への通報、相談、閲覧の中止）について理解している。 ●インターネットには、事実と異なる情報もあること、またウェブページを検索している途中で、悪意あるサイトに誘導される場合があることを理解している。 ●違法な情報や有害な情報を排除するためにフィルタリングシステムがあり、その仕組みの概要を理解している。 ●青少年がインターネットを安全に安心して使うための法整備がなされていることを理解している。	【受信者側】 ○有害な情報に意図せず遭遇した場合は事業者等に通報する、閲覧を中止する等する。 ○インターネットにある一つの情報を鵜呑みにせず、他の情報や、大人のアドバイス等と比較しながら、自分の判断に基づいて適切な情報を選択して行動する。 ○青少年がインターネットに接続する携帯電話には、原則としてフィルタリングをかける義務があることを理解し、フィルタリングをかける。
			【事業者の取組】 △有害情報を排除するために青少年向けのフィルタリングサービス（アクセス制限サービスや迷惑メール排除サービス）が事業者によって提供されていることを理解している。	【事業者の取組の活用】 ○アクセス制限サービスを活用する。

157

第Ⅰ部　青少年のインターネットリテラシー指標の開発と運用

大分類	中分類	小分類	知識（●）・事業者関係（△）	行動（○）
Ⅱ 不適正利用リスク	a 不適切接触	1 誹謗中傷	【原理原則】 ●悪質な誹謗中傷、いじめ、特定の人に危害を加えるような書き込みは、深刻な人権侵害であり犯罪行為にあたる場合もあるので絶対に許されないことを理解している。 ●書き込みは、書き込んだ人の記録がサイトやプロバイダに残っており、手順を踏んで調べると特定できる可能性があることを理解している。 ●青少年の利用に配慮できていないサイトは利用すべきでなく、フィルタリングをかけることで不用意なアクセスを回避できることを理解している。	
			【発信者側】 ●インターネット上で一度公開された情報は、多くの人にすぐ広まり、完全に消すことが困難であることを理解している。 ●軽い気持ちで書いたものでも、他者を深刻に傷つける可能性があることを理解している。	○軽い気持ちで書いたことでも、書かれた相手をひどく傷つける場合があること、注目され大きな問題となりうること、他の場所に発言がコピーされる等して完全に削除できないことを理解し、不用意な発信をしない。
			【受信者側】 ●ネット上で誹謗中傷を受けた場合、発見した場合の対処方法（事業者に削除依頼、大人への相談）を理解している。	○誹謗中傷を受けても、感情的になって誹謗中傷を返したりせず慎重に対応する。 ○悪質な誹謗中傷の書き込みを受けた場合、発見した場合は、事業者に削除依頼する、もしくは大人に相談する。
			【事業者の取組】 △青少年の利用に配慮している事業者は、悪質な誹謗中傷等の書き込みを削除するため、サイト上のパトロールを行っていること、通報窓口を設けていることを理解している。	【事業者の取組の活用】 ○サイト上で悪質な誹謗中傷等を見つけた場合、サイト管理者等の通報窓口に通報する。

158

ANNEX-2

大分類	中分類	小分類	知識（●）・事業者関係（△）	行動（○）
		2 匿名SNS	【原理原則】 ●SNSへの書き込みが原因で炎上したり恨みを買う危険性があることを理解している。 ●インターネット上で知り合った人物に自分たちだけの判断で会うことの危険性を理解している。	
			【発信者側】 ●SNSへプライバシー・個人情報や写真を掲載することにより、連絡先や名前を公開され攻撃されたり、自宅や学校で待ち伏せをされて拉致・誘拐などの事件に巻き込まれる等のリスクが伴うことを理解している。 ●コミュニティー・サイトに起因する犯罪では、加害者に対して与えたプライバシー・個人情報が脅迫の材料とされて被害にいたった事例が多いことを理解している。	【発信者側】 ○情報発信の際は、操作ミス等をしないよう慎重を期す。 ○発信する情報につき、適切な公開範囲を設定する。 ○インターネット上で知り合った人物に自らのプライバシー・個人情報を送信するよう依頼されても、安易に送らない。
			【受信者側】 ●インターネット上で知り合った人は、性犯罪や詐欺を企てている可能性があること、性別、年齢、職業等を詐称している可能性があることを理解している。 ●コミュニティー・サイトからの誘引による犯罪被害が多いことを理解している。	【受信者側】 ○インターネット上で知り合った人物に慎重に対応する。
			【事業者の取組】 △SNSに起因する被害児童を減らすために事業者が行っている取組（一定の文言の書き込みの禁止、ゾーニング等）を理解している。 △第三者機関による、青少年の保護と健全な育成を目的とした認定制度があることを理解している。	【事業者の取組】 ○アクセス制限サービスを利用することで、事業者のゾーニングに従った機能のみを利用する。 ○第三者機関であるEMAによる認定サイトを利用する。 ○年齢を詐称しない。
		3 実名SNS	【原理原則】 ●実名登録サイトでも全員が実名登録しているわけではないことを理解している。 ●実名登録サイトでは、匿名登録サイトよりプライバシー・個人情報漏洩リスクが高いことを理解している。	

159

第Ⅰ部　青少年のインターネットリテラシー指標の開発と運用

大分類	中分類	小分類	知識（●）・事業者関係（△）	行動（○）
			●SNSを通じてプライバシー・個人情報に関わる情報の収集が行われている可能性があることを理解している。	
			【発信者側】 ●自らの情報を公開する範囲に注意する必要性を理解している。 ●サイトによって、情報公開の範囲が異なっていることを理解している。	【発信者側】 ○適切な公開範囲を設定する。 ○公開範囲を限定したつもりでも、他人から情報の検索が可能な場合があることに注意する。
			【受信者側】 ●実名登録サイトにおいても、事実と異なる情報登録がありうることを理解している。	【受信者側】 ○「友達の友達」等の実生活で関わりのない人物から連絡を受けた場合は、トラブルに陥る可能性があるとの前提で慎重に対応する。
			【事業者の取組】 △事業者の取組（実名登録でない登録は削除する取組、利用年齢制限、情報公開範囲の設定等）を理解している。	【事業者の取組】 ○情報公開の設定範囲に気をつけつつ、事業者のルールに従った利用をする。 ○事業者のルールに違反して利用している人を見つけた場合、積極的に通報する。
		4 迷惑メール	【原理原則】 ●迷惑メール対策が講じられたメールサービスを利用することの一定の有効性を理解している。 ●チェーンメールの特徴を理解している。	
			【発信者側】 ●チェーンメールを発信することが迷惑であることを理解している。 ●メールアドレスを公表することの危険性を理解している。	【発信者側】 ○たとえ善意から多くの人に伝えたいことがあったとしても、自らチェーンメールを発信しない。 ○メールアドレスの入力を求められても安易に入力しない。
			【受信者側】 ●迷惑メールを受信してしまった場合の対策（迷惑メールに返信すると自分のメールアドレスが相手に知られてしまうので無視する）について理解している。 ●メールには差出人の情報が偽装されているものがあることを理解している。	【受信者側】 ○迷惑メールを受信しても開封せず、無視する。 ○メールの受信拒否設定をする。 ○メールの内容については、差出人の情報のみで判断しない。 ○チェーンメールについては、善意の内容であっても止める。

ANNEX-2

大分類	中分類	小分類	知識（●）・事業者関係（△）	行動（○）
			●チェーンメールは善意の内容であっても、混乱を招くので無視して止めることが重要であることを理解している。	
			【事業者の取組】 △メールの受信拒否設定（フィルター設定）について理解している。	【事業者の取組】 ○事業者の受信拒否設定（フィルター設定）を活用する。
		5 アプリケーション（特にスマートフォン・アプリケーションについて）	【原理原則】 ●スマートフォンはPC並の高度な情報処理機能が備わった高機能携帯電話端末であり、多くの機能がアプリケーション（ソフトウェア）によって実現されていることを理解している。 ●スマートフォンのアプリケーションも、パソコンのアプリケーションと同様に、欠陥（バグ）を含んでいたり、意図的に悪意のあるものも存在することを理解している。 ●スマートフォン上のアプリケーションの中には、プライバシー・個人情報を自動で外部に送信するものもあることを理解している。 ●ウェブアクセスに関するフィルタリング機能が、アプリケーションのダウンロードやアプリケーションからのネットワークアクセスに対しては機能しない場合があることを理解している。 ●アプリケーションの利用登録で、必要以上の情報発信に注意する必要性を理解している。	
			【発信者側】	【発信者側】 ○アプリケーションの使用を開始する際の利用登録にあたっては、記載が必須とされていないプライバシー・個人情報を入力しないよう注意する。

161

第Ⅰ部　青少年のインターネットリテラシー指標の開発と運用

大分類	中分類	小分類	知識（●）・事業者関係（△）	行動（○）
			【受信者側】 ●スマートフォンアプリケーションをダウンロードする際には、当該サイトおよび提供元の信頼性・安全性を確認すべきであることを理解している。 ●アプリケーションには、パソコンのアプリケーションと同様に、ウイルスが混入している可能性があることを理解している。 ●アプリケーションのインストール時に表示される「アクセス許可」先の情報（電話番号、現在位置等）を確認して、アクセス許可先の情報を限定する、もしくは当該アプリケーションをインストールしない等、アプリケーションによってプライバシー・個人情報が漏洩しないよう注意する必要性を理解している。	【受信者側】 ○信頼性等を確認した上で、アプリケーションをダウンロードする。 ○アプリケーションがアクセスする情報を認識して、適切な対応を取る（アクセスを許可する情報の制限等）。
			【事業者の取組】 △スマートフォンアプリケーションの起動を制限する機能を有するアプリケーションを複数の事業者が提供していることを理解している。	【事業者の取組】 ○ウェブアクセスに関するフィルタリングが、スマートフォンアプリケーションのダウンロードや、スマートフォンアプリケーションからのネットアクセスでは機能しない場合があることを理解して利用する。 ○事業者が提供しているスマートフォンアプリケーションの起動を制限する機能を有するアプリケーションを活用する。
	b 不適正取引	1 詐欺・不適正製品等の販売等	【原理原則】 ●オンライン上の売買等について、トラブルがあった場合は保護者に相談すべきであることを理解している。 ●青少年には購入が禁止されている商品が存在することを理解している。 ●オンライン上では、青少年に対し不適切な製品の広告がなされる危険性があることを理解している。 ●IPアドレス等が画面に表示されても、ISP等が個人を特定するための情報を開示しない限り、個人が特定されることは少ないことを理解している。	

ANNEX-2

大分類	中分類	小分類	知識（●）・事業者関係（△）	行動（○）
			●オンライン上の売買等では、決済方法、代金決済、解約の可否、返品の可否等が事業者毎に異なることを理解している。 ●オンライン上の売買等に利用するサイトが、信頼できるサイトであるか否かを確認する必要があることを理解している。	
			【発信者側】 ●オンライン上の売買等について、トラブルがあった場合保護者に相談すべきであることを理解している。 ●未成年者が成人と偽って契約する場合には、保護者による契約取り消しが認められないことを理解している。 ●オンライン上の売買等について、サイト毎に異なるルールがあることを理解している。 ●事後的にトラブルにならないように、オンライン上の売買等に関する情報は保存しておくべきであることを理解している。	【発信者側】 ○サイト毎のルールに気をつけて利用する。 ○オンライン上の売買等に関連する申込時の確認画面や確認メールなどを保存する。
			【受信者側】 ●無料サイトとうたわれているサイトも、全て無料でないことがあることを理解している。 ●オンライン上の売買等に関連して、身に覚えのない利用料金の請求を受けても、無視し、当該事業者に連絡したり、言われるままに支払ったりしてはいけないこと、身に覚えのない請求が続く場合は保護者や警察等に相談する必要があることを理解している。	【受信者側】 ○無料サイトとうたわれているサイトも、実際のゲーム等のダウンロードの際には、課金の有無を注意することができる。 ○身に覚えのない請求については、そのまま支払わず、保護者や警察等に相談する。
			【事業者の取組】 △過去に不当請求を行ったような問題のあるサイトは、事業者のアクセス制限サービスで基本的に排除されることを理解している。	【事業者の取組】 ○アクセス制限サービスを利用する。

163

第Ⅰ部　青少年のインターネットリテラシー指標の開発と運用

大分類	中分類	小分類	知識（●）・事業者関係（△）	行動（○）
	c 不適切利用	1 過大消費	【原理原則】 ●携帯電話ではメール発信者だけでなく受信者にもデータ量に応じて課金されることを理解している。 ●オンライン上の売買等では、代金後払いの場合が多く、甘い見通しのもとに過剰消費をし易いことを理解している。	
			【発信者】 ●データ量の多いメールは相手方（受信者）にも高額な通信料がかかることを理解している。	【発信者】 ○通信相手のネット環境を考慮してデータ量を判断して、情報の送信を行う。
			【受信者】 ●インターネット上のコンテンツはダウンロードに高額な通信料がかかることがあることを理解している。 ●無料のゲームを行うために、有料アイテムの購入を促される場合があることを理解している。	【受信者】 ○特に携帯電話によって、インターネット上のコンテンツをダウンロードする場合は、データ量を確認してからダウンロードを開始する。 ○無料とうたっているゲームであっても、利用方法等に十分注意して利用する。 ○保護者の許可の範囲内で、インターネットの有料サービス等を利用する。
			【事業者の取組】 △事業者の金額制限サービス等を理解している。	【事業者】 ○事業者の金額制限サービス等を活用する。
		2 依存	【原理原則】 ●ネット利用では、不用意に長時間利用が生じ易く、他のことに使う時間が減ってしまう恐れがあることを理解している。 ●それぞれの家庭でルールを策定することの必要性について理解している。 ●ネット依存、携帯電話依存のことを理解している。	【原理原則】 ○インターネット利用、携帯電話の利用等につき、自室での利用禁止、充電器を居間に置く等、保護者との間で実効性のあるルールを決める。
			【事業者の取組】 △事業者の時間制限サービスを理解している。	【事業者】 ○事業者の時間制限サービスを活用する。

164

ANNEX-2

大分類	中分類	小分類	知識（●）・事業者関係（△）	行動（○）
Ⅲ プライバシー・セキュリティーリスク	a プライバシーリスク	1 プライバシー・個人情報流出、不適切公開	【原理原則】 ●プライバシー・個人情報の重要性を理解している。 ●パソコンや携帯電話などには、氏名や住所などを含むプライバシー・個人情報が含まれていることを理解している。 ●個人用IDの共有や貸し借りは避けるべきであることを理解している。 ●インターネット上のプライバシー・個人情報は悪用される恐れがあることを理解している。 ●写真に位置情報が記録されていることがあることを理解している。	
			【発信者】 ●自分や他の人のプライバシー・個人情報を掲示板やチャットなどに書き込むと、当該情報が悪用される恐れ（当該情報を利用した脅迫等）があることを理解している。 ●他人のプライバシー・個人情報を、メールで他人に教えたりインターネットに掲載する場合には、本人の同意をとらなければならないことを理解している。 ●自ら撮影した写真をインターネット上に掲載する場合には、位置情報が記録されていないか確認する必要があることを理解している。 ●不適切な内容の情報発信によって、炎上が生じることを理解している。	【発信者】 ○ブログや掲示板などに名前や住所、顔写真などのプライバシー・個人情報を不用意に書き込んだり、メールで他の人に教えたりしない。 ○写真をインターネット上に掲載する際には位置情報の記録等を確認する。 ○コミュニケーションツール（ブログやメールなど）などで人の写真や似顔絵、名前を使う場合、その人の許可を得る。 ○写真をインターネット上に掲載する際には位置情報の記録等を確認する。
			【受信者】 ●インターネット上のサイト等について、他人とIDを共有したり貸し借りすることは危険（他人によって、自分のプライバシー・個人情報が流出させられる危険等）であることを理解している。	【受信者】 ○インターネット上のサイト等につき、自分のIDは自分のみが利用し、他人と共有しない。
			【事業者の取組】 △自らのプライバシー・個人情報が同意なくインターネットに掲載された場合の対応（事業者への通報等）について理解している。	【事業者の取組】 ○自らのプライバシー・個人情報が同意なくインターネットに掲載された場合には事業者へ通報する。

165

第Ⅰ部　青少年のインターネットリテラシー指標の開発と運用

大分類	中分類	小分類	知識（●）・事業者関係（△）	行動（○）
	b セキュリティーリスク	1 不正アクセス等のなりすまし	【原理原則】 ●IDやパスワードを盗み、他人になりすますことは犯罪であることを理解している。 ●ID・パスワードを厳重に管理する必要性を理解している。	
			【発信者側】 ●他人のパスワード等を利用した、なりすましによる不正アクセスは犯罪であることを理解している。	【発信者側】 ○他人のパスワード等を利用してなりすまし、不正アクセスなどを行わない。
			【受信者側】 ●IDやパスワード、クレジットカード番号等などがインターネットを通じて盗まれ、悪用される危険性があることを理解している。 ●共用のパソコンでは自分の利用履歴が残る可能性があることを理解している。	【受信者側】 ○パスワードは定期的に変更する。 ○見破られにくいパスワードを使用する。 ○インターネット上に入力するIDやパスワードを十分な注意をもって管理する。 ○他人と共有する端末機器は慎重に利用する。
			【事業者の取組】 △不正アクセスを防ぐ事業者の取組（通報窓口の設定）を理解している。	【事業者の取組】 ○不正アクセスに気がついたらサイト運営会社に相談する。
		2 ウイルス	【原理原則】 ●ウイルスは悪意のあるソフトウェアであり、実行すると、自分自身を他のソフトウェアの中にコピーして、感染したソフトウェアが爆発的に増え、記憶容量を一杯にしたり、情報を書き換えたり、ネットワークを介在して重要な情報を送信したり、他のコンピュータを感染させたりすることを理解している。 ●ウイルスは絶えず新しいものが作られており、定義ファイルを最新版に更新しないと、新規のウイルスに感染する危険性が高いことを理解している。 ●ウイルスはネットワーク経由だけではなく外部媒体（USBメモリーやSDカード等）からも感染することを理解している。	

ANNEX-2

大分類	中分類	小分類	知識（●）・事業者関係（△）	行動（○）
			●ウイルスチェックを行っていても、ウイルスに感染する恐れがあることを理解している。	
			【発信者側】 ●自らのパソコン、スマートフォン、USBメモリー、SDカードがウイルスに感染している恐れがあることを理解している。 ●ウイルスを意図的に発信することは違法であり、また不注意に拡散することがないように注意しなければならないことを理解している。	【発信者側】 ○他人の端末に自らの端末や外部媒体を接続する場合は、事前にセキュリティーチェックを行う。
			【受信者側】 ●ウイルス対策ソフトを常に更新する必要性を理解している。 ●ウイルスチェックを定期的に行う必要性を理解している。 ●外部媒体をパソコンに接続する際には、当該外部媒体の信頼性を確認する必要があることを理解している。	【受信者側】 ○常にウイルス対策ソフトを最新に保つ。 ○ウイルスチェックを定期的に行う。 ○USBメモリーやSDカード等をパソコン等に接続する際には、当該外部媒体の信頼性を確認する。
			【事業者の取組】 △スマートフォンにはウイルス対策ソフトをインストールする必要があるものが存在することを理解している。	【事業者の取組】 ○パソコンや、スマートフォンにウイルス対策ソフトをインストールする。

出所：総務省情報通信政策研究所(2012a) pp.13-20

ANNEX-3
アンケート質問票

◆事前アンケート◆

＊○印の選択肢はいずれか一つ、□印の選択肢は複数選択可能です。＊

・パソコンが使用できない場合はこの用紙が回答用紙となります。

質問01．あなたの性別を教えて下さい。
(1) 男性　　(2) 女性

質問02．あなたが保有しているインターネットに接続する機器を教えて下さい。
　　　　（複数選択可）
(1) PHS　　(2) 携帯電話　　(3) スマートフォン　　(4) タブレットPC
(5) ノートPC　　(6) デスクトップPC　　(7) 携帯ゲーム機　　(8) 固定ゲーム機
(9) 何も持っていない

質問03．質問02の機器の中で最もよく利用する機器はどれですか。（一つだけ）
(1) PHS　　(2) 携帯電話　　(3) スマートフォン　　(4) タブレットPC
(5) ノートPC　　(6) デスクトップPC　　(7) 携帯ゲーム機　　(8) 固定ゲーム機
(9) 何も持っていない

質問04．あなたがインターネットを利用する際に使う機器について、それぞれの一日の平均使用時間を教えて下さい。（一つだけ）

機器 （大分類）	機器 （小分類）		一日の平均使用時間		
携帯電話	PHS	041	(1) 30分未満	(2) 2時間未満	(3) 2時間以上
	携帯電話	042	(1) 30分未満	(2) 2時間未満	(3) 2時間以上
	スマートフォン	043	(1) 30分未満	(2) 2時間未満	(3) 2時間以上
PC	タブレットPC	044	(1) 30分未満	(2) 2時間未満	(3) 2時間以上
	ノートPC	045	(1) 30分未満	(2) 2時間未満	(3) 2時間以上
	デスクトップPC	046	(1) 30分未満	(2) 2時間未満	(3) 2時間以上
ゲーム機	携帯ゲーム機	047	(1) 30分未満	(2) 2時間未満	(3) 2時間以上
	固定ゲーム機	048	(1) 30分未満	(2) 2時間未満	(3) 2時間以上

質問05．あなたが利用経験のある目的を次の中から選び、その際によく利用する機器にチェックを入れて下さい。（複数選択可）

利用目的		利用機器
情報収集（ニュースの閲覧等）	051	(1) PHS　(2) 従来の携帯電話　(3) スマートフォン (4) PC　(5) ゲーム機

第Ⅰ部　青少年のインターネットリテラシー指標の開発と運用

オンラインゲーム	052	(1) PHS　(2) 従来の携帯電話　(3) スマートフォン (4) PC　(5) ゲーム機
SNSの利用	053	(1) PHS　(2) 従来の携帯電話　(3) スマートフォン (4) PC　(5) ゲーム機
メールのやりとり	054	(1) PHS　(2) 従来の携帯電話　(3) スマートフォン (4) PC　(5) ゲーム機
商品の購入等	055	(1) PHS　(2) 従来の携帯電話　(3) スマートフォン (4) PC　(5) ゲーム機
その他	056	(1) PHS　(2) 従来の携帯電話　(3) スマートフォン (4) PC　(5) ゲーム機

質問06.　あなたは、下記のサービス・機能を知っていますか（持っていない端末について
　　　　　も答えて下さい）。（一つだけ）

＊従来の携帯電話・PHS・スマートフォンに関連するサービス・機能

| フィルタリングサービス
061 | (1) よく知っている　(2) 多少知っている　(3) 余り知らない
(4) 全く知らない |
| 迷惑メール拒否サービス
062 | (1) よく知っている　(2) 多少知っている　(3) 余り知らない
(4) 全く知らない |

＊スマートフォンに関連するサービス・機能

フィルタリング・アプリ 063	(1) よく知っている　(2) 多少知っている　(3) 余り知らない (4) 全く知らない
アプリ制限アプリ　　064	(1) よく知っている　(2) 多少知っている　(3) 余り知らない (4) 全く知らない
端末等のペアレンタル・ コントロール機能　　065	(1) よく知っている　(2) 多少知っている　(3) 余り知らない (4) 全く知らない
端末等のプライバシー設 定機能　　066	(1) よく知っている　(2) 多少知っている　(3) 余り知らない (4) 全く知らない
セキュリティー・アプリ 067	(1) よく知っている　(2) 多少知っている　(3) 余り知らない (4) 全く知らない

＊PCに関連するサービス・機能

フィルタリングソフト 068	(1) よく知っている　(2) 多少知っている　(3) 余り知らない (4) 全く知らない
端末等のプライバシー設 定機能　　069	(1) よく知っている　(2) 多少知っている　(3) 余り知らない (4) 全く知らない
セキュリティーソフト 06A	(1) よく知っている　(2) 多少知っている　(3) 余り知らない (4) 全く知らない

ANNEX-3

質問07.　あなたは下記のサービス・機能を利用していますか。（利用している機器について　　ご記入下さい）（一つだけ）

＊従来の携帯電話・PHS・スマートフォンに関連するサービス・機能

フィルタリングサービス 071	(1)　利用している　　　(2)　利用していない (3)　以前利用していたが今は利用していない (4)　利用していないが、今後利用しようと思う
迷惑メール拒否サービス 072	(1)　利用している　　　(2)　利用していない (3)　以前利用していたが今は利用していない (4)　利用していないが、今後利用しようと思う

＊スマートフォンに関連するサービス・機能

フィルタリング・アプリ 073	(1)　利用している　　　(2)　利用していない (3)　以前利用していたが今は利用していない (4)　利用していないが、今後利用しようと思う
アプリ制限アプリ 074	(1)　利用している　　　(2)　利用していない (3)　以前利用していたが今は利用していない (4)　利用していないが、今後利用しようと思う
端末等のペアレンタル・ コントロール機能 075	(1)　利用している　　　(2)　利用していない (3)　以前利用していたが今は利用していない (4)　利用していないが、今後利用しようと思う
端末等のプライバシー設定 機能 076	(1)　利用している　　　(2)　利用していない (3)　以前利用していたが今は利用していない (4)　利用していないが、今後利用しようと思う
セキュリティー・アプリ 077	(1)　利用している　　　(2)　利用していない (3)　以前利用していたが今は利用していない (4)　利用していないが、今後利用しようと思う

＊PCに関連するサービス・機能

フィルタリングソフト 078	(1)　利用している　　　(2)　利用していない (3)　以前利用していたが今は利用していない (4)　利用していないが、今後利用しようと思う
端末等のプライバシー設定 079	(1)　利用している　　　(2)　利用していない (3)　以前利用していたが今は利用していない (4)　利用していないが、今後利用しようと思う
セキュリティーソフト 07A	(1)　利用している　　　(2)　利用していない (3)　以前利用していたが今は利用していない (4)　利用していないが、今後利用しようと思う

171

第Ⅰ部　青少年のインターネットリテラシー指標の開発と運用

質問08.　あなたは、SNSやブログ等によりインターネットで情報を発信する際に情報公開の範囲に気をつけていますか。（一つだけ）
(1)　気をつけている
(2)　やや気をつけている
(3)　あまり気をつけていない
(4)　気をつけていない
(5)　情報公開の範囲を設定できることを知らなかった
(6)　情報発信していない

質問09.　あなたは青少年の安全なインターネット利用のための、以下のいずれかの取組を知っていますか。また取組に参加、もしくは利用されたことがありますか。（複数選択可）
(1)　e-ネットキャラバンの講座を受講したことがある
(2)　情報通信の安心安全な利用のための標語に応募したことがある
(3)　安心ネットづくり促進協議会の取組を知っている
(4)　第三者機関EMAの取組を知っている
(5)　携帯電話事業者の啓発講座を受講したことがある
(6)　SNS事業者の啓発アプリを利用したことがある
(7)　その他の普及啓発の取組
(8)　どれも参加・利用したことがない

質問10.　あなたは青少年の安全なインターネット利用のための、以下のいずれかの取組を知っていますか。（複数選択可）
(1)　SNS事業者がゾーニング（青少年が利用できるものと、利用できないものを区分し、適切なものだけ利用できるようにする方法）を行っていることを知っている
(2)　SNS事業者が投稿監視等のパトロールを行っていることを知っている
(3)　SNS事業者が、利用者の同意を取得してミニメールの内容を確認していることを知っている
(4)　SNS事業者が年齢に応じた機能制限（ミニメールの禁止等）を行っていることを知っている
(5)　SNS事業者が利用規約違反の利用者にペナルティを課す制度を知っている
(6)　どの取組も知らない

質問11.　あなたはインターネット上でトラブルにあったことがありますか。（複数選択可）
(1)　違法情報に遭遇した
(2)　有害情報に遭遇した
(3)　誹謗中傷を受けた
(4)　SNSで知り合った人物とトラブルになった
(5)　迷惑メールを受け取った
(6)　スマートフォンのアプリで情報が流出した
(7)　オンライン上の売買でトラブルになった
(8)　インターネット上のサービスを使い過ぎてしまった
(9)　インターネットに依存的になってしまった
(11)　プライバシーが流出した
(12)　不正アクセスを受けた
(13)　ウイルスに感染した
(14)　その他
(15)　トラブルにあったことはない

ANNEX-3

**質問12.　あなたは、インターネットの安心安全利用について学びたいと思いますか。（一つ
　　　　　だけ）**
（1）学びたい　　　（2）どちらかというと学びたい　　　（3）どちらともいえない
（4）どちらかというと学びたくない　　　（5）学びたくない　　　（6）わからない

**質問13.　インターネット上の危険を回避するためには、一人一人がインターネットの安心
　　　　　安全利用について学ぶ必要があると思いますか。（一つだけ）**
（1）そう思う　　　（2）○どちらかというとそう思う　　　（3）どちらともいえない
（4）どちらかというとそう思わない　　　（5）そう思わない　　　（6）わからない

ありがとうございました。

出所：総務省情報通信政策研究所（2012a）pp. 31-34

第Ⅰ部　青少年のインターネットリテラシー指標の開発と運用

◆事後アンケート◆

＊○印の選択肢はいずれか一つ、□印の選択肢は複数選択可能です。 ＊

・事後アンケートは別紙の事後アンケート回答用紙に記入して下さい。
・事後アンケートはインターネットを利用する際に使用している機器に応じて質問項目が異なります。
・全員、質問14～質問22までは必ず回答して下さい。
・スマートフォンを利用、保有されている方はその後の質問全て回答して下さい。（質問23～質問37）
・スマートフォンを利用・保有されていない方は、質問23～質問25まで回答して下さい。

質問14.　テストの問題数はちょうどよかったと思いますか。（1つだけ）
（1）多かった　　（2）どちらかと言うと多かった　　（3）ちょうどよかった
（4）どちらかと言うと少なかった　　（5）少なかった

質問15.　テスト時間はちょうどよかったと思いますか。（1つだけ）
（1）長かった　　（2）どちらかと言うと長かった　　（3）ちょうどよかった
（4）どちらかと言うと短かった　（5）短かった

質問16.　テストの難易度はちょうどいい難易度だったと思いますか。（1つだけ）
（1）難しかった　　（2）どちらかと言うと難しかった　　（3）ちょうどよかった
（4）どちらかと言うと簡単だった　　（5）簡単だった

質問17.　分からない用語がありましたか。（1つだけ、分からない用語を覚えていたら、回
　　　　答欄に具体的にご記載下さい。）
（1）なかった　　（2）1,2語あった　　（3）2,3語あった　　（4）4,5語あった
（5）6語以上あった

質問18.　あなたはインターネットの安心安全利用についてもっと学びたいと思いますか。
　　　　（1つだけ）
（1）学びたい　　（2）どちらかと言うと学びたい　　（3）どちらとも言えない
（4）どちらかと言うと学びたくない　　（5）学びたくない　　（6）わからない

質問19.　今回のテストは、今後あなたがインターネットを安心安全に利用するために役立
　　　　つと思いますか。（1つだけ）
（1）役立つと思う　　（2）どちらかと言うと役立つと思う　　（3）どちらとも言えない
（4）どちらかと言うと役立たないと思う　　（5）役立たないと思う　　（6）わからない
（7）回答をみてみないと分からない

質問20.　今回のテストを踏まえて、インターネット上の危険を回避するためには、一人一
　　　　人がインターネットの安心安全利用について学ぶ必要があると思いますか。
　　　　（1つだけ）
（1）そう思う　　（2）どちらかというとそう思う　　（3）どちらともいえない
（4）どちらかというとそう思わない　　（5）そう思わない　　（6）わからない
（7）回答をみてみないと分からない

ANNEX-3

質問21. あなたはインターネット上の危険について学校で教えてもらったことがあります
か。（1つだけ）
(1) 通常授業の中で教えてもらった
(2) 特別授業の中で教えてもらった
(3) その他＜事後アンケート回答用紙のフリー記述欄に60字未満で記入して下さい。＞
(4) 教えてもらっていない

質問22. あなたは、インターネット上の危険について家庭で話し合っていますか。
（1つだけ）
(1) よく話し合っている　　(2) 時々話し合っている　　(3) あまり話し合ったことがない
(4) 話し合ったことがない

＜以下の質問は、PHS・携帯電話・スマートフォンを利用している方にお聞きします＞

質問23. あなたは携帯電話・PHS・スマートフォンを購入・利用する際、フィルタリング
の利用について保護者と話しましたか。（1つだけ）
(1) 話し合って利用している
(2) 話し合って利用していない
(3) 話し合って利用していたが、現在はフィルタリングを解除している
(4) 話し合っていないが利用している
(5) 話し合わずに利用していたが、現在はフィルタリングを解除している
(6) 話し合わず利用していない

質問24. あなたはPHS・携帯電話・スマートフォンを購入する際、販売店でフィルタリン
グの説明を受けましたか。（1つだけ）
(1) 説明を受けた　　(2) 説明を受けていない　　(3) 携帯電話の購入に同席していない

質問25. 質問24で説明を受けたと回答した方にお聞きします。あなたはフィルタリングに
ついての説明を理解できましたか。（1つだけ）
(1) 理解できた　　(2) ある程度理解できた　　(3) あまり理解できなかった
(4) 理解できなかった

＜スマートフォンを利用している方は裏面の質問もお願いします＞

質問26. あなたはスマートフォンで無線LANと3G回線のどちらを多く利用しますか。
（1つだけ）
(1) ほぼ無線LANしか使用しない　　(2) どちらかというと無線LANを多く利用する
(3) 無線LANと3Gと同じくらい利用する　　(4) どちらかというと3Gを多く利用する
(5) ほぼ3Gしか利用しない　　(6) 無線LANと3Gの違いが分からない

質問27. あなたがスマートフォンで無線LANを使う理由をいくつでも選んで下さい。
（複数選択可）
(1) 意識はしていないけれど自動的に切り替わるので
(2) 無料の公衆無線LANが身近にあるので
(3) 自宅で無線LANが使用できるので
(4) 接続料金が安いので
(5) 接続速度が速いので

175

第Ⅰ部　青少年のインターネットリテラシー指標の開発と運用

(6) 大容量のデータも送信できるので
(7) フィルタリングがかかっていない場合があるので
(8) 3G回線がつながらない場所があるので

質問28. あなたがスマートフォンでよく使っている無線LAN回線の場所、種類をいくつで
も選んで下さい。（複数選択可）
(1) 自宅で契約している無線LAN
(2) 携帯電話会社が提供している公衆無線LANやWi-fiスポット等
(3) 駅、お店、街中などで使える無料の公衆無線LAN
(4) 駅、お店、街中などで使える有料の公衆無線LAN
(5) 公衆無線LAN以外のたまたまセキュリティーのかかっていない無線LAN
(6) どの回線を使用しているか分からない、意識していない

質問29. あなたはスマートフォンでインターネットに接続する際、様々なサイトを閲覧で
きるブラウザをよく使いますか。それとも、個別のサイトに特化したアプリをよ
く使いますか。（1つだけ）
(1) ほぼブラウザしか利用しない　　(2) どちらかというとブラウザを多く利用する
(3) ブラウザとアプリを同じくらい利用する　　(4) どちらかというとアプリを多く利用する
(5) ほぼアプリしか利用しない　　(6) ブラウザとアプリの違いが分からない

質問30. あなたのスマートフォンの中には現在どれくらいの数のアプリがインストールさ
れていますか。（1つだけ）
(1) 0~10個　　(2) 10~20個　　(3) ○20~40個　　(4) 40個以上　　(5) 分からない

質問31. 上記のうち、あなたがよく使う（一か月に一回以上）アプリケーションはどれく
らいの数ですか。（1つだけ）
(1) 0~10個　　(2) ○10~20個　　(3) ○20~40個　　(4) ○40個以上

質問32. あなたはスマートフォンを購入・利用する際、プライバシー設定について保護者
と話しましたか。（一つだけ）
(1) 話し合って設定している　　(2) 話し合って設定していない
(3) 話し合って設定していたが、現在は設定していない
(4) 話し合っていないが設定している　　(5) プライバシー設定がなにか分からない
(6) ○話し合っていないし設定していない

質問33. あなたはスマートフォン上でダウンロードしたアプリケーションを利用して不安
と感じたことがありますか。ある場合、どのような不安を感じたことがあります
か。（複数選択可）
(1) スマートフォンの動作が遅くなりそうで不安
(2) 電池の消費が早くなりそうで不安
(3) 色々な情報が取られていそうで不安
(4) ウイルスに感染しないか不安
(5) アプリケーション利用の際に十分なサポート体制がないので不安（問い合わせ窓口が分
からないなど）
(6) その他の不安がある＜事後アンケート回答用紙のフリー記述欄に60字未満で記入して下
さい。＞
(7) 不安に感じたことはない

ANNEX-3

質問34. インストールしたアプリケーションがあなたのスマートフォンの端末情報にアクセスしたり、端末情報を外部に送信したりする可能性があることを知っていましたか。（1つだけ）
(1) よく知っていた　　(2) 何となく知っていた　　(3) あまり知らなかった
(4) まったく知らなかった

質問35. インストールしたアプリケーションがあなたのスマートフォンの端末情報にアクセスしたり、端末情報を外部に送信したりする可能性があることをについてどう思いますか。（複数選択可）
(1) 特に気にならない
(2) サービスの向上に繋がるのであれば問題ない
(3) 端末情報の利用目的が示されていれば問題ない
(4) 端末情報の情報提供先が示されていれば問題ない
(5) 端末情報の利用目的と情報提供先が示されていれば問題ない
(6) 絶対に外部に情報送信されたくない

質問36. あなたはスマートフォンのアプリケーションを利用する際に、プライバシー・ポリシー・利用規約を読んでいますか。（1つだけ）
(1) 読んでいる　　(2) 多少読んでいる　　(3) あまり読んでいない　　(4) 読んでいない
(5) アプリケーションを利用しない

質問37. 問36で読んでいると答えた方におききします。プライバシー・ポリシー・利用規約を理解できますか。（1つだけ）
(1) 理解できる　　(2) 多少理解できる　　(3) あまり理解できない　　(4) 理解できない

ありがとうございました。

出所：総務省情報通信政策研究所（2012a）pp.31-34

ANNEX-4
ILASテストの各アイテムにおける総得点別の問題ごとの選択肢の選択率との関係

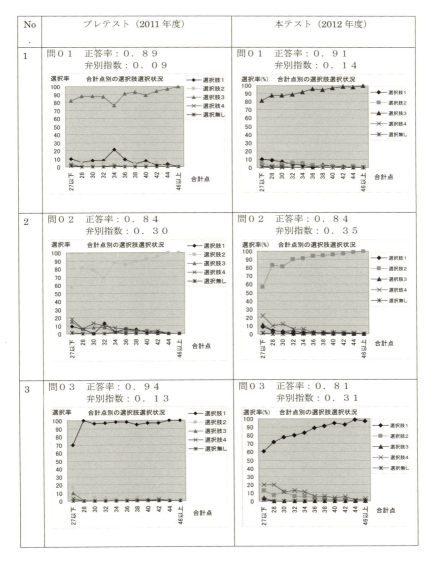

第Ⅰ部 青少年のインターネットリテラシー指標の開発と運用

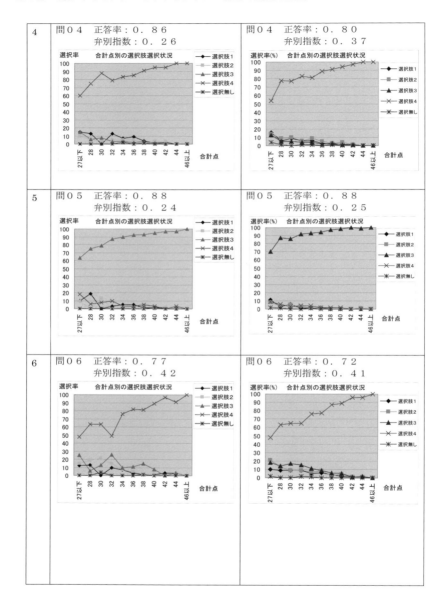

ANNEX-4

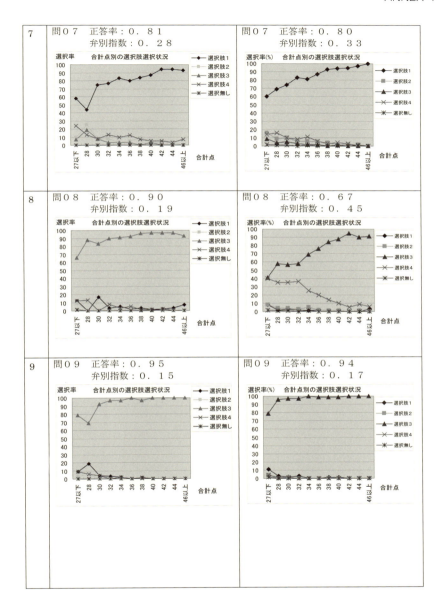

181

第Ⅰ部 青少年のインターネットリテラシー指標の開発と運用

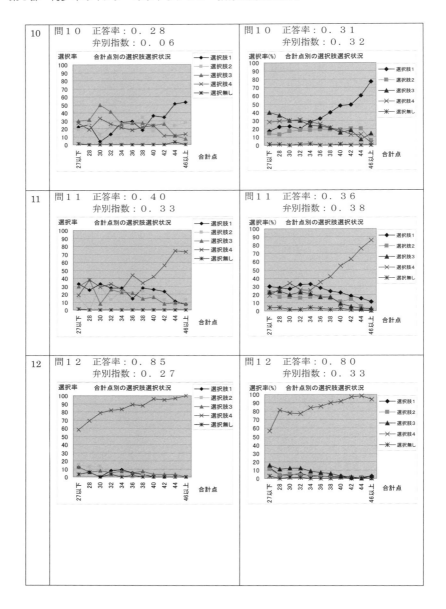

ANNEX-4

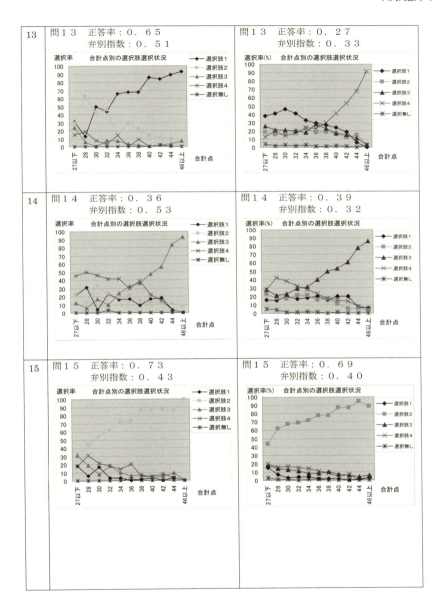

183

第Ⅰ部　青少年のインターネットリテラシー指標の開発と運用

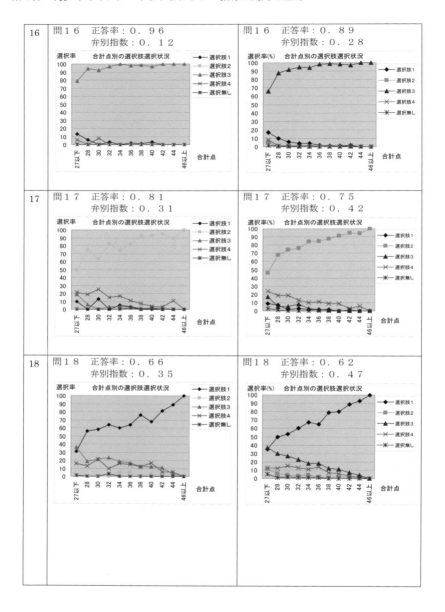

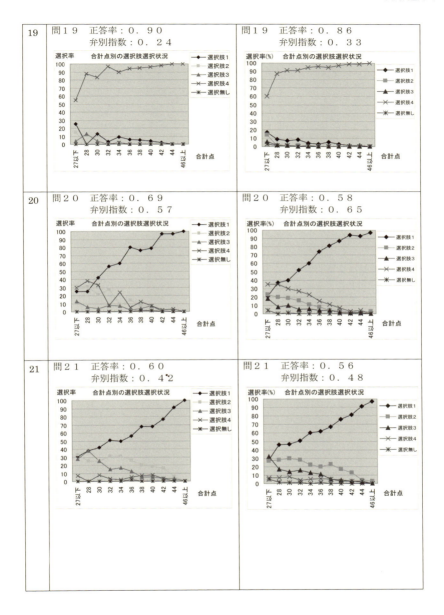

第Ⅰ部　青少年のインターネットリテラシー指標の開発と運用

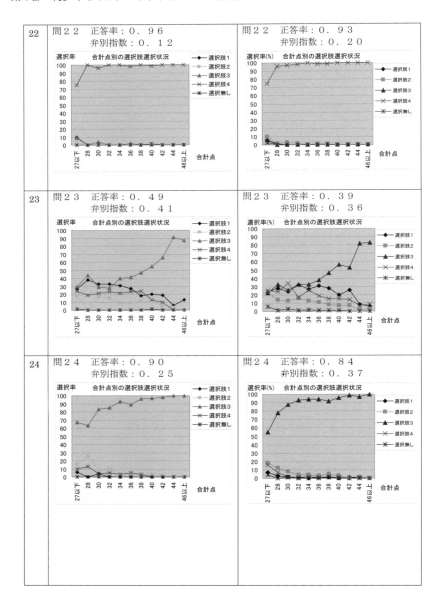

ANNEX-4

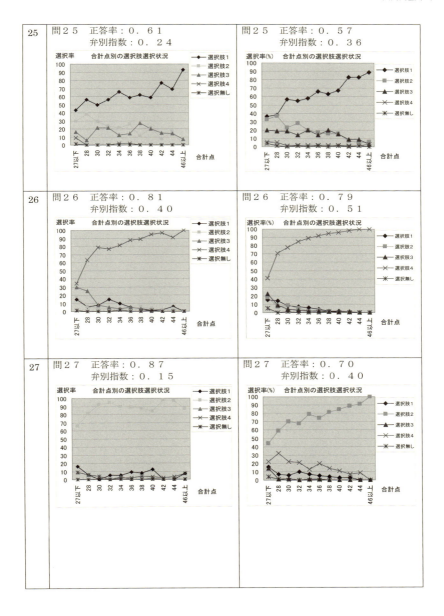

第Ⅰ部 青少年のインターネットリテラシー指標の開発と運用

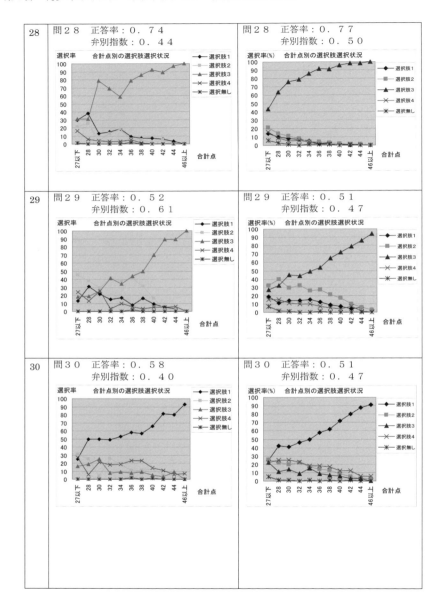

ANNEX-4

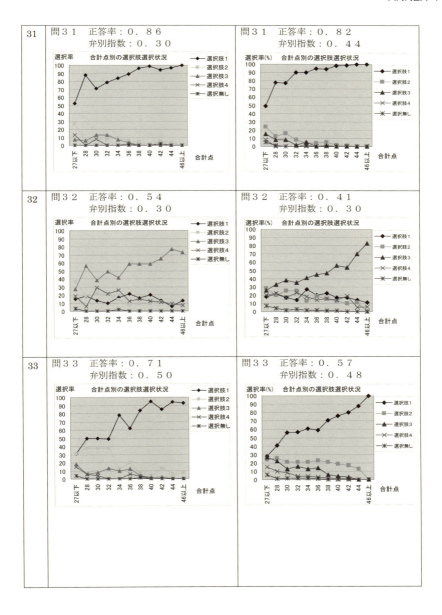

第Ⅰ部　青少年のインターネットリテラシー指標の開発と運用

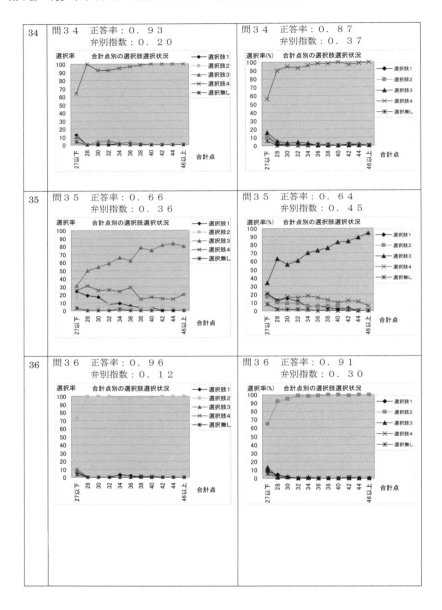

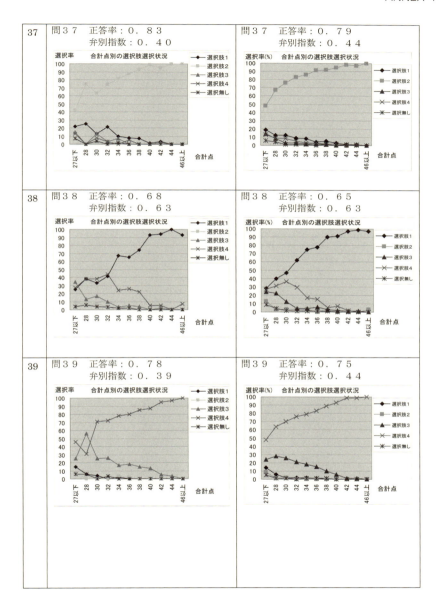

第Ⅰ部　青少年のインターネットリテラシー指標の開発と運用

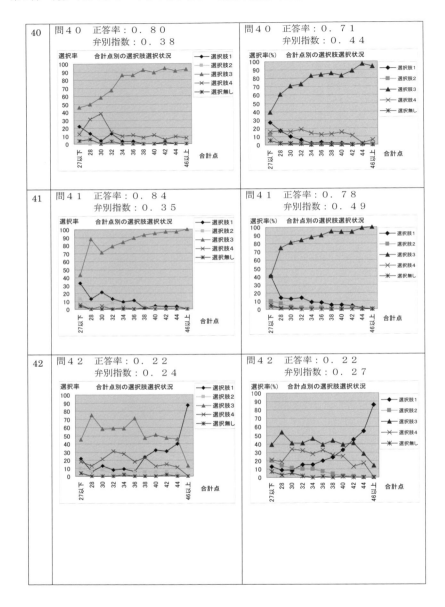

ANNEX-4

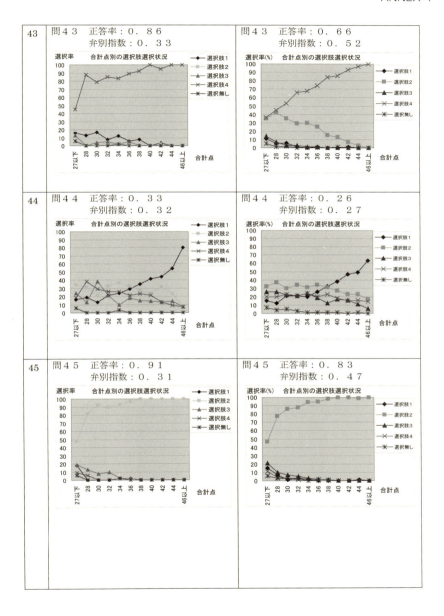

193

第Ⅰ部 青少年のインターネットリテラシー指標の開発と運用

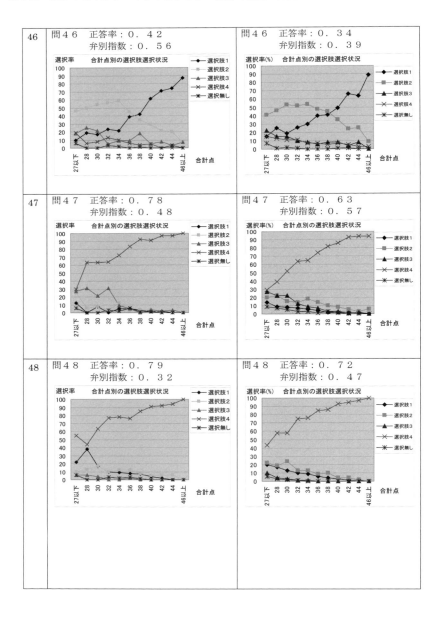

ANNEX-4

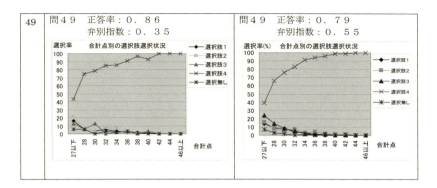

出所：本テスト集計結果をもとに著者作成

195

第Ⅱ部

ILASを基にした
インターネットリテラシーの調査研究

第Ⅱ部　ILASを基にしたインターネットリテラシーの調査研究

　第Ⅰ部では、青少年のインターネット利用から生ずる諸問題に対処するために、青少年保護政策の立場から、エビデンスに基づく政策を実現するための方策として青少年のインターネットリテラシーを評価するための指標であるILASの開発・運用・評価に関する研究の取り組みについて論じた。ILASにより、青少年のインターネットリスクに対する彼らの知識レベルが浮き彫りになったとともに、リテラシーと意識との関係、リテラシーとデバイスの利用状況との関係、リテラシーと生活環境との関係、リテラシーと保護者の関与との関係等、インターネットを利用する青少年の現状をダイナミックに可視化することができたと言えよう。

　しかし、新種のセキュリティ・リスクの発生や、新しく提供されたソーシャルサービスの利用から発生するコミュニケーション上のトラブル等、青少年を取り巻くインターネット環境は、日々変化を続けている。このことから、インターネット環境の変化に応じて、青少年保護を最適化していく必要があると言える。さらに、青少年のインターネットリテラシー向上のために提供されている啓発教育が、効果的に彼らのリスク対処に必要となる知識の習得につながっているのかを評価するために、啓発教育とリテラシーとの関係を縦断的に評価していく必要がある。

　青少年インターネット環境整備法附則第3条では、「政府は、この法律の施行後三年以内に、この法律の施行の状況について検討を加え、その結果に基づいて必要な措置を講ずるものとする」ことを規定しており、青少年保護政策の進展を定期的に評価し、そのエビデンスを基にしてさらなる保護政策の適正化を図る必要があることを規定している。このことから、青少年のインターネット環境整備の進展度合いを縦断的に評価する必要があると言える。

　第Ⅱ部第6章では、この附則第3条の目的を果たすために、ILASの縦断的調査において収集されたデータを分析し、青少年のインターネットリテラシーの進展、啓発教育の受講状況、インターネット環境の変化等を評価した。その結果から、1）学校や家庭における啓発教育の実施率は増加しているものの、家庭におけるその割合は未だ十分とは言えないこと、2）学校での啓発教育は、インターネットリテラシーを身につけさせるために寄与していること等が明らかになった。

また、インターネットを利用する青少年の保護は、青少年に対する啓発活動だけにとどまらず、保護者に対しても講じていく必要があると言える。このことから第7章では、青少年と保護者のインターネットリテラシーの比較分析を行うとともに、青少年保護政策を講じる上で必要となる保護者支援の方向性を導くための考察を行った。

　青少年と保護者の比較分析の結果から、保護者のインターネットリテラシーは、青少年よりも有意に高いということが明らかになった。また、青少年と保護者において、主に利用しているインターネット接続機器や利用アプリに違いがあることがわかった。このことから、保護者を支援するためには、保護者に対して、スマートフォン固有の問題や、アプリを使用することで直面するリスクに対する情報を提供するための啓発教育を提供していくことが必要となることを政策的な課題であるとして導き出すことができた。

第6章

青少年のインターネットリテラシーの縦断的調査

6.1 縦断的調査の必要性

　2000年以降、インターネット環境は劇的に進展し、今日我々はその恩恵を受けている。このような利益は、大人のみならず、青少年においても享受されている。しかし、青少年がインターネットを利用することは、同時にネットいじめやネット依存、見知らぬ者との接触から生ずる被害など、彼らを様々なリスクに晒すことにもなった。特に、発達段階である青少年は、そのようなリスクに対する対処能力が未発達であることから、社会的な制度として、彼らを保護する必要がある。

　このようなリスクに対して青少年を保護するために、我が国政府は2009年に「青少年が安全に安心してインターネットを利用できる環境の整備等に関する法律（以降：青少年インターネット環境整備法）」を施行した。本法の基本理念として、第3条では青少年が「インターネットを適切に活用する能力の習得」が規定されており、青少年自らインターネットのリスクに適切に対処するとともに、インターネットを適切に活用できる能力を身に付けさせることを目的としている。このような能力を青少年に身につけさせるために、第13条では学校教育や家庭教育により啓発教育を提供することができるように、国及び地方公共団体は必要な措置を講じることが定められている。また第6条では、保護者が青少年のインターネット利用に関与し、青少年のインターネット利用を保護管理する必要があることが定められている。

201

第Ⅱ部　ILASを基にしたインターネットリテラシーの調査研究

　さらに、本法附則第3条では「政府は、この法律の施行後三年以内に、この法律の施行の状況について検討を加え、その結果に基づいて必要な措置を講ずること」を規定しており、青少年保護政策の進展を定期的に評価し、そのエビデンスを基にしてさらなる保護政策の適正化を図ることを目指している。

　この、附則第3条の目的を果たすためには、青少年のインターネット環境整備の進展度合いを縦断的に評価する必要があると言える。本章では、ILASを運用して実施された縦断的調査において収集されたデータを用いて、青少年のインターネット環境整備の進展、特に啓発教育政策の浸透について評価するとともに、今後の啓発教育政策の方向性について検討することを目的とする。

6.2　OECD青少年保護勧告とインターネットリテラシー

　ここでは、インターネットを利用する青少年の保護において、政策的な立場から言及している先行研究をレビューするとともに、彼らのインターネットリテラシーを縦断的に調査分析することの意義について述べる。インターネットを利用する青少年の保護に関する研究を政策的側面から研究している先行研究としては、社会制度的側面から政府規制や民間による自主規制の社会的機能に着目する政策研究、政策の効率性を高めるためのエビデンスに基づく政策のアプローチを用いた政策研究、インターネットユーザーである青少年のリスクに対する対処能力を醸成するための啓発教育政策に関する研究等が挙げられる。

　先ず、社会制度面から青少年保護政策を考察する先行研究として、生貝（2011）の研究に着目したい。生貝は、インターネットを利用する青少年保護において、規制政策の側面から議論を展開している。生貝は、青少年保護を講じる場合、青少年有害情報に対する規制は、情報発信者の表現の自由にも抵触する恐れがあることから、政府規制による対処が困難となることを指摘している。その上で、そのような問題を回避するための方策として民間による自主規制により対処していくことが有効となることについて言及している。しかし、自主規制は、規制される側が自らを規制する構図となるため、規制政策の実行力が十分に発揮されない恐れを内包している[1]。その解決策として、共同規制を講じることにより政策の実行力を高めることが可能となることを論じている[2]。

202

第6章　青少年のインターネットリテラシーの縦断的調査

　生貝が言及する共同規制の効率性を高めるための一方策として、エビデンスに基づく政策の有効性に言及している研究として齋藤（2014）の研究が挙げられる。齋藤は、共同規制には、自主規制の実行力を高める効果が期待されるが、政府と民間の間の役割分担が不明確になるという問題を指摘している。その問題に対処する方策としてエビデンスに基づく政策を講じることにより、各ステークホルダーが担う役割の進捗度合いを可視化することが可能となり、得られたエビデンスを基に必要な政策を講じることにより共同規制の実効性を高めることが可能となることについて言及している。

　OECDでは、エビデンスに基づく青少年保護政策の施行を世界各国に求めている。OECDは、2012年に国際社会に対して青少年保護勧告（Recommendation of the Council on the Protection of Children Online）を公表している（OECD 2012a）。この勧告では、各国に対して、調査から得られたエビデンスを基にして官民の複数の政策の整合性を確保することを勧告している。そのために、青少年と保護者のインターネットリテラシーの習熟及び利用状況に関する評価結果を縦断的に実施し、政策の影響評価を定期的に実施する体制を整えることを勧告している。

　齋藤（Saito 2015）の研究では、OECDの青少年保護勧告が勧告したエビデンスに基づく政策を実現するための政策的取り組みとして、「青少年がインターネットを安全に安心して活用するためのリテラシー指標（ILAS）」の開発・調査・分析に関する研究を行っている。Saitoの研究では、開発したILASの調査で収集されたデータの分析結果から、青少年のリテラシーには地域差があり、そのようなリテラシーの差に応じた啓発教育を重点的に講じることの必要性について言及している。

　海外におけるエビデンスに基づく政策研究を見てみると、リヴィングストンら（Livingstone et al. 2012）は、EU加盟の25か国の青少年を対象として、アンケート形式による実態調査を行っている。リヴィングストンらは、調査結果を基に、青少年が直面するインターネット上のリスクとして、児童ポルノ、ネットいじめ、性的メッセージの受信、見知らぬ者との接触、有害コンテンツ、個人情報の悪用等を挙げるとともに、このようなリスクに対する政策的な取り組みとして、保護者への情報の提供、産業界からの技術的保護の実施やレポー

203

第Ⅱ部　ILASを基にしたインターネットリテラシーの調査研究

トの提供、子どもたちのデジタル市民としてのスキルの育成の必要性について言及している。

　また、バイロン（Byron 2008）は、心理学の立場から、エビデンスに基づく政策研究を実践している。バイロンは、青少年に対するインタビュー形式による質的調査の結果から、政府と民間の役割分担を明確にし、マルチステークホルダーによる協調的な政策を講じることの必要性について言及している。バイロンの指摘を受けて、イギリス情報通信局（Office of Communications）は、2008年3月に"Ofcom's Response to the Byron Review"を公表し、青少年と保護者の両者によるメディアリテラシーの向上及び、関連業界団体による自主規制の推進が重要であることを指摘している。さらに、業界団体の自主規制の方向性として、コンテンツの配信に関する規制と、ユーザーのアクセスに関する規制の2つの方策を示している（Office of Communications 2008）。

　次に啓発教育政策の立場から、青少年保護政策を研究している研究に齋藤ら（Saito et al. 2014）の研究が挙げられる。齋藤らは、日本における啓発教育が、学校教育として青少年に提供されるフォーマル教育としての啓発教育と、社会教育及び産業界が提供するノンフォーマル教育としての啓発教育の2に類型化されていることに着目するとともに、学校教育においては、インターネットに精通した教員が各学校に十分に配置されていない現状を独自調査の分析結果から明らかにしている。さらに、その現状を踏まえ、社会教育及び産業界が提供するノンフォーマル教育がフォーマル教育である学校教育を補完する役割を担う必要があることについて言及している。

　さらに、齋藤・新垣（2012）は、インターネットを利用する青少年の保護のためには、保護者の役割が重要であるにもかかわらず、保護者の年代が学生時代に学校において啓発教育を体系的に学んだ経験を有していないことから、彼らに対しては、政策的立場からノンフォーマル教育としての啓発教育を提供する機会を創出していくことが重要となることについて言及している。

　このように、先行研究では、社会制度に関する研究、啓発教育政策に関する研究やエビデンスに基づく政策の視点からの研究など、多様なアプローチから青少年保護政策に関する研究が行われてきている。

　しかし、これらの研究は、青少年インターネット環境整備法附則第3条が目

第6章　青少年のインターネットリテラシーの縦断的調査

指す縦断的な調査研究が行われたものではない。縦断的な調査結果を分析評価することで、インターネットを利用する青少年の保護政策の進展を評価することが可能となる。そこで、青少年インターネット環境整備法が目指している、青少年のインターネットを適切に活用する能力の習得の進展、学校や家庭における啓発教育の進展を縦断的に分析評価することにより、今後の啓発教育政策の方向性について検討する。

6.3　縦断的調査によるインターネットリテラシーの分析

6.3.1　縦断的に評価するための指標

　青少年のインターネットを適切に活用する能力の進展と、啓発教育政策の進展により学校や家庭における啓発教育が普及し、青少年インターネット環境整備法が目指す啓発教育政策が進展しているか否かを評価するためには、青少年のインターネットを適切に活用する能力の測定と学校や家庭における啓発教育の受講経験を縦断的に調査したデータを分析することが有効であると考えられる。

　そこで、ILASの全国調査で継続的に収集されたデータを分析することにより、啓発教育政策の進展を評価することとする。ILASは、15歳までに身につけることが望まれるインターネットリテラシーを体系的に編纂しており、リテラシーの習熟度合いを評価するためのテストからなる知識領域の測定と、被験者のインターネット利用状況や啓発教育の受講状況、安心安全利用に対する意識状況等を調査することを目的としたアンケートからなる実態領域の2つの領域を複合的に評価するための指標として開発されたものである（総務省情報通信政策研究所 2012a）。

6.3.2　縦断的分析評価に利用するデータ

　分析評価に使用するデータは、総務省が2012年度から2014年度にかけて実施した「青少年のインターネットリテラシー等」の縦断的調査で得られたデータを用いる。

　2012年度の調査では、全国23校2,937名の高校1年生を対象に調査を実施し

205

第Ⅱ部　ILASを基にしたインターネットリテラシーの調査研究

ている。2013年の調査では、全国24校3,598名を対象に調査を実施している。2014年の調査では、全国22校3,672名の被験者を対象に調査を実施している（表6.1）。調査内容は、各年度ともに、15歳青少年のリテラシーを測定するための49問からなるテスト問題群に対する回答（49問）と、インターネットの利用実態や彼らの心理的側面を調査するためのアンケート質問となっている。

表6.1：2012年度、2013年度、2014年度調査実施概要

調査年度	実施時期	実施地域	実施形式	被験者数
2012年	2012年6月～7月	日本全国：23高校 北海道地区：1校、東北地区：2校、関東地区：5校、北陸地区：2校、信越地区：2校、東海地区：3校、近畿地区：3校、中国地区：1校、四国地区：1校、九州・沖縄地区：3校	CBT（コンピュータベースドテスト）方式	2,937名（有効回答数：2,464名）
2013年	2013年5月～7月	日本全国：24高校 北海道地区：1校、東北地区：1校、関東地区：5校、北陸地区：1校、信越地区：2校、東海地区：3校、近畿地区：5校、中国地区：1校、四国地区：1校、九州・沖縄地区：4校		3,598名（有効回答数：3,512名）
2014年	2014年6月～7月	日本全国：22高校 北海道地区：1校、東北地区：1校、関東地区：5校、北陸地区：1校、信越地区：2校、東海地区：3校、近畿地区：3校、中国地区：1校、四国地区：1校、九州・沖縄地区：4校		3,672名

出所：総務省（2012a）、総務省（2013）、総務省（2014）を参照して筆者作成

　本章では、テストとアンケートで得られた、これらのデータを基に分析評価を行う。

6.3.3　縦断的調査データの分析評価の方向性

　インターネットを適切に活用する能力が進展しているかを評価するために、2012年から2014年におけるILASリテラシーテストの平均正答率の変化が統計的に有意な差があると言えるかについて分析を行う。この分析を行うことによ

り、15歳青少年のインターネットを適切に活用する能力が確率論的に有意に進展しているか否かを判断することができるであろう。

さらに、様々なリスクに対するリテラシーに対する項目別の評価を行う。ILASでは、インターネットを利用することで遭遇する恐れのある各リスクが体系的に編纂されている。ILASのリスク分類中項目では、インターネット上の違法コンテンツや有害コンテンツに適切に対処できる能力群として、「違法情報（Ⅰa)」「有害情報（Ⅰb)」に関するリスクを定めている。また、インターネットで適切にコミュニケーションできる能力群として、「不適切接触（Ⅱa)」「不適正取引（Ⅱb)」「不適切利用（Ⅱc)」を定めている。さらに、プライバシー保護や適切なセキュリティ対策ができる能力群として、「プライバシ・リスク（Ⅲa)」「セキュリティ・リスク（Ⅲb)」を定めている（表6.2)[3]。これら7つのリスク項目ごとのリテラシーの進展を統計的に明らかにすることで、どのようなリスクに対する知識が進展しているのかを評価することができるであろう。

表6.2：オンライン上のリスク分類表

大分類	中分類	小分類
Ⅰ違法・有害情報リスク	a 違法情報	1 著作権等、肖像権、犯行予告、出会い系サイト
	b 有害情報	1 公序良俗に反するような情報、成人向け情報
Ⅱ不適正利用リスク	a 不適切接触	1 誹謗中傷
		2 匿名SNS
		3 実名SNS
		4 迷惑メール
		5 アプリケーション
	b 不適正取引	1 詐欺、不適正製品等の販売
	c 不適切利用	1 過大消費
		2 依存
Ⅲプライバシー・セキュリティ・リスク	a プライバシ・リスク	1 プライバシー・個人情報の流出、不適切公開

出所：総務省情報通信政策研究所（2012a)

　学校や家庭における啓発教育の普及に関しては、ILASのアンケート部分で調査した啓発教育の受講経験及び家庭での親子の話し合いの実践状況に関する回答データを基に、2012年から2014年において啓発教育の実践が広まってい

第Ⅱ部　ILASを基にしたインターネットリテラシーの調査研究

るかについて分析を行った。この分析を行うことにより、啓発教育の学校や家庭への普及が有意に広まっているか否かを判断することができるであろう。

さらに、家庭や学校における啓発教育の経験とインターネットを適切に活用する能力との間の相関性を分析した。分析を行うことにより、啓発教育を行うことが15歳青少年のインターネットを適切に活用する能力との間に相関の関係があるか否かを検証することができよう。

これら3つの分析の観点から、2012年から2014年における啓発教育政策の進展を複合的に評価することにより、今後に向けた啓発教育政策の方向性を検討する。

6.4　縦断的調査データの分析評価

2012年度から2014年度に実施した3年分の調査データを基に、我が国15歳青少年のインターネットを適切に活用する能力の進展及び利用実態の変化を明らかにするための分析を行った。分析は、最初に、15歳青少年のリスク対処能力の評価として、ILASテストの平均正答率の変化が統計学的に有意であると言えるかについて分析した。

次に、啓発教育政策の進展を評価するための分析及び啓発教育と15歳青少年のリテラシーの習熟との関係を評価するために、学校と家庭における啓発教育の実践の推移を分析するとともに、学校と家庭における啓発教育が15歳青少年のリテラシーと相関性があるかについて分析した。

6.4.1　リテラシーテストの平均正答率の推移
①ILASリテラシーテスト総合点の推移に対する検定

総務省（2015）では、2012年から2014年におけるILASによるリテラシーテスト結果の平均正答率を比較しており、2012年において67%であった平均正答率が、2013年では68.9%、2014年では70.2%と上昇傾向にあることを報告している。そこで、このリテラシーの上昇傾向は、統計的にも担保できるのかを検討するために分散分析を行った。分散分析の結果は、$F_{(2, 9644)} = 2.997$, $p < .001$となり、統計的にもリテラシーが有意に上昇していると言える。さら

208

第6章　青少年のインターネットリテラシーの縦断的調査

に、リテラシーの上昇傾向の度合いを明らかにするために、2012年の正答率を100とした場合の2014年の変化率を算出したところ、変化率は4.8％となった（表6.3）。

このことから、15歳青少年のインターネットを適切に活用する能力は上昇傾向にあり、インターネットリスクに対する知識が徐々に深まっていると考えられる。

表6.3：ILASにおける平均正答率の推移（2012〜2014年度）

年度	標本数	平均正答数	平均正答率（%）	標準偏差
2012	2,463	32.8	67.0	8.26
2013	3,512	33.7	68.9	7.33
2014	3,672	34.4	70.2	6.96

②各リスク分類における平均正答率の推移に対する検定

次に、ILAS定義リスト中分類に定めた7つのリスク項目（表6.2）における平均正答率の推移をみていくことにより、どのようなインターネットのリスクに対する知識が統計的に進展していると言えるかについて検討していく（表6.4）。ILASリスク分類大項目Ⅰ違法・有害情報の下部層である中項目に定められた違法情報（Ⅰa：著作権等、肖像権、犯行予告、出会い系サイト等）をみてみると、2012年の平均正答率が75.5％であったのに対し、2014年では76.1％と、わずかな上昇が見られた。しかし、分散分析を行ったところ、$F_{(2, 964)} = 2997$, $p > .05$となり、統計的にはリテラシーの習得状況に変化があったとは言えない結果となった。一方、有害情報（Ⅰb：公序良俗に反するような情報、成人向け情報）においては、2012年の平均正答率が66％、2014年は67.5％、変化率が2.3％となりわずかながらではあるがリテラシーが向上していた。分散分析を行ったところ、$F_{(2, 964)} = 2997$, $p < .001$となり、統計的にリテラシーの進展があったと言える結果を得た。

リスク分類の大項目Ⅱ不適正利用リスクに分類される不適切接触（Ⅱa：誹謗中傷、匿名SNS、実名SNS、迷惑メール、アプリケーション）をみてみると、2012年の平均正答率が71.7％であるのに対して、2014年には78.3％、変化

209

第Ⅱ部　ILASを基にしたインターネットリテラシーの調査研究

表6.4：各リスクカテゴリにおける正答率の推移と変化率

カテゴリ	年度	標本数	平均正答数	平均正答率(%)	標準偏差	変化率（%）(2012年=100)	p値
	2012	2,463	5.29	75.5	1.44		
1a	2013	3,512	5.34	76.3	1.36	0.80	n.s
	2014	3,672	5.33	76.1	1.31		
	2012	2,463	4.62	66.0	1.36		
1b	2013	3,512	4.77	68.2	1.24	2.32	＊＊＊
	2014	3,672	4.73	67.5	1.19		
	2012	2,463	5.02	71.7	1.59		
2a	2013	3,512	5.28	75.4	1.44	9.16	＊＊＊
	2014	3,672	5.48	78.3	1.37		
	2012	2,463	3.86	55.1	1.53		
2b	2013	3,512	3.99	57.0	1.46	6.47	＊＊＊
	2014	3,672	4.11	58.7	1.46		
	2012	2,463	5.24	74.9	1.58		
2c	2013	3,512	5.40	77.1	1.44	5.82	＊＊＊
	2014	3,672	5.55	79.3	1.41		
	2012	2,463	4.65	66.4	1.64		
3a	2013	3,512	4.74	67.7	1.48	3.78	＊＊＊
	2014	3,672	4.82	68.9	1.45		
	2012	2,463	4.17	59.5	1.55		
3b	2013	3,512	4.27	61.0	1.46	5.62	＊＊＊
	2014	3,672	4.40	62.9	1.44		

率9.2%とリテラシーの習得状況に大きな変化があった。分散分析を行ったところ、$F_{(2, 964)} = 2997$, $p<.001$ となり、統計的にリテラシーの進展があったと言える結果を得た。また、不適正取引（Ⅱb：詐欺、不適正製品等の販売）をみてみると、2012年の平均正答率が55.1%であったのに対し2014年は58.7%、変化率6.47%となった。分散分析を行ったところ、$F_{(2, 964)} = 2997$, $p<.001$ となり、不適正取引においても統計的にリテラシーの進展があったと

210

第6章　青少年のインターネットリテラシーの縦断的調査

言える結果を得た。さらに、不適切利用（Ⅱc：過大消費、依存）をみてみると、2012年の平均正答率が74.92%、2014年では79.3%、変化率5.8%となった。分散分析を行ったところ、F（2, 964）= 2997, p<.001となり、不適切利用においても統計的にリテラシーの進展があったと言える結果を得た。

　リスク分類表の大項目Ⅲプライバシー・セキュリティ・リスクの中項目に分類されているプライバシー・リスク（Ⅲa：プライバシー・個人情報の流出、不適切公開）においては、2012年の平均正答率が66.4%、2014年には68.9%、変化率3.8%となった。分散分析を行ったところ、F（2, 964）= 2997, p<.001となり、統計的にリテラシーの進展があったと言える。さらに、セキュリティ・リスク（Ⅲb：不正アクセス、なりすまし、ウイルス）をみてみると、2012年の平均正答率が59.5%、2014年では62.9%、変化率が5.6%となった。分散分析を行ったところ、F（2, 964）= 2997, p<.001となり、セキュリティ・リスクにおいても統計的にリテラシーの進展があったと言える結果を得た。

6.4.2　学校における啓発教育経験に関する分析

　次に、そのようなリテラシーの上昇は啓発教育政策の進展と関係性を持つのかについて分析評価する必要があると言えよう。この課題を明らかにするために、本節では、学校における啓発教育経験の推移と、その啓発教育の機会数とリテラシーとの相関を分析することとする。

①学校における啓発教育経験の推移

　学校における啓発教育経験の推移の分析として、2012年から2014年の各年度の調査において、「インターネットの危険について学校で教えてもらった」と回答した15歳青少年の推移を分析した。受講経験数は、2012年において89.1%であったのに対して、2014年では92.7%まで増加した。分散分析を行ったところ、F（2, 8736）= 2.997, p<.001となり、統計的にも有意に増加していると言える。2012年を0とした場合の増加率を見てみると4%増加してあることがわかった（表6.5）。

　これらの結果から、学校における啓発教育の受講機会は増加していると判断することができる。

211

第Ⅱ部　ILASを基にしたインターネットリテラシーの調査研究

表6.5：学校における啓発教育受講経験の推移

年度	被験者数	受講経験率 (%)	標準偏差	増加率 (2012年＝100％)	p値
2012	2,108	89.1	0.31		
2013	3,037	89.5	0.31	4.0	＊＊＊
2014	3,594	92.7	0.27		

　次に、2012年から2014年の啓発教育における通常授業と特別授業の受講経験の割合を分析した。その結果、通常授業による啓発教育の受講経験は、2012年において50.8％であり、2013年おいて47.1％に下がっているものの、2014年では75.3％まで増加している。それに対して、特別授業の受講経験の割合を見てみると、2012年において37.6％であったのに対して、2014年では17.1％に減少している。さらに、啓発教育の未受講者の割合の推移を見てみると、2012年において10.9％であった未受講者が、2014年では7.5％に減少している（表6.6）。

表6.6：学校における啓発教育の受講形態の推移

年度	被験者数	通常授業（％）	特別授業（％）	その他（％）	未受講（％）
2012	2,108	50.8％	37.8％	0.5％	10.9％
2013	3,037	47.1％	41.2％	1.2％	10.5％
2014	3,594	75.3％	17.1％	0.1％	7.5％

（回答は複数回答式によるものである）

　これらの分析の結果から、学校における啓発教育の実践は、通常授業による提供の割合が増加していることがわかった。通常授業での実施は、学校における教科科目に啓発教育が組み込まれていることを意味することから、学校における啓発教育の実施体制が進展しているものと考えられる。

②学校における啓発教育の機会数と正答数との相関

　次に、啓発教育の機会数とリテラシーとの間の相関を分析した。2014年度のデータを基に、複数回答方式で得られた各授業形式（通常授業、特別授業）

第6章　青少年のインターネットリテラシーの縦断的調査

に対する回答に対して各1点を配点し、リテラシーテストの正答数との相関係数を算出した。分析の結果、相関係数はr = 0.25となり、弱いながらも正の相関がみられた（表6.7）。

このことから、学校における啓発教育の機会数と、15歳青少年のリテラシーは相関的にあると言える。

表6.7：学校における啓発教育の機会数と正答数との相関表

	受講数	正当数
受講数	1	
正当数	0.25	1

6.4.3　家庭における啓発教育経験に関する分析

①家庭における啓発教育経験の推移

家庭における啓発教育の実践を評価するために、ILASのアンケートに対する回答を基に分析を行った。まず、家庭における親子の話し合いについて、「よく話し合っている（4点）」「時々話し合っている（3点）」「あまり話し合ったことがない（2点）」「話し合ったことがない（1点）」と配点し、4件法による評価を行った。4件法評価の結果から、2012年での評点が2.15であるのに対し、2014年では2.45に評点が向上している。2012年のデータと2014年のデータをマンホイットニーのU検定によって検定を行ったところp<.001となり、統計的にも有意に家庭での話し合いの評点が向上したと言える。

次に、「よく話し合っている」「時々話し合っている」を親子の話し合いの実践群とし、「あまり話し合ったことがない」「話し合ったことがない」を非実践群として、家庭における話し合いの実践率を算出したところ、2012年においては、33.4%であった実践率が、2014年においては、50.4%に上昇しており、その変化率は50.9%となった（表6.8）。しかし、いまだ実践率が50.4%であるという状況は、家庭における啓発教育が十分に浸透しているとは言いがたい。

これらの分析結果から、家庭における啓発教育の取り組みは進展傾向にあるが、更なる浸透が必要であると言える。

213

第Ⅱ部　ILASを基にしたインターネットリテラシーの調査研究

表6.8：家庭における話し合いの４件法評点と実践率

年度	4件法評価	話し合いの実践率（%）	変化率（%）
2012	2.15	33.4	50.9
2013	2.26	39.7	
2014	2.45	50.4	

②家庭における啓発教育機会数と正答率との相関

　次に、家庭における啓発教育の取り組みと15歳青少年のリテラシーの向上との間の関係性を検討するために、両者の間における相関係数を算出した。家庭での話し合いに対する４件法の評点数と、リテラシーテストの正答率との間の相関を分析したところ、r＝0.11となった（表6.9）。この結果から、両者には相関関係にあるとは言えないことがわかった。

表6.9：家庭における啓発教育の機会数と正答数との相関表

	話し合い	正当数
話し合い	1	
正当数	0.11	1

6.5　分析結果を踏まえた青少年保護政策の評価と課題

　次に、前節で行った分析の結果を踏まえて、ここでは青少年インターネット環境整備法が目指す啓発教育政策の進展を評価するとともに、今後の政策の方向性について検討する。

　青少年インターネット環境整備法第3条では、法の基本理念として青少年の「インターネットを適切に活用する能力」の習得を掲げている。本章の分析では15歳青少年のインターネットを適切に活用する能力が統計的に進展していることを明らかにした。さらに、各リスク項目におけるリテラシーの進展を見てみると、違法情報（Ⅰa）を除く6つのリスク項目においてリテラシーの進展が見られ、それを裏付ける検定の結果でも有意に差があると言える結果となった。特にリテラシーの変化率が大きかったリスク項目としては、不適切接触

214

第6章　青少年のインターネットリテラシーの縦断的調査

（Ⅱa：誹謗中傷、匿名SNS、実名SNS、迷惑メール、アプリケーション）の変化率が9.16%、不適正取引（Ⅱb：詐欺、不適正製品等の販売）の変化率が6.47%、不適切利用（Ⅱc：過大消費、依存）の変化率が5.82%と、特にインターネットで適切にコミュニケーションできる能力に関するリテラシーの進展が顕著であることを統計的に示すことができた。

　これらのことから、15歳青少年のインターネットを適切に活用する能力は上昇傾向にあると評価でき、啓発教育政策の効果が現れてきていると考えられる。

　次に、青少年に啓発教育を提供する側である学校及び家庭での実践を評価したい。第13条では、青少年がインターネットを適切に活用する能力を習得することができるように、学校教育及び啓発教育の推進に必要な施策を講ずることが定められている。学校による啓発教育の実践に関する分析結果では、学校において啓発教育の提供が増加しているという結果を得た。さらに、その教育の提供形式も通常授業での提供が上昇傾向にあり、このことから、学校における啓発教育の実施体制が進展しているものと考えられる。よって、第13条の目的のひとつである学校教育での啓発教育は、政策的に進展していると言える。

　次に家庭における啓発教育に関する分析結果を見てみると、家庭における啓発教育の取り組みにおいても上昇傾向にあるという結果を得ることができた。しかし、啓発教育の実践が上昇傾向にあるとは言え、2014年の実践状況が50.4%となっており、決して実践率が高い状況にあるとは言えない。特に、第6条では保護者に対して、青少年のインターネットを適切に活用する能力の習得を促進させることが課されている。第13条の目的を果たすためにも、政策的な取り組みとして家庭における啓発教育の実践をさらに進展させる必要があると言える。

　次に、第3条が目指すインターネットを適切に活用する能力を効果的に醸成するための啓発教育を検討するために、啓発教育の経験とリテラシーの習熟との関係を検討したい。学校における啓発教育の受講経験機会の数と彼らのリテラシーテストの正答率との間の相関分析の結果では、両者の間には、弱いながらも正の相関があることを示すことができた。一方、家庭教育として保護者と

215

第Ⅱ部　ILASを基にしたインターネットリテラシーの調査研究

の話し合いの頻度と彼らのリテラシーテストの正答率との間の相関分析の結果では、両者の間には、相関性があるとは言えないという結果となった。これらのことから、インターネットを適切に活用する能力を取得させるためには、学校で啓発教育を行うことが効果的であると言える。

　上記の論点を総括すると、青少年インターネット環境整備法の第13条の目的に対しては、学校教育において、進展が見られるとともに、通常授業においてインターネットを適切に活用する能力を習得するための教育機会の整備が進んでいると言える。一方、家庭教育においても、啓発教育を実践する家庭が上昇傾向にあるものの、その浸透はいまだ十分ではなく、家庭教育を行き渡らせるための政策を講じる必要がある。この保護者への政策的アプローチは、第6条の保護者の責務の目標を果たすためにも重要となる取り組みであると言える。さらに、第3条が目指すインターネットを適切に活用する能力の習得を効果的に講じるためには、学校教育が果たす役割が大きいと言える。学校による啓発教育の実践をさらに普及させていくためにも、政策執行機関である国及び地方自治体が、学校組織とさらに連携を深めることは有効な手段であると考える。

6.6　これからの啓発教育政策

　本章では、青少年インターネット環境整備法の本法附則第3条が目指す、インターネットを利用する青少年の保護政策の進展の縦断的な評価を実施するために、特に啓発教育政策の進展に着目して分析を行った。15歳青少年に対する縦断的調査のデータを基にした分析評価の結果から、15歳青少年のインターネットリテラシーが進展していること、学校及び家庭における啓発教育の普及が広がっていることを示すことができた。しかしその一方で、家庭教育においてはその広がりが十分であるとは言えず、保護者の責務の観点からも、さらに家庭教育を広めていく施策が必要であることを認識することができた。さらに、インターネットを適切に活用する能力の習得には、学校教育が大きな役割を果たしていると言え、本条の目的を果たすためにも、政策執行機関はさらに学校機関との連携を強める必要があることを主張した。

216

第6章　青少年のインターネットリテラシーの縦断的調査

　しかし、青少年を取り巻くインターネット環境は、日々刻々と変化している。そのような環境変化に応じた啓発教育を講じることは、今後に課された課題であると言える。この課題に関しては、引き続き研究を進めていきたい。

注

(1) ゴッディン（Goggin, 2009）も自主規制の執行力の問題を指摘しており、自主規制を機能させるためには、自主規制の意思決定組織において強力なリーダーシップが求められると論じている。

(2) Ofcom（2008）は、共同規制は「自主規制と法的規制の2つの要素を併せもち、現実の問題の解決に向けて政府機関と産業界が共同で対処する社会的スキームであり、政府や規制当局が望ましい目標を達成するために法的な最後の砦として権限をもつ規制制度」であると定義づけている。

(3) 策定したILAS定義項目及びスキル数は2012年3月末時点のものである。この定義策定後、通信環境の変化や青少年保護問題の変化に対応すべく、2015年3月には、定義リストを改修し、ILAS定義項目に定義されているスキルは307となっている（齋藤　2015）。

217

第7章

青少年と保護者のインターネットリテラシーの比較分析

7.1 保護者のインターネットリテラシー測定の必要性

　青少年のインターネットの適切利用のためには、保護者が家庭において青少年を効果的に保護指導できるための知識や能力を身につける必要があると言える。このことから、保護者を支援するための方策として、保護者向けの啓発教育は政策上の課題と言える。齋藤・新垣（2012）は、インターネットを利用する青少年の保護のためには、保護者の役割が重要であるにもかかわらず、保護者の年代が学生時代に学校において啓発教育を体系的に学んだ経験を有していないことから、彼らに対しては、政策的立場からノンフォーマル教育としての啓発教育を提供する機会を創出して行くことが重要となることについて言及している。また、斎藤ら（Saito et al. 2014）は、我が国における啓発教育は、学校教育として青少年に提供されるフォーマル教育と社会教育として産業界が提供するノンフォーマル教育の2形態に類型化されることを明らかにした上で、保護者に対する教育の機会としてノンフォーマル教育を提供してゆくことの重要性について言及している。

　齋藤・新垣が指摘するように、青少年の保護を効果的に行うためには、保護者をエンパワーすることが必要であり、そのためには保護者のインターネットリスクへの対処能力を踏まえた上で、彼らを支援することが必要となると考えられる。しかし、先行研究において、保護者のインターネットのリスク対処能力を調査した研究は行われておらず、彼らがどの位のリテラシーを有しているかは、これまで明らかにされてきていなかった。

第Ⅱ部　ILASを基にしたインターネットリテラシーの調査研究

　そこで本章では、青少年と保護者のインターネットリテラシーを比較分析し、その結果を基にして保護者支援の方向性を検討する。このような、青少年と保護者のリテラシーの習熟レベルを踏まえた青少年保護政策に関する研究は、他に見られない国内初の研究である。

7.2　青少年と保護者のインターネットリテラシーの分析の方向性

7.2.1　青少年と保護者のリテラシーの分析評価に使用する指標

　インターネットを利用する青少年の保護を効果的に講じるためには、青少年と保護者のインターネットを適切に活用する能力の測定と分析を行うことが必要となる。そのため、安心ネットづくり促進協議会では、2014年に青少年と保護者のインターネットリテラシーを評価するための指標である「安心協ILAS」を開発した。本章では、この指標を用いた全国調査のデータを分析することにより、青少年と保護者のインターネットリテラシーを評価するとともに、今後の保護者支援の政策的方向性を検討する。

　安心協ILASは、2012年に総務省の青少年のインターネットリテラシー指標であるILASのフレームワークを基にして、青少年と保護者のリテラシーの比較分析を実現するために再構築した指標である[1]。安心協ILASは、総務省が開発したILASのインターネットのリスク分類表を基に、そこから導き出されたリスク回避に必要とされるリテラシーを測定するための知識を体系的に編纂した指標である。

　安心協ILASでは、「インターネット上の違法コンテンツや有害コンテンツに適切に対処できる能力」「インターネットで適切にコミュニケーションできる能力」「プライバシー保護や適切なセキュリティ対策ができる能力」の各能力が定められており、これらのインターネット上のリスクを大項目3分類（違法・有害情報リスク、不適正利用リスク、プライバシー・セキュリティ・リスク）、中項目7分類、小項目13分類に分類しており、それぞれのリテラシーの習熟度合いを評価するための、21問のテストから構成されている（表7.1）。

220

第7章　青少年と保護者のインターネットリテラシーの比較分析

表7.1［1/4］：安心協ILASのリスク分類カテゴリとテキストアイテムとの対応

設問	カテゴリ	内容	問題文
問1	2c	ゲームの利用時間に対する配慮	オンラインゲームには24時間いつでもネット上で仲間等を見つけて、その仲間と楽しむことが出来るが、この機能を利用する際の対応として、最も適切なものはどれか。 □1. ゲームの中の仲間とは本当の意味でつながっているので、信頼して問題ない □2. ゲーム中に、食事などで中断してはチームの仲間に悪いので抜けないようにする □3. ネットにつなぐ際は、ゲームをする時間をやる前に決めておく □4. 言葉や内容の意味がわからない
問2	1b	フィルタリング設定の必要性	18歳未満が携帯ゲーム機を利用する際に気を付けることとして、最も適切なものはどれか。 □1. 携帯ゲーム機であれば個人情報がネットに流れる心配はない □2. 携帯ゲーム機でネット接続する時はフィルタリングを設定するべきである □3. 携帯ゲーム機のネットワークは子供用に設計されているので安全である □4. 言葉や内容の意味がわからない
問3	1a	違法ダウンロード：著作権侵害	レコード会社等が認めたものではないと思ったが、無料と宣伝しているサイトから音楽をダウンロードした。説明として適切なものはどれか。 □1. 個人で楽しむだけなので、著作権の侵害にはならない □2. 無料でダウンロードした音楽ならば、自分のサイトで公開しても問題はない □3. 違法であると知っていた場合は、著作権の侵害になる □4. 言葉や内容の意味がわからない
問4	2a	ネットいじめに対する理解	ネットにおけるいじめに関する説明として、最も適切なものはどれか。 □1. ネット上でも、いじめが犯罪になる可能性がある □2. ネット上では、匿名で書き込めば特定されないので悪口を言うこともできる □3. ネット上で知らないうちに自分が加害者になってしまう可能性はない □4. 言葉や内容の意味がわからない
問5	3a	アプリに対する理解	スマホで使用するアプリの説明の中には、個人情報を外部に送信するアプリもある。この説明として、最も適切なものはどれか。 □1. ダウンロードする前にアクセス許可設定などを確認したほうが良い □2. 無料でも役に立つアプリが多いので、すべて利用して問題ない □3. アプリマーケット上のアプリは信頼性・安全性は高いので安心して良い □4. 言葉や内容の意味がわからない

221

第Ⅱ部　ILASを基にしたインターネットリテラシーの調査研究

表7.1［2/4］：安心協ILASのリスク分類カテゴリとテキストアイテムとの対応

設問	カテゴリ	内容	問題文
問6	3a	撮影と掲載許可	友人3人の集合写真をブログに紹介したいと思っている。その時の対応として、適切なものはどれか。 □1. 自分が撮影した写真であれば、友人の許可は取らなくて良い □2. 写っている友人全員の許可を取るべきである □3. 横顔の写真ならば、友人の許可はいらない □4. 言葉や内容の意味がわからない
問7	3b	歩きスマホに関する理解	歩きスマホや自転車運転中のスマホ利用は大変危険とされているが、事故防止の観点で、最も適切なものはどれか。 □1. 歩きスマホをする時は、人通りが少ないところを選んで歩く □2. 操作をすることは控え、歩きながら画面を確認することだけに留める □3. 自転車を運転中にスマホを使用すると法で罰せられることもある □4. 言葉や内容の意味が分からない
問8	1b	ID交換掲示板に対する理解	高校生がコミュニケーションアプリのID交換掲示板を利用する場合に当てはまるものとして、最も適切なものはどれか。 □1. 掲示板の書き込みは相手がどんな人か分からず、犯罪を企てる人もいる可能性があるので、気軽に利用すべきではない □2. 単にIDを交換するだけなので、特に注意の必要はない □3. こういった掲示板では必ずウィルスに感染するため危険である □4. 言葉や内容の意味がわからない
問9	1a	歌詞の著作権に対する理解	大好きなアーティストの歌詞を個人のSNSに掲載した。この行為の説明として、最も適切なものはどれか。 □1. 歌詞の一部を掲載するのであれば、全く問題はない □2. いくら好きなアーティストでも無断で掲載するのは違法である □3. 全体公開ではなく、仲のいい友人のみに公開をしたので問題はない □4. 言葉や内容の意味がわからない
問10	2c	ゲーム課金の対応と知識	ネット上のゲーム課金について、適切なものはどれか。 □1. 無料と記載してあるゲームであれば、一切お金が掛かることはない □2. 年齢によっては、上限金額が定められているものがある □3. ゲーム内のコインは使わなくなった場合、返金される □4. 言葉や内容の意味がわからない
問11	1a	出会い系サイト規制法の理解	次の中で法律上、18歳未満の【書き込みが禁止されている】ものはどれか。 □1. 異性との出会いを目的とするサイトでの交際相手募集 □2. 酒やタバコの広告についての意見 □3. コミュニケーションアプリでの自己紹介 □4. 言葉や内容の意味がわからない

222

第7章　青少年と保護者のインターネットリテラシーの比較分析

表7.1 [3/4]：安心協ILASのリスク分類カテゴリとテキストアイテムとの対応

設問	カテゴリ	内容	問題文
問12	2c	ネット依存に対する理解	ネットにのめり込んでしまうと「ネット依存」と呼ばれる症状に陥ることがある。この「ネット依存」の症状として、最も適切なものはどれか。 □1. 友人からメールが来ても直ぐに返信しない □2. 携帯電話のアドレス帳にたくさんの人を登録している □3. ゲームやチャットに夢中になり、やめられないことが多い □4. 言葉や内容の意味がわからない
問13	2a	揉め事があった際の対応	コミュニケーションアプリでのやり取りで、昔の友人とささいなことでもめてしまった。その際に、最も適切な対応はどれか。 □1. 保護者に相談する □2. ネットで知り合った人と実際に会ってやり取りのテクニックを聞いてみる □3. 腹いせにその友人の悪口をネットに書き込む □4. 言葉や内容の意味がわからない
問14	1b	環境整備法に対する理解	次の中で、法律で定められているものはどれか。 □1. 高校生は自分で判断して、段階的にフィルタリングをゆるめても良い □2. 保護者は青少年がインターネットを適切に活用する能力を習得させることに努めなければならない □3. 保護者名義でスマホを購入する場合に限り、利用者が18歳未満であっても利用者や年齢を伝える必要はない □4. 言葉や内容の意味がわからない
問15	3a	掲示板への対応	自分が秘密のつもりで送ったメールが掲載されているサイトの書き込みを消すために、取るべき行動として最も適切なものはどれか。 □1. 先生や保護者に相談する。 □2. 本人であることを明確にするために氏名・住所等を明示して掲示板上で削除依頼をする。 □3. 書き込みをした犯人を捜すために、友人に協力を頼むメールを送る □4. 言葉や内容の意味がわからない
問16	2b	不正請求への対応	スマホを使っていて間違ってリンクをクリックしてしまったら、『このページを見た人は有料です。至急5千円をお支払い下さい。』という画面になった。この際に、最も適切な対応はどれか。 □1. 請求には応じないことを画面の連絡先にメール等で伝える □2. お金を用意して期限までに支払う □3. 無視すれば良いが、心配であれば家族に相談する □4. 言葉や内容の意味がわからない

223

第Ⅱ部　ILASを基にしたインターネットリテラシーの調査研究

表7.1 [4/4]：安心協ILASのリスク分類カテゴリとテキストアイテムとの対応

設問	カテゴリ	内容	問題文
問17	2a	不適切投稿リスクの理解	友人が他人の土地に勝手に立ち入って悪ふざけをしているところをあなたが撮影してネットに公開した。生じるリスクとして起こりうるものはどれか。 □1. 仲の良い友人であればネットで公開されることを気にしないので問題ない □2. 友人だけでなく自分にも、損害賠償を請求される可能性がある □3. 見ている人が少なければ気にする必要はない □4. 言葉や内容の意味がわからない
問18	2b	クレカの使用者範囲の理解	ネットで商品を購入する際の、保護者名義のクレジットカード利用の説明として、適切なものはどれか。 □1. 満12歳以上の子供なら使ってもよい □2. 夫婦のあいだなら、共有して使っても良い □3. 名義の保護者自身しか使ってはいけない □4. 言葉や内容の意味が分からない
問19	3b	セキュリティソフトの知識	スマホのセキュリティ対策ソフトを利用することで、対応できることはどれか。 □1. 不正なアプリの監視 □2. アプリの新規インストールの禁止 □3. Wi-Fiを利用したインターネット接続の禁止 □4. 言葉や内容の意味がわからない
問20	2b	怪しげな儲け話への対応	インターネット上で自分のIDとパスワードを他人に教えるだけで簡単にお金がもらえる方法があると友人から聞いた。次の中で適切なものはどれか。 □1. もらえる金額が高額であれば、やってみてもいい □2. もらえる金額が少額であれば、問題はない □3. いくらお金がもらえるとはいえ、他人にIDやパスワードを教えてはいけない □4. 言葉や内容の意味が分からない
問21	3b	ウィルス感染に対する理解	コンピュータウィルスのネット上の感染経路の説明として、最も適切なものはどれか。 □1. ネットを通じていても友人から受け取っているのなら感染しない □2. ホームページを見ただけでウィルス感染することもある □3. PCではウィルスが多く出回っているが、スマホのウィルスはない □4. 言葉や内容の意味がわからない

出所：安心協ILASテスト中高生・保護者向けテストを基に著者作成（参照：http://www. good-net. jp/investigation/working-group/2017/090-1633. html）

第7章　青少年と保護者のインターネットリテラシーの比較分析

7.2.2　分析評価に利用するデータ

　分析評価において使用したデータは、2015年度の調査で得られたデータを使用している。被験者サンプルは、日本全国から収集されており、保護者は東北地方4地域、関東地方2地域の1,327人（有効回答：1,261）、高校生は東北地方1地域、関東地方1地域，関西地方1地域の365人（有効回答：350）、中学生は関東地方1地域、東海地方1地域の601人（有効回答：560）の計2,293人（有効回答：2,171）のデータが収集されている（表7.2）。

表7.2：2015年度安心協ILAS調査実施概要

実施時期	2015年9月1日～2016年1月30日
実施地域	保護者：東北地方4地域、関東地方2地域
	高校生：東北地方1地域、関東地方1地域、関西地方1地域
	中学生：関東地方1地域、東海地方1地域
被験者数	保護者：1,327（有効回答：1,261）
	高校生：365（有効回答：350）
	中学生：601（有効回答：560）

出所：安心ネットづくり促進協議会（2014）

7.2.3　縦断的調査データの分析評価の方向性

　ここでは、青少年と保護者のインターネットリテラシーを評価するために、リテラシーテストの平均正答率の比較分析を行う。この分析を行うことにより、青少年と保護者のインターネットリテラシーに差が有るか否かを判断することができるであろう。

　さらに、様々なリスクに対するリテラシーに対する項目別の評価を行う。安心協ILASでは、インターネットを利用することで遭遇する恐れのある各リスクが体系的に編纂されている。安心協ILASのリスク分類中項目では、インターネット上の違法コンテンツや有害コンテンツに適切に対処できる能力群として、「違法情報（Ⅰa）」「有害情報（Ⅰb）」に関するリスクを定めている。また、インターネットで適切にコミュニケーションできる能力群として、「不適切接触（Ⅱa）」「不適正取引（Ⅱb）」「不適切利用（Ⅱc）」を定めている。さ

225

第Ⅱ部　ILASを基にしたインターネットリテラシーの調査研究

らに、プライバシー保護や適切なセキュリティ対策ができる能力群として、「プライバシ・リスク（Ⅲa）」「セキュリティ・リスク（Ⅲb）」を定めている（表7.2）。これら七つのリスク項目ごとのリテラシーの進展を統計的に明らかにすることで、どのようなリスクに対する知識を習得しているのか、その習熟度合いは中高生と保護者の間において差異があるのかについて評価することができるであろう。

7.3　リテラシーテストの分析評価

7.3.1　青少年と保護者のリテラシーの分析評価に使用する指標
①保護者と中高生の平均正答率と検定結果

　安心協ILASの21問全体のテストの正答率の平均値について、保護者、高校生、中学生を比較したところ、保護者90.6％、高校生83.1％、中学生81.2％と、保護者が最も高く、次いで高校生、中学生の順になった。クラスカル・ウォリス検定（Kruskal-Wallis Test）を行ったところ、21問全体の正答率のp値はp<0.01となり、有意な差が見られた（表7.3）。

表7.3：安心協ILASテストの平均正答率と検定結果（正答率平均値）

	保護者 (n = 1,261)	高校生 (n = 350)	中学生 (n = 560)	p値
正答率（21問全体）	90.6	83.1	81.2	＊＊
正答率1a違法情報への対応	77.0	73.3	70.7	＊＊
正答率1b有害情報への対応	90.6	77.5	77.9	＊＊
正答率2a適切なコミュニケーション	96.2	89.9	88.4	＊＊
正答率2b適切な商取引	96.8	87.3	83.0	＊＊
正答率2c料金や時間の浪費への配慮	87.2	82.7	83.1	＊
正答率3a適切なプライバシー保護	95.4	85.7	86.7	＊＊
正答率3b適切なセキュリティ対策	89.4	81.9	76.2	＊＊

　次に、各リスク中項目における正答率を見てみたところ、7つのリスク中項目すべてにおいても、保護者正答率が青少年の正答率よりも高いという結果を

226

第7章　青少年と保護者のインターネットリテラシーの比較分析

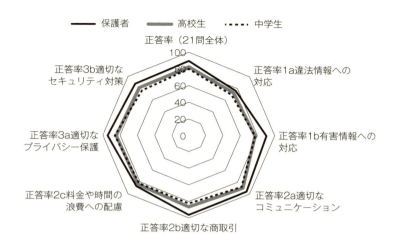

図7.1：各リスク分類における平均正答率レーダーチャート

得た（表7.3）。また、1b有害情報への対応、2c料金や時間の浪費への配慮、3a適切なプライバシー保護については高校生よりも中学生の正答率が高いという結果となった。リスク中項目ごとの保護者、高校生、中学生における正答率に対してクラスカル・ウォリス検定を行ったところ、1a違法情報への対応はp<0.01、1b有害情報への対応はp<0.01、2a適切なコミュニケーションはp<0.01、2b適切な商取引はp<0.01、2c料金や時間の浪費への配慮はp<0.05、3a適切なプライバシー保護はp<0.01、3b適切なセキュリティ対策はp<0.01となり、いずれも有意な差があると言える（表7.3）。

②保護者と中高生の設問別正答率の比較

　先のカテゴリごとのリテラシーの比較では、7つのリスクカテゴリにおいて保護者が中高生の正答率を有意に上回っていた。しかし、それにもかかわらず、保護者は家庭での指導に自信をもっていない現状が報告されている。そこで、設問ごとに保護者と中高生の正答率の比較を行い、保護者が不得意とするリテラシーの要因を明らかにすることを試みた。

　正答率を比較したところ、ほとんどの問題において保護者の方が中高生より

第Ⅱ部　ILASを基にしたインターネットリテラシーの調査研究

も正答率が高かったが、設問10と11においては保護者の正答率は劣っていた。設問10「ゲーム課金の対応と知識」においては、正答率の高い順が高校生（77.6%）、中学生（75.7%）、保護者（72.8%）となっていた。また、設問11「出会い系サイト規制法の理解」においては、高校生（72.6%）、保護者（66.3%）、中学生（61.1%）という順となっていた（表7.4）。

表7.4：保護者と中高生における各設問の正答率の比較

設問	カテゴリ	内容	保護者	高校生	中学生
問1	2c	ゲームの利用時間に対する配慮	91.5%	79.8%	85.9%
問2	1b	フィルタリング設定の必要性	94.8%	86.1%	84.5%
問3	1a	違法ダウンロード：著作権侵害	89.1%	83.0%	80.6%
問4	2a	ネットいじめに対する理解	96.7%	91.1%	87.4%
問5	3a	アプリに対する理解	95.9%	85.3%	85.5%
問6	3a	撮影と掲載許可	98.2%	92.0%	92.3%
問7	3b	歩きスマホに関する理解	94.5%	82.5%	82.3%
問8	1b	ID交換掲示板に対する理解	89.7%	76.7%	79.4%
問9	1a	歌詞の著作権に対する理解	75.6%	64.0%	70.1%
問10	2c	ゲーム課金の対応と知識	72.8%	77.6%	75.7%
問11	1a	出会い系サイト規制法の理解	66.3%	72.6%	61.1%
問12	2c	ネット依存に対する理解	97.3%	90.8%	87.6%
問13	2a	揉め事があった際の対応	94.4%	87.2%	87.6%
問14	1b	環境整備法に対する理解	87.0%	69.4%	68.5%
問15	3a	掲示板への対応	91.8%	79.8%	81.5%
問16	2b	不正請求への対応	96.8%	89.4%	84.8%
問17	2a	不適切投稿リスクの理解	97.4%	91.4%	90.2%
問18	2b	クレカの使用者範囲の理解	95.8%	82.2%	74.7%
問19	3b	セキュリティソフトの知識	79.6%	77.2%	65.7%
問20	2b	怪しげな儲け話への対応	98.0%	89.4%	89.6%
問21	3b	ウィルス感染に対する理解	94.1%	86.1%	80.4%

そこで、保護者と中高生におけるこれらの正答率を比較検討した。先に設問10を見てみると、保護者（72.8%）と高校生（77.6%）の、正解・誤りについ

228

第 7 章　青少年と保護者のインターネットリテラシーの比較分析

てχ二乗検定を行ったところ、p=0.07となり、5％水準では有意ではないものの、高校生の方が正解している傾向が見られたと言えよう。さらに、保護者と中学生（75.7％）においてもχ二乗検定を行ったが、p=0.20となり、有意な差は見られなかった。

次に、設問11においても、保護者（66.3％）と高校生（72.6％）に対してχ二乗検定を実施したところ、p=0.02と、有意に高校生の方が正解していると言える。続いて、保護者（66.3％）と中学生（61.1％）においても同様にχ二乗検定を行ったところ、p=0.03となり、有意に保護者の方が正解していたと言える（表7.5）。

これらのことから、保護者は高校生に比べて総合的なインターネットリテラシーは獲得しているものの、設問11において問われている「出会い系サイト規制法の理解」のリテラシーにおいては、保護者は高校生よりもリテラシーの習熟度合いが有意に低く、設問10の「ゲーム課金の対応と知識」においては、保護者は高校生よりも低い傾向にあると言える。

表7.5：問題10、11における保護者と中高生の正答率比較

		問10			問11		
		保護者	高校生	中学生	保護者	高校生	中学生
誤り	N	355	81	142	443	99	227
	%	27.2	22.4	24.3	33.7	27.4	38.9
正解	N	952	280	442	870	262	357
	%	72.8	77.6	75.7	66.3	72.6	61.1
合計	N	1,307	361	584	1,313	361	584
	%	100.0	100.0	100.0	100.0	100.0	100.0

7.3.2　青少年と保護者のリテラシー評価に使用する指標

①保護者と中高生の通信デバイスの使用時間比較

保護者と中高生において、主に利用している通信デバイスに違いがあるかを比較分析するために、モバイル機器とPCにおける使用時間の比較を行った。先ず、一日当たりのモバイルによるインターネットの利用時間を見てみたとこ

第Ⅱ部　ILASを基にしたインターネットリテラシーの調査研究

ろ、保護者は「(3) 30分－1時間」が29.1%と最も多く、高校生は「(5) 2時間－3時間」が22.8%で最多となり、中学生は「(4) 1時間－2時間」が22.9%と最も多かった（表7.6）。

表7.6：保護者と中高生のモバイル機器の利用時間

	保護者		高校生		中学生	
	N	%	N	%	N	%
(1) 使っていない	75	5.8	9	2.6	71	12.3
(2) 30分未満	248	19.3	21	6.0	89	15.4
(3) 30分－1時間	375	29.1	43	12.3	111	19.2
(4) 1時間－2時間	333	25.9	58	16.5	132	22.9
(5) 2時間－3時間	154	12.0	80	22.8	78	13.5
(6) 3時間－4時間	61	4.7	54	15.4	50	8.7
(7) 4時間－5時間	17	1.3	28	8.0	17	2.9
(8) 5時間以上	24	1.9	58	16.5	29	5.0
計	1,287	100.0	351	100.0	577	100.0
平均値	3.5		5.1		3.7	
中央値	3		5		4	

　次に、一日当たりのPCによるインターネットの利用時間を見てみたところ、保護者は「(2) 30分未満」が33.2%と最も多く、高校生と中学生は「(1) 使っていない」が最多となった（各47.6%、30.4%）（表7.7）。

　保護者、高校生、中学生の利用時間の比較に当たり、分散の検定を行った。等分散性の保証ができなかったため、クラスカル・ウォリス検定を行った。その結果、モバイル機器使用時間はp<0.01となり、有意な差が見られた。また、PC使用時間についてもp<0.01となり、有意な差が見られた（表7.8）。

　このことから、モバイル機器は、中高生は保護者よりも有意に長時間使用している傾向にあると言える。一方、PCにおいては、中高生は保護者よりも使用時間が短く、特に高校生においては、PCを使わない生徒が約半数であることから、彼らにとってモバイル機器が主たるインターネット接続機器であることが伺い知れる。

第7章　青少年と保護者のインターネットリテラシーの比較分析

表7.7：保護者と中高生のPCの利用時間

	保護者		高校生		中学生	
	N	%	N	%	N	%
(1)　使っていない	259	20.5	165	47.6	173	30.4
(2)　30分未満	420	33.2	54	15.6	166	29.1
(3)　30分－1時間	287	22.7	46	13.3	98	17.2
(4)　1時間－2時間	156	12.3	31	8.9	66	11.6
(5)　2時間－3時間	69	5.5	18	5.2	32	5.6
(6)　3時間－4時間	27	2.1	15	4.3	16	2.8
(7)　4時間－5時間	15	1.2	5	1.4	10	1.8
(8)　5時間以上	31	2.5	13	3.7	9	1.6
計	1,264	100.0	347	100.0	570	100.0
平均値	2.7		2.5		2.6	
中央値	2		2		2	

表7.8：保護者と中高生のインターネット接続機器の利用時間比較

	属性	N	平均ランク	p値
モバイル利用時間	保護者	1,287	999.65	
	高校生	351	1,549.03	<0.001
	中学生	577	1,081.39	
	合計	2,215		
PC利用時間	保護者	1,264	1,147.86	
	高校生	347	941.34	<0.001
	中学生	570	1,056.02	
	合計	2,181		

②保護者と中高生の啓発教育学習機会の比較

　次に、保護者と中高生において、啓発教育の学習形態や経験に違いがあるかに関する分析を行った（表7.9、ANNEX-5）。「学校における学習経験」についてみてみると、経験ありと回答した高校生は73.4%、中学生は65.4%、保護者は33.2%となった。χ二乗検定を実施したところ、p<0.001となり、有意な差があると言える。

231

第Ⅱ部　ILASを基にしたインターネットリテラシーの調査研究

表7.9：保護者と中高生の学習経験の比較

			保護者	高校生	中学生	p値
学校の授業等	ない	N	887	97	208	<0.001
		%	66.8	26.6	34.6	
	ある	N	440	268	393	
		%	33.2	73.4	65.4	
	計	N	1,327	365	601	
		%	100.0	100.0	100.0	
学校以外の研修会	ない	N	1,062	346	579	<0.001
		%	80.0	94.8	96.3	
	ある	N	265	19	22	
		%	20.0	5.2	3.7	
	計	N	1,327	365	601	
		%	100.0	100.0	100.0	
家庭で教わった	ない	N	1,234	325	560	0.029
		%	93.0	89.0	93.2	
	ある	N	93	40	41	
		%	7.0	11.0	6.8	
	計	N	1,327	365	601	
		%	100.0	100.0	100.0	
携帯電話販売店で学んだ	ない	N	1,234	325	560	0.029
		%	93.0	89.0	93.2	
	ある	N	93	40	41	
		%	7.0	11.0	6.8	
	計	N	1,327	365	601	
		%	100.0	100.0	100.0	
友人・知人に教わった	ない	N	1,122	326	550	<0.001
		%	84.6	89.3	91.5	
	ある	N	205	39	51	
		%	15.4%	10.7%	8.5%	
	計	N	1,327	365	601	
		%	100.0	100.0	100.0	
自分で調べ勉強した	ない	N	1,017	329	569	<0.001
		%	76.6	90.1	94.7	
	ある	N	310	36	32	
		%	23.4	9.9	5.3	
	計	N	1,327	365	601	
		%	100.0	100.0	100.0	
学習経験の有無	ある	N	1,027	344	538	<0.001
		%	77.4	94.2	89.5	
	ない	N	300	21	63	
		%	22.6	5.8	10.5	
	計	N	1,327	365	601	
		%	100.0	100.0	100.0	

第7章　青少年と保護者のインターネットリテラシーの比較分析

「学校以外の研修会等での学習経験」についてみてみると、経験ありと回答した保護者は20.0%、高校生は5.2%、中学生は3.7%であった。χ二乗検定を実施したところ、p<0.001となり、有意な差があると言える。

「家庭での学習経験」については、経験有りと回答した中学生は24.0%、高校生は17.8%、保護者は4.1%であった。χ二乗検定を実施したところ、p<0.001となり、有意な差がみられた。「携帯電話販売店での学習経験」については、経験ありと回答した高校生は11.0%、保護者は7.0%、中学生は6.8%であった。χ二乗検定を実施したところ、p=0.029となり、有意な差がみられた。

「友人・知人からの学習経験」については、経験有りと回答した保護者は15.4%、高校生は10.7%、中学生は8.5%であった。χ二乗検定の結果はp<0.001となり、有意な差があると言える。

「独学による学習経験」については、経験有りと回答した保護者は23.4%、高校生は9.9%、中学生は5.3%であった。χ二乗検定を実施したところ、p<0.001となり、有意な差がみられた。

学習経験の有無として、「学んだことはない」という回答については、保護者は22.6%、中学生は10.5%、高校生は5.8%であった。χ二乗検定を実施したところ、p<0.001となり、有意な差がみられた。

以上の分析から、保護者、中高生ともに、学校での啓発教育受講が主たる受講場所となっているものの、その受講割合には大きな隔たりがあることがわかった。また、保護者にとっては、学校以外研究会の受講率が中高生に比べて高い割合となっている。一方、学習の経験がないという回答においても保護者が中高生よりもその割合が高かった。これらのことから、青少年の保護監督者としての保護者を支援する必要があると考えられる。

7.4　今後の青少年と保護者の啓発教育の方向性

本章では、インターネットを利用する青少年の保護のための重要課題である保護者支援の方策を検討するために、安心協ILASの全国調査で収集されたデータを分析することにより、青少年と保護者のインターネットリテラシーを評価した。分析の結果、インターネットリテラシーの獲得状況は、保護者が最も

233

第Ⅱ部　ILASを基にしたインターネットリテラシーの調査研究

高く、次いで高校生、中学生となり、保護者の方が青少年よりもリテラシーが有意に高いという結果となった。さらに、安心協ILASが体系化している七つのリスク分類のすべてのカテゴリにおいても、保護者の方が中高生よりも有意にリテラシーが高いという結果を得た。

　これまで日本で講じられてきた保護者向けの啓発教育は、インターネットリテラシーが青少年と比べて低いと考えられる保護者に対して、彼らのリテラシーを高めるための啓発教育が提供されてきており、そのような学習の機会を保護者に提供することが重要な課題となっていた。しかし、分析評価の結果は、そのような通説を覆すような分析結果を示したと言える。

　しかし、安心協ILASに定められたすべての設問において保護者のリテラシーが中高生よりも勝っていたわけではないことも分析の結果から明らかになった。「ゲーム課金」に関する設問では、統計的に有意な差はみられなかったものの、高校生の方が保護者よりも正答率が高い傾向を示した。「出会い系サイト規制法」に関する設問では、高校生の正答率が保護者の正答率よりも有意に上回っていた。このことから、総合的には保護者のインターネットリテラシーは中高生よりも高いと言えるが、保護者が日ごろ接することがないリスクに関する個別の問題においては、保護者のリテラシーが十分だとは言えない。

　そのような傾向は、インターネット接続機器の利用時間においても定量的な差として表れている。保護者の1日あたりで最も長く利用するインターネット接続機器がPCであるのに対して、中高生においてはスマートフォンであった。スマートフォンにはアプリの使用を前提としたサービスが数多く存在し、PCでは利用不可能なアプリも存在する。保護者よりも中高生の方が、スマートフォンを長時間使用していることから、中高生の方がスマートフォンに精通していることが考えられる。そのような乖離がある状況において、青少年のインターネット利用を保護監督しなければならない保護者は、スマートフォン特有のリスクや、特定のアプリから生ずる問題に対して対処し、家庭において適切な指導を講じていかなければならない。言い換えるならば、習得したリテラシーを家庭での保護や指導に結び付けられるかが重要となる。

　よって、家庭において青少年を適切に保護・指導するためには、最新のアプリで起きている新興のトラブルやそれへの対処、親の目の届かないところでの

234

インターネットの利用に対する適切な管理方法を保護者が身につける必要があるであろう。そのための保護者に対する啓発教育は、知識習得型の教育に加えて、最新機器・アプリを介して起きている問題に関する事例を伝えること、その対処法を伝える対処事例の紹介や、家庭教育の実践におけるベストプラクティスの共有が有効な手立てになると考えられる。

しかし、保護者が学校で啓発教育を学んだ経験は33.2%にとどまっており、中高生に比べても有意に低いという結果であった。さらに、他の学習機会もなく、「学んだことない」と回答した保護者は22.6％であり、中高生に比べて未学習者の割合もまた有意に高い。内閣府の調査報告では、高校生のスマートフォン所持率が94.8%、中学生が51.7%となっており、今日、インターネットの利用が前提となる社会構造であることを考えると、家庭において保護者が青少年に対してインターネットの適切利用を指導できる能力を身につけるための支援を拡充していくことが、インターネットを使う青少年の保護政策において重要な課題となると言えよう。

7.5 本章のまとめ

本章では、青少年を取り巻く様々なインターネット上のトラブルに対処するために、彼らを家庭において保護監督する立場にある保護者に対する支援政策を検討するためのエビデンスを提示することを試みた。なぜなら、青少年インターネット環境整備法附則第3条では、青少年保護政策の進展を定期的に評価し、そのエビデンスを基にしてさらなる保護政策の適正化を図ることが定められており、そのようなエビデンスを我が国社会に示す必然性があったからである。そこで、青少年保護政策を効率化させるための新規のエビデンスを我が国社会に提供するために、これまで行われてこなかった青少年と保護者のインターネットリテラシーの測定と比較分析に国内で初めて取り組んだ。

測定分析の結果から、安心協ILASに定めた7つのリスクカテゴリのすべてにおいて、保護者は中高生に比べてリテラシーが高いという結果を得たものの、個別の問題においてリテラシーが劣っているリスクもあることがわかった。

第Ⅱ部　ILASを基にしたインターネットリテラシーの調査研究

　このような保護者のリテラシーが劣っている傾向にあるリスクは、スマート
フォン利用から生ずるリスクに関連性が高いと考えられるものであり、このよ
うな問題に対する理解を高めるための支援をすることが重要な課題となる。そ
のためには、保護者に対して、啓発教育を介して不足しているインターネット
リスク情報を提供していくことが必要であり、そのためには、必要とされる知
識を提供することができる社会的機能を高めていくことが重要となると考えら
れる。

　啓発教育を保護者にあまねく提供してゆくという社会的機能を構築してゆく
ためには、学校を核とした地域コミュニティレベルで啓発教育を組織的に提供
してゆく体制を整えることが対策の糸口になると考えられる。政府各省庁は、
関連民間団体と共同して、「春のあんしんネット・新学期一斉行動」と題した
啓発教育を実践している。この施策は、小中高校の入学説明会において、青少
年と保護者に対して啓発教育を提供するものであり、フォーマル教育としての
啓発教育を学習する機会がない保護者に対して、啓発教育をあまねく提供する
ことを目的とする政策的取り組みである。このような保護者を対象とした啓発
教育の普及の度合いを評価することも、青少年インターネット環境整備法附則
第3条が規定する青少年保護政策の進展の定期的評価に貢献すると言えよう。

注

(1)　安心協ILASでは、青少年と保護者のインターネットリテラシーを測定するため
　　に、中高生版、保護者版、小学生版を策定している。リテラシーを測定するため
　　のテスト問題は、中高生版、保護者版ともに同じ問題を設定している。小学生版
　　においては、読解力や社会経験を考慮して、問題の質問要素は同じものとしてい
　　るが、問題文の文言は小学生が理解できるように易しくしている。比較分析にお
　　いては、同じ問題を出題している中高生と保護者を対象としており、小学生に関
　　しては、問題文の関係上正確な比較ができないことから、分析の対象外としてい
　　る。

ANNEX-5
安心協ILAS保護者向けアンケート質問票

安心協ILASテスト実施アンケート（保護者版）

□のあてはまる内容に、チェックマーク☑をつけて下さい。

1. あなたの性別をお答えください。
□ ①男性　　　□ ②女性

2. あなたの年齢を教えてください。
□ ①20歳未満　　□ ②20歳代　　□ ③30歳代　　□ ④40歳代　　□ ⑤50歳代
□ ⑥60歳代以上

3. 18歳未満の子供の有無を教えてください。（いくつでも）
□ ①高校・高等専門学生　　　□ ②中学生
□ ③小学生（5～6年生）　　　□ ④小学生（3～4年生）　　　□ ⑤小学生（1～2年生）
□ ⑥未就学児　　　　　　　　□ ⑦いない

4. ご自身のインターネットの1日の利用時間についてお答えください。（それぞれいずれか1つ）
（モバイル・インターネット）
※モバイルとは、スマホ・ケータイ・ゲーム機・タブレットなどのことをいいます
□ ①使っていない　　□ ②30分未満　　□ ③30分-1時間　　□ ④1-2時間
□ ⑤2-3時間　　　　□ ⑥3-4時間　　□ ⑦4-5時間　　　　□ ⑧5時間以上
（パソコン・インターネット）
□ ①使っていない　　□ ②30分未満　　□ ③30分-1時間　　□ ④1-2時間
□ ⑤2-3時間　　　　□ ⑥3-4時間　　□ ⑦4-5時間　　　　□ ⑧5時間以上

5. あなたのお子様は、ネット依存気味だと思いますか。（いずれか1つ）
□ ①とてもそう思う　　□ ②どちらかというとそう思う　　□ ③あまり思わない
□ ④全く思わない　　　□ ⑤ほとんどネットを使っていない

6. あなたは自身は、ネット依存気味だと思いますか。（いずれか1つ）
□ ① とてもそう思う　　□ ②どちらかというとそう思う　　□ ③あまり思わない
□ ④ 全く思わない　　　□ ⑤ほとんどネットを使っていない

7. ご自身がインターネットで利用しているものをお答えください。（いくつでも）
□ ①メール　　□ ②SNS（Facebook・Twitterなど）
□ ③コミュニケーションアプリ（LINEなど）　　□ ④検索　　□ ⑤ゲーム
□ ⑥音楽　　□ ⑦動画　　□ ⑧ショッピング　　　　□ ⑨その他

第Ⅱ部　ILASを基にしたインターネットリテラシーの調査研究

8.　ご自身がネットモラル等を学んだ機会についてお答えください。（いくつでも）
□ ①学校の研修会等で学んだ　　　　　□ ②学校以外の研修会等で学んだ
□ ③家庭で子供に教えてもらった　　　□ ④ケータイ・スマホ販売店で学んだ
□ ⑤友人、知人に教えてもらった　　　□ ⑥自分で調べて勉強した
□ ⑦学んだことはない　　　　　　　　□ ⑧その他

9.　ご家庭において、どの時期から子供にインターネットを使わせるのが適切だと思いますか。（いずれか1つ）
□ ①小学校入学前　　□ ②小学生1～3年生　　□ ③小学生4～6年生　　□ ④中学生
□ ⑤高校生　　　　　□ ⑥高校卒業以降
※学習目的での利用は除く。

10.　ご自身のインターネットの利用時間や使い方など、適切にインターネットを利用できていますか。（いずれか1つ）
□ ①できていると思う　　　　□ ②どちらかと言うとできていると思う
□ ③あまりできていない　　　□ ④できていない

11.　インターネット（ケータイ利用を含む）に関する子供のしつけについてお答えください。（いずれか1つ）
□ ①自信がある　　□ ②どちらかというと自信がある　　□ ③あまり自信がない
□ ④まったく自信がない

出所：安心ネットづくり促進協議会HP「安心協ＩＬＡＳテスト 実施アンケート」（http://www.good-net.jp/investigation/
uploads/2017/03/31/170716.pdf）

第Ⅲ部

青少年と保護者に対する意識調査研究

第Ⅲ部　青少年と保護者に対する意識調査研究

　第Ⅰ部では、エビデンスに基づく青少年保護を実現するために、ILASを用いて青少年のインターネットリテラシーと彼らの属性、意識、利用状況との関係を基にした青少年保護の政策的課題について言及した。第Ⅱ部では、青少年の2012年から2014年にわたる3年間の縦断的なインターネットリテラシーの進展及び啓発教育の受講経験等について議論を行うとともに、彼らと保護者のリテラシーの比較結果を基に、青少年を保護するための保護者支援政策の方向性について論じてきた。

　一方、ILASと同様に青少年とインターネットの関係を縦断的に調査している取り組みとして、内閣府政策統括官共生社会政策担当付青少年環境整備担当が実施している「青少年のインターネット利用環境実態調査」がある。この調査においても、青少年環境整備法付則第3条の規定を遂行すべく、青少年のインターネット利用環境と青少年のインターネットの適切利用のための保護者の関与状況に関する調査が縦断的に行われている。

　第Ⅲ部では、内閣府の同調査データを基に、彼らの属性、利用状況、意識の側面からインターネットを利用する青少年保護政策の課題について議論を展開する。第8章では、青少年に対する啓発教育の経験と実際のフィルタリングの利用状況との関係について分析した。その結果、学年期が進むにつれて、啓発教育の経験と安全行動との間に関係性があるとは言えないことがわかった。この結果を踏まえ、啓発教育が機能していない問題の一要因として知識伝達型学習の限界があげられる。この問題の解決策として社会構成主義の学習観に立脚した協働学習が効果を示すことが考えられる。この協働学習を行う上で重要となることは、青少年の発達段階に考慮した協働学習を実施することであり、そのために小学生の学年期においてはワークショップ形式、中学生及び高校生の学年期においてはディスカッション形式の協働学習を実践することの有効性について論じた。

　第9章では、保護者に対する啓発教育の実施状況および彼らの子どものインターネットの適切利用に対する意識を分析した。分析の結果から、啓発教育の経験が多い保護者ほど、適切利用のためのペアレンタル・コントロールを行っていることがわかった。しかし、保護者の年代は学生時代に学校において啓発教育を学んだ経験が無いことから、彼らが啓発教育受講する環境を整備する

必要があることについて論じた。このことから、保護者向け研修会等の形式によるノンフォーマル教育を保護者に提供していくことが、青少年のインターネットの適切利用のための環境整備として有効と考えられることについて言及した。しかし、啓発教育実践状況地域別で分析したところ、地域間によって格差があることがわかった。このことから、啓発教育の地域差を是正し、啓発教育をあまねく実践する必要性があるとについて論じた。

第8章
青少年のインターネットの安全利用に対する意識に関する調査

8.1 インターネットリテラシーの育成の方向性

　インターネットや携帯電話のICTの利用は、対人コミュニケーションの手法に変化をもたらした。我々はICTの利用により、非同期でかつ非集合のコミュニケーションが可能となり、より多面的な対人コミュニケーションが可能となった。このコミュニケーション形態の変化は人と人との関係及び人と組織との関係、組織と組織との関係に変化をもたらし、我々の社会のあり方さえも変える力を持っていると言えよう。

　コミュニケーション形式の変化は、正の影響だけではなく、負の影響もある。コンピュータを媒介したコミュニケーション（Computer Mediated Communication：CMC）環境下で発生する問題として特に注すべき点は、1) 非言語情報を伝えることができないこと、2) インフォーマルなコミュニケーションが公知される恐れのあること、3) 一度流した情報を回収することが不可能であること、4) 必要としない有害情報に接触する頻度が高まること、5) 犯罪者と接触する危険性があること等があげられる。

　このCMCの問題は、青少年においてより顕著に現れている。ネットワーク環境の公共性を認識しないままでの個人情報の掲示、その個人情報を利用した犯罪者からの接触、ネットワーク上におけるいじめ、誹謗・中傷行為、青少年の発達段階にそぐわない情報の取得などがあげられ、青少年に対する早急の取り組みが必要であることが議論されている。

　青少年に対するこれらの問題に対し、規制する方向での議論もあるが、規制

243

第Ⅲ部　青少年と保護者に対する意識調査研究

は必ずしも良い結果をもたらすとは言えないであろう。なぜなら、ICTを利用することで得られるはずの便益を青少年から奪うことにつながるからである。また、ICTを提供する産業界の停滞にもつながりかねないと言えよう。バイロン（Byron 2008）は子どもからICTを奪うことはプールでの水泳の仕方を教えないことと同義であるとして、ICT利活用の情報を青少年、保護者、教師等に提供し、社会全体での意識向上の取り組みを行うことが必要であると指摘している。ICTを青少年から取り上げることが、必ずしも社会にとって最善の選択であるとは言えないであろう。

　むしろ、青少年に適切にICTを活用し、新たな価値を作り出す力を身につけさせるいわゆる21世紀型スキルを育てる教育が必要であり、その教育と同輪で、インターネット空間における危険回避的な行動と、規範意識を身につけて他者との協調的な行動が取れるための教育を青少年に提供して行く必要がある。青少年インターネット環境法の第3条第1項では青少年に「インターネットを適切に活用する能力」を身につけさせることが基本理念として定められている[1]。

　本章では、青少年インターネット環境法の基本理念を実践し効果的な結果を生み出すためのインターネットリテラシー教育の方策について考察を行っていく[2] [3]。

8.2　青少年に対する啓発教育

　本章は、最初に現状のインターネットリテラシー教育が青少年の安全行動に正の影響を与えているかについて考察を行うために、内閣府（2010a）の「平成21年度 青少年のインターネット利用環境実態調査」の生データをもとにして、青少年のインターネットリテラシー教育の経験とインターネットの安全利用に対する意識との相関性について分析を行う。分析は、フィルタリングの利用状況と啓発教育の学習経験との関係性に着目して行う。

　次に、これらの教育と安全利用への意識との関係性の解明を受けて、これまで行われてきた府省庁及び民間で行われてきた啓発教育政策をレビューし、効果的なインターネットの安全利用への意識向上教育の方策について検討する。

244

第8章　青少年のインターネットの安全利用に対する意識に関する調査

さらに、インターネット空間に互恵的な利用者を育てるための教育として、社会構成主義（Social Constructivism）の学習観に立脚した、ワークショップやディスカッションなどの協働学習による教育の可能性について議論する。そのために、諸先行研究のレビューを行い、社会構成主義の立場をとるインターネットリテラシーを育てる教育の先進的な事例について紹介するとともに、今後の啓発教育政策の方向性について言及する。

8.3 「平成21年度 青少年のインターネット利用環境実態調査」を基にした啓発教育と安全利用への意識・態度及びフィルタリング利用との関係性分析

最初に「平成21年度 青少年のインターネット利用環境実態調査」の生データをもとにして啓発教育と安全利用への意識・態度を主眼に置いた分析を行う。この内閣府の調査は、全国の青少年を対象として、インターネットの利用状況、フィルタリングの認知及び普及の状況について、日本全国を対象地域として調査したものである（表8.1）[4]。

表8.1：「平成21年度 青少年のインターネット利用環境実態調査」における
被験者情報

調査地域	日本全国
調査方法	調査員による個別面接聴取法
調査期間	2009年10月22日～11月8日
調査対象者	2009年11月30日現在で満10歳～満17歳までの青少年：2,000人
有効回収数（率）	1,369人（68.5％）

この内閣府の調査をもとに、本章では、1）青少年のフィルタリング使用状況とフィルタリングに関する知識との相関、2）青少年のフィルタリングへの知識の深まりと啓発教育の経験との相関性について分析した。

245

第Ⅲ部　青少年と保護者に対する意識調査研究

8.3.1　青少年のフィルタリング使用状況とフィルタリングに関する知識との相関

　青少年のフィルタリングに対する知識が実際のフィルタリング利用に関係しているかについて明らかにするために、小学生・中学生・高校生のフィルタリングの使用状況と、フィルタリングに関する知識の状況について分析を行った。

①小学生（小学4〜6年生）

　小学4〜6年生のフィルタリング使用状況（使用1点、未使用2点）と、フィルタリングに関する知識の状況（「知っていた」1点、「なんとなく知っていた」2点、「全く知らなかった」3点）について、χ二乗検定を行った結果、p＝0.052となり、有意な差があるとは言えない結果となった。また、相関係数を計算したところ、ピアソンのr＝0.23となり、わずかな正の相関がみられた。

　このことから、小学4〜6年生においてはフィルタリングに対する知識が高いほど実際の使用状況がわずかに高くなることがわかった。

表8.2：小学生のフィルタリング使用状況とフィルタリングに関する知識

			フィルタリング等		合計
			使用	未使用	
知識	知っていた	度数	7	7	14
		%	21.9	9.2	13.0
	なんとなく知っていた	度数	7	9	16
		%	21.9	11.8	14.8
	全く知らなかった	度数	18	60	78
		%	56.3	78.9	72.2
	合計	度数	32	76	108
		%	100	100	100

②中学生

　中学生のフィルタリング使用状況と、フィルタリングに関する知識の状況について、χ二乗検定を行った結果、p＝0.069となり、有意な差はみられなかった。また、相関係数を計算したところ、ピアソンのr＝0.14となり、ほとんど相関はみられなかった。

第8章　青少年のインターネットの安全利用に対する意識に関する調査

このことから、中学生のフィルタリングに対する知識と実際の使用状況は明確な関係性があるとは言えない。

表8.3：中学生のフィルタリング使用状況とフィルタリングに関する知識

			フィルタリング等		合計
			使用	未使用	
知識	知っていた	度数	65	50	115
		%	52.4	41.3	46.9
	なんとなく知っていた	度数	37	35	72
		%	29.8	28.9	29.4
	全く知らなかった	度数	22	36	58
		%	17.7	29.8	23.7
合計		度数	124	121	245
		%	100	100	100

③高校生

高校生のフィルタリング使用状況と、フィルタリングに関する知識の状況について、χ二乗検定を行った結果、$p = 0.056$となり、有意な差があるとは言えない結果となった。また、相関係数を計算したところ、ピアソンの$r = 0.06$となり、ほとんど相関はみられなかった。

このことから、高校生のフィルタリングに対する知識と実際の使用状況は明確な関係性があるとは言えない。

表8.4：高校生のフィルタリング使用状況とフィルタリングに関する知識

			フィルタリング等		合計
			使用	未使用	
知識	知っていた	度数	82	158	240
		%	73.2	71.8	72.3
	なんとなく知っていた	度数	25	36	61
		%	22.3	16.4	18.4
	全く知らなかった	度数	5	26	31
		%	4.5	11.8	9.3
合計		度数	112	220	332
		%	100	100	100

第Ⅲ部　青少年と保護者に対する意識調査研究

8.3.2　青少年のフィルタリングの知識の深まりと教育の経験との相関
　次に、青少年の教育を受けた経験が実際のフィルタリング利用に関係しているかについて明らかにするために、小学生・中学生・高校生のフィルタリング使用状況と、安心に関する教育を受けた機会の回数について相関係数を計算した。

①小学生（小学4～6年生）
　小学4～6年生のフィルタリング使用状況（使用1点、未使用2点）と、安心に関する教育を受けた機会の回数について、相関係数を計算したところ、ピアソンの$r = -0.12$となり、ほとんど相関は見られなかった。一方、小学生のフィルタリングに対する知識の状況（「知っていた」1点、「なんとなく知っていた」2点、「全く知らなかった」3点）と、安心に関する教育を受けた機会の回数について相関係数を計算したところ、ピアソンの$r = -0.24$となり、わずかな負の相関がみられた。
　このことから、安全に関する教育を受けた回数の多い小学生ほど、フィルタリングに関する知識の深まりはわずかにみられることがわかった。

表8.5：小学生の教育の経験

		度数	%
	0	154	31.0
	1	39.7	44.4
教育の機会数	2	102	20.6
	3	16	3.2
	4	4	0.8
合計		496	100.0

②中学生
　中学生のフィルタリング使用状況と、安心に関する教育を受けた機会の回数について、相関係数を計算したところ、ピアソンの$r = -0.11$となり、ほとんど相関は見られなかった。一方、中学生のフィルタリングに対する知識の状況

248

第8章　青少年のインターネットの安全利用に対する意識に関する調査

と、安心に関する教育を受けた機会の回数について、相関係数を計算したところ、ピアソンのr = -0.20となり、わずかな負の相関がみられた。

　このことから、安全に関する教育を受けた回数の多い中学生ほど、フィルタリングに関する知識の深まりはわずかにみられることがわかった。

表8.6：中学生の教育の経験

		度数	%
	0	44	8.4
	1	293	55.9
	2	128	24.4
教育の機会数	3	43	8.2
	4	8	1.5
	5	6	1.1
	6	2	0.4
合計		524	100.0

③高校生

　高校生のフィルタリング使用状況と、安心に関する教育を受けた機会の回数について、相関係数を計算したところ、ピアソンのr = -0.01となり、ほとんど相関は見られなかった。一方、高校生のフィルタリングに対する知識の状況と、安心に関する教育を受けた機会の回数について、相関係数を計算したところ、ピアソンのr = -0.17となり、ほとんど相関は見られなかった。

　このことから、高校生の安全に関する教育を受けた回数と、フィルタリングに関する知識や使用状況は明確な関係性があるとは言えなかった。

表8.7：高校生の教育の経験

		度数	%
	0	11	3.2
	1	201	58.1
	2	92	26.6
教育の機会数	3	35	10.1
	4	5	1.4
	5	1	0.3
	6	1	0.3
合計		346	100.0

第Ⅲ部　青少年と保護者に対する意識調査研究

8.4　分析結果に対する評価

　以上、「平成21年度 青少年のインターネット利用環境実態調査」の生デー
タを基にして啓発教育と安全利用への意識・態度及びフィルタリング利用への
関係性を主眼にした分析を行った。その結果から、小学生においては、フィルタ
リングに対する知識と実際の使用状況においてわずかながら相関がみられたが、
中学生・高校生においては、明確な関係性があるとは言えない結果となった。
　特に注目すべきことは、先に述べた青少年のフィルタリングに対する知識と
実際の使用状況との相関性である。分析の結果は、学年期が進むにつれて知識
が実際のフィルタリング利用につながっていない結果となっており、中学生・
高校生においては、知識は知識として習得しているものの、その知識が行動規
範となり、フィルタリングの利用により、閲覧サイトを制限するという、「自
らを律する行動」には至っていないことを示唆していると言えよう。
　また、安全利用に関する教育を受けた回数とフィルタリングに関する知識の
深まりにおいても、小学生と中学生にわずかな関係性が見られるが、高校生に
おいては関係性があるとは言えない結果となった。
　青少年インターネット環境整備法施行後、様々な社会的取り組みが行われ、
一定の成果を上げてきたことは、社会的に評価すべきことであると言える。し
かし、この分析結果を踏まえるならば、これまでのインターネットの安全利用
教育の方策を、青少年の規範意識育成として機能するものに変換していく必要
があると言える。
　内閣府（2010c）においても、青少年の規範意識を育てるために心理学的視
点も踏まえた教育の実践が必要であることが指摘されている。これらのことか
ら、青少年の規範意識を育てるための教育を実践し、青少年の安全利用への意
識を向上させる必要があると言える。

8.5　青少年の規範意識を育てるための教育の方向性

　青少年の規範意識を育てるための教育の方策を考える上で、我が国におい

第8章　青少年のインターネットの安全利用に対する意識に関する調査

て、これまで民間団体及び各府省庁による様々な啓発教育が実施されてきた。ここでは、これまで行われてきた啓発教育政策について考察を行う。啓発教育政策の例をあげると、文部科学省は委託事業で制作した動画教材コンテンツである『ちょっとまってケータイ』をウェブで公開している。法務省もまた委託事業で制作した教材コンテンツである『はなまる人権学校』をウェブで公開している。一方、民間の社会団体としてはコンピュータ教育開発センターから『ネット社会の歩き方』というウェブコンテンツが公開されている。対面式の研修としては、eネットキャラバン事務局やNTTdocomoなどによる青少年向け及び保護者向けの出前講演が実施されている。

表8.8：府省庁・民間によるインターネットリテラシー教育政策

教育研修名	提供主体	教育形式	教育上の主体
ちょっとまってケータイ	文部科学省	動画教材	教材中心主義
はなまる人権学校	法務省	ウェブコンテンツ	教材中心主義
eネットキャラバン	eネットキャラバン事務局	対面研修	教師中心主義
ネット社会の歩き方	コンピューター教育開発センター	ウェブコンテンツ	教材中心主義
ケータイ安全教室	NTTdocomo	対面研修	教師中心主義

　啓発教育の実施主体や実施形態は違っていても、これらの啓発教育には次の共通点がある。それは、啓発教育が教育提供者側から、学習者へ一方向の知識伝達型で行われていることである。教育の機会が提供されることで、青少年のインターネットリテラシーに関する知識形成は可能となる。しかし、知識伝達型の教育により知識を習得できたとしても、倫理・規範意識を育てることに適した教育手法であるとは言い切れないであろう。

　先行事例として上記であげた啓発教育のすべては、教師中心主義、教材中心主義による知識伝達型の教育手法をとっている。しかし、知識伝達型の教育が、学習者の倫理観を育てる教育として適していると断言できない。知識として情報モラルに関する各事項を学ぶことは可能であるが、その教育により、学習者のインターネットに対する倫理観を育てることに直接つながっているとは

251

第Ⅲ部　青少年と保護者に対する意識調査研究

断言できない。啓発教育に求められているものは、教育を受けた学習者が、倫理観をもってインターネットを利用するようになるという、学習者の態度変容を目的とした教育を提供することである。このことから、現状の啓発教育を見直す必要があると言える。

　ガニエら（Gagne et al. 2005）の学習の成果の分類によれば、主に知識伝達型の教育から得られる学習成果は言語情報（Verbal Information）としての知識の習得となる。しかし、青少年の規範意識を育てる上で必要となる学習成果は、態度（Attitude）である。

　しかし、これまで行われてきた啓発教育政策の多くが言語情報に関する教育の実践であり、態度変容に注力されてこなかったことが問題としてあげられる。言い換えるならば、多くの啓発教育政策の目的が青少年の態度変容を目的としていたにもかかわらず、実際には知識伝達型の一斉授業・研修を行っており、結果的に態度変容の成果ではなく言語情報の成果を生み出していたことになるのである。

　トフラー（Toffler 1980）は、一斉授業の知識伝達型の学びを、教師からの一方向の知識伝達により優秀な労働者を大量に輩出するという「工業化時代の学び」と称した。これまでの啓発教育政策は、そのような学習の形式を継続していたと言える。しかし、インターネット空間に対する規範意識を育てるためには、一斉授業形式の知識伝達型の教育による「教え込み」では、言語情報としての知識は伝達することはできたとしても、態度の変化をもたらすことに効果的だったとは言えないであろう。

8.5.1　規範意識を育てることに適した社会構成主義学習

　上記の議論を踏まえて議論をさらに展開すると、これまでの啓発教育政策は客観主義（Objectivism）の学習観に立脚した教育・研修が行われていたと言える。客観主義の立場をとる教育の特徴は、スキナー（Skinner, B.F.）の「刺激－反応（S-R: Stimulus-Response）モデル」のように、学習者が外界から入ってくる刺激に対して、従属的な立場をとるものであり、学習をとおして新しい行動が取れるようになったかを評価するものである。このような特質から、客観主義の教育は、教育提供者側から複数の学習者に一定の知識を効率よく伝

第8章　青少年のインターネットの安全利用に対する意識に関する調査

達することが行いやすいという利点をもっている。しかし、客観主義の学習観において学習者は受動的な存在であり、教師と学習者の間には「一対多」の関係が形成され、学習者同士の協働的な学びは存在しない。

　一方、客観主義の学習観に対極をなすものが社会構成主義の学習観である。社会構成主義においては、学習を「学習者が他者とかかわりながら学びの活動を行うことで、自ら学んだことを構成していく」という社会的行為としてとらえている。ヴィゴツキー（Vygotsky 2001）は、他者との学び合いという社会的な行為の過程において、精神間的（Inter-Psychical）機能が、やがては精神内的（Intra-Psychical）機能として、学んだことが構成されていくことについて言及している。

　さらにレイヴとウェンガー（Lave and Wenger 1991）によれば、学びとは本来、「文化的共同体への参加という人間の文化的・社会的実践」であり、共同体内における教師と学習者、学習者同士のコミュニケーションが行われることで、相互主体的に学びが構成されていくことを指摘している。

表8.9：客観主義学習と社会構成主義学習の比較表

	客観主義学習	社会構成主義学習
学習スタイル	教師から教えられること	自ら学ぶこと
学習観	教師中心主義	学習者中心主義
学習者	与えられた知識を受動的に学習	他者や対象に能動的に関与
教授法	一斉授業、コンテンツ配信	ディスカッションが中心
学習形態	個別学習	協働学習
講師	指導者	ファシリテータ
学習集団	孤立した個人の集合体 教師と学習者の垂直関係	協働学習者、協力者 ネットワーク型の関係
集団への態度	孤立的	互恵的
評価	評価基準に基づく客観評価	自己評価によるメタ認知 学習者間での相互評価

出所：拙著

　表8.9は、ここで議論してきた客観主義による学習と社会構成主義による学習をまとめたものである。注目すべき点は、客観主義において学習は「教師か

253

第Ⅲ部　青少年と保護者に対する意識調査研究

ら教えられること」であることに対し、社会構成主義において学習は「自ら学ぶこと」ととらえられており、このことから社会構成主義学習は学習者中心主義の立場をとる学習観であると言える。さらに客観主義において学習者は孤立した学習者の集団を形成し、教師と学習者との垂直的な関係が形成されるのに対し、社会構成主義において学習は、学習者同士が相互構成的に学び合う協働学習が行われ、そこには学習者間のネットワークが形成され、学習集団への互恵的な態度が醸成されると言える。

　特に啓発教育においては、客観主義による教育手法によりインターネット利用に際しての危険回避や、トラブル防止のための知識を学習者に伝達することはできたとしても、その学習で得た知識を知識のままにとどめずに、インターネット利用における行動規範として、互恵的な態度をもってインターネットを利用するという規範意識が養われるとは言えない。このことから、啓発教育を実践するうえにおいて、社会構成主義の学習観に立脚した学習を提供することが重要となると言える。

　この考えの有効性を担保する主張として、パットナム（Putnam 2000）の社会関係資本（Social Capital）の議論について言及したい。パットナムは、社会関係資本が醸成されるためには「信頼」「規範」「ネットワーク」が形成される必要性を主張しており、そのためにはネットワークに参加する人々が、水平的で自発的な相互のかかわり合いが行える環境にあることが重要であることを論じている。この信頼・規範のネットワーク形成と教育の関係について考察するために、新井他の研究について言及する。新井ら（2010）は、21歳から65歳までの社会人3,694人に対し、小・中・高・大学時代の学校教育・家庭教育・社会教育の経験と、成人後の社会に対する規範意識との相関について調査分析を行っており、学生時代に「互いに勉強を教え合う協力的環境であった」「ディスカッション・実験・体験学習が好きだった」という被験者において規範意識に強い相関がみられたという結果を報告している。また、ラングベインとベス（Langbein and Bess 2002）は、課外活動が協力心を育成し、学校における社会関係資本を形成することに寄与していると指摘している。

　これらの主張を踏まえて考えるならば、特に情報モラルという学習者の倫理観を育てる教育分野においては、学習者中心主義による協働学習を行うことが

第8章　青少年のインターネットの安全利用に対する意識に関する調査

有益であり、協働学習により学習集団に対する規範意識が形成されると言える。さらに、その学習集団のネットワークを拡散することで、規範意識をもったインターネット利用者を広域に育てることができると言える。

8.5.2　規範意識を育てるために必要とされる各学年期に適した社会構成主義学習の諸形式

　先の議論を踏まえて、青少年に対して社会構成主義の学習観に立脚した、学習の機会を提供していく必要があると言えよう。しかし、この学習を提供するにあたり青少年の発達段階に配慮する必要がある。特に、フィルタリング利用という、自らを律する規範的な行動に青少年を導くためには、各青少年の発達段階に適した学習を提供していく必要があると言えよう。

　この課題に対する取り組みの位置方策として、ピアジェが提唱した認知発達理論（theory of cognitive development）と照らし合わせて、各学年期に適合した学習形態について考えてみたい。ピアジェとイネルデ（Piaget and Inhelder 1975）の議論に基づけば、小学4～6年生は具体的操作期（concrete operational period）にあたる。具体的操作期の児童は、脱中心化によって自分の行動が他者に与える影響に配慮することができるようになり、社会と自己との相互関係を形成する基礎を築き始めようとする。したがって、現実の生活や学校の集団生活の中で、社会と自己との相互関係を理解することができるようになり、その過程をつうじて児童が規範意識を形成していくことが可能となる。しかし、現実的な事柄から仮説演繹的に検証し、論理を展開する思考力や、様々な経験の中から得た事柄から、そこに共通する特徴を取り上げ、原理・法則を導くという帰納的な思考力は未発達の学年期である。

　中学生や高校生においては、形式的操作期（formal operational period）にあたり、具体的操作期では未発達であった仮説演繹的な思考力や、帰納的な思考力の基盤が形成されている学年期であり、経験の中で得た知識や概念を自由に組み合わせて、社会と自己との相互の関係の中から創造的な考察を主体的に行うことができる学年期である。

　ピアジェの認知発達理論を踏まえて、表8.10では青少年の発達段階を考慮に入れて、学年期別に適した協働学習の方法及びその協働学習方法を実践してい

255

第Ⅲ部　青少年と保護者に対する意識調査研究

る先行事例をとりあげ議論を進める。

表8.10：学年期別の社会構成主義を取り入れた学習事例

	発達段階	学習形式	先行事例
小学生 （4年〜6年生）	具体的操作期	ワークショップ形式	安心ネットづくり促進協議会によるワークショップ・イベント
中学生	形式的操作期	ディスカッション形式	和光中学における生徒会による校則づくり
高校生	形式的操作期	ディスカッション形式	「ICTプロジェクト 高校生熟議 in 大阪」（大阪私学教育情報化研究会）

出所：拙著

表8.11：小学生向けのインターネットリテラシーワークショップ事例の内容

タイトル	「子ども海賊隊」	
内容・ストーリー	児童が海賊に扮装し、魔法使いに囚われた海賊の親分の救出のために、携帯電話のQRコードを読み取りキーワードを見つけて、スカイプによる通話とチャットで魔法を解き親分を救出するというストーリー。	
開催 事例1	イベント名	「ワークショップコレクション」
	開催場所	慶應義塾大学日吉キャンパス
	開催日	2011年2月26日〜27日
	参加児童数	307人
開催 事例2	イベント名	沖縄PTAキッズフェスティバル
	開催場所	豊見城市豊崎海岸公園
	開催日	2011年7月24日
	参加児童数	250人

出所：安心ネットづくり促進協議会ホームページ（http://good-net.jp/）をもとに作成

8.5.3　小学生における協働学習による啓発教育

　小学生の学年期においては、先生や同級生などの周囲の人々から自分の考えや行動を承認されることがよいことであると信じている学年時期である。このことから、周りの人々と社会的・集団的な体験活動をつうじて規範意識を育成することが効果的と考えられる。このような学年期の児童に適した社会構成主義の立場をとる協働学習形式としては、参加型のワークショップ学習が適していると言える。

第8章　青少年のインターネットの安全利用に対する意識に関する調査

　この学習形式の先行事例として、安心ネットづくり促進協議会が実施している小学生向けのワークショップがあげられる。安心ネットづくり促進協議会では、児童がワークショップ型の体験学習をとおしてインターネットリテラシーを学ぶワークショップを開催している。このワークショップは、2011年2月に慶應義塾大学で行われた「ワークショップコレクション」と、2011年8月に行われた沖縄PTAキッズフェスティバルに出展されている。学習内容としては、児童が海賊に扮装して、海賊の親分を助けるという使命を果たすためにスカイプ通話やチャットなどでCMCを行うことにより、情報機器のリテラシーを学ぶとともに、円滑なオンライン・コミュニケーションについて学ぶものである。

　田中（2009）や牧野（2011）は、コミュニケーション・スキルの習得を図る上で、ゲーム遊び形式による学習の有効性について言及している。インターネットを介したコミュニケーションの経験が浅い児童に対して、遊びを介してCMCを体験させる機会を創出することは有効であると考えられる。

8.5.4　中高生における協働学習による啓発教育

　中学生及び高校生の学年期においては、社会と自己との相互関係を理解している年代であり、適切なインターネット利用の手法について仮説演繹的及び帰納的な検証を行うことができる学年期である。このことから、中高生に対し、自分の行動がインターネット社会にどのような影響を与えるのが、良好なインターネット環境づくりについて自分の果たす役割は何かについて、仮説演繹的及び帰納的な推論を行う機会を提供することが重要になると言える。

　コールバーグとトゥーリエル（Kohlberg and Turiel 1971）は、青年に規範意識を醸成させるための方策として「自分の発達段階を理解させる」「現実的な道徳的葛藤を体験させる」「直面する道徳的葛藤の解決のために自分の考えを思慮深く考えさせる」「自分の考えの矛盾を認識し、その矛盾の解決を促す」「一段階上位の考えにふれさせる」ことの必要性について言及している。コールバーグとトゥーリエルの指摘を踏まえると、青少年の規範意識醸成させるためには、インターネット利用における自己中心的・安全軽視的な考えや行動を行っていいのかという現実的な葛藤に直面する機会を与え、インターネッ

257

第Ⅲ部　青少年と保護者に対する意識調査研究

ト社会の参加者としてのあるべき態度と現実の自分との矛盾を認識することが
重要になる。よって、その矛盾を解決させるために内省する環境を与えるとと
もに、様々なベストプラクティスの事例にふれる機会を提供することが有効で
あると言える。

　またエリクソン（Erikson 1959）が、青年期の発達にはアイデンティティの
獲得が重要であることについて言及している。エリクソンの主張を踏まえる
と、青年期の青少年はアイデンティティを獲得することで、社会の一員として
の自分の役割を自覚できるとともに、自ら主体的に判断し行動することができ
ようになると言える。したがって、中高生のインターネットの利用において
も、彼らにインターネット社会の一員としてのアイデンティティを獲得させる
ことが重要であり、同級生や社会の人々と社会文化的な学習環境のもとで、議
論できる機会を提供することにより、その議論の過程の中で、彼らの規範意識
が醸成されて行くであろう。さらにいわゆる「ネット依存」と呼ばれる状況に
いる中高生は、アイデンティティが拡散してしまっており、欲求を自己コント
ロールすることができない状況に陥っていると考えられる。ネット依存の状況
にある中高生に向けて、自己のインターネット行動について内省を促す機会を
提供する必要があると言える。

8.5.5　中学生におけるディスカッション形式の協働学習の事例

　上記の議論から、中高生の学年期においては、社会文化的な環境のもとで、
思慮深く考察し、同級生や社会の人々と議論するとともに、内省を行うことに
より、規範意識を形成させることを可能とするディスカッション形式の協働学
習が適していると言える。

　ここでは、中学の学年期におけるディスカッション形式の協働学習の先行事
例として、私立和光中学の生徒会運営をあげる。和光中学では、携帯電話の所
持及び、学校での利用に関する校則は、生徒会の自治により策定されている。
この校則の策定にあたっては、3年間の期間をかけて生徒会が教員及びPTA
との協議をかさね、三者合意のもとで策定されたものである。校則規定までの
3年の議論の過程では、クラス単位での話し合いによる合意及び教員組織及び
PTAとの間での合意という段階的かつ組織的な合意形成がなされている。こ

第8章　青少年のインターネットの安全利用に対する意識に関する調査

の合意形成の過程の中で、学校内にこの問題に対する問題意識が共有されることにより、携帯電話などの携帯電子機器をめぐるトラブルが起きなくなっていったことが報告されている（宮武 2011）。この和光中学の取り組みから、問題に対する意識を共有させ、コミュニティ全体で社会文化的な学び合いを行うことが有効であることが言え、ディスカッション形式による学習を実践することは意義あることであると言えよう(5)。

8.5.6　高校生におけるディスカッション形式の協働学習の事例

　次に、高校の学年期における先行事例として、大阪私学教育情報化研究会（2011）が主催した「ICTプロジェクト高校生熟議in大阪」（以下：高校生熟議）をあげる。

表8.12：「ICTプロジェクト 高校生熟議 in 大阪」の概要

題名	「ICTプロジェクト 高校生熟議 in 大阪」
主催	大阪私学教育情報化研究会
場所	大阪ユビキタス協創広場CANVAS
内容・目的	文部科学省が提唱する「熟議」という討議形式を用いて、高校生自らインターネットや携帯電話の利用について熟考し、議論し、まとめるプロセスを共にすることによって、問題解決の方法を導き出し共有することを目指すカンファレンス。
開催日	・第1回：2011年7月16日 ・第2回：2011年8月27日
参加校	関西地区の高等学校12校 ・第1回参加高校生：37名 ・第2回参加高校生：28名
討議課題	・第1回：「ネットとケータイの問題点」 ・第2回：「私たちにとってのケータイ、インターネットとは」

出所：大阪私学教育情報化研究会（2011）をもとに作成

　「熟議」とは文部科学省が施行している教育政策の一方策であり、「多くの当事者が集まり」「課題について学習・熟慮し、討議をすることにより」「互いの立場や果たすべき役割への理解が深まるとともに」「解決策が洗練され」「個々人が納得して自分の役割を果たすようになる」ことを目指すものである。高校生熟議においては、上記の熟議の基本方針のもと、インターネットや携帯電話の利用当事者として、高校生自らが自分たちのインターネットや携帯電話の利

259

第Ⅲ部　青少年と保護者に対する意識調査研究

用の在り方について、生徒同士及びステークホルダーとなる教員・保護者・通信事業者・一般インターネット利用者等との討議を重ね、適切利用のための方策を共有することを目指している。

　ここであげた中高生の2つの事例に共通することは、学習の過程で中高校生が同級生と討議し、関係する社会の人々との議論を繰り返すことで、自分の中の矛盾や葛藤を乗り越える過程を体感することができる学習がデザインされていることである。そのような学びを中高校生に提供することで、彼らのインターネット社会に対する規範意識が醸成されると言えよう。

8.6　青少年に対する啓発教育政策の今後の課題

　本章では、内閣府（2010a）の「平成21年度　青少年のインターネット利用環境実態調査」の生データをもとにして青少年と保護者の教育と安全利用への意識・態度及びフィルタリング利用に関する分析を行った。その分析結果から、学年期が進むにつれて、学習で得た知識が自らの行動規範となり得ているとは言えない結果が明らかとなった。この結果から、今後のインターネットリテラシー教育政策は、知識を伝えるだけではなく、青少年の規範意識を育てるための教育を実践し、青少年が「自らを律しながらインターネットのネットワークに参加する態度」を育てる必要がある。

　そのためには、これまでの客観主義の学習観を改め、学習者中心主義の立場をとる社会構成主義の学習観に立脚した、協働学習を実践することが重要となる。さらに、この協働学習の有効性を高めるためには、青少年の発達段階を考慮する必要がある。

　しかし、これまでのインターネットリテラシー教育政策は青少年を受動的な存在としていたことと、青少年の発達段階における心理的な側面への配慮が十分ではなかったと言えよう。青少年がインターネット空間に対し互恵的な態度を持ち、自らを律してインターネットを利用するという規範意識を育てるためには、学習者を能動的な存在ととらえ、彼らの発達段階に適した学習コミュニティを提供し、その空間の中で社会文化的な学びを実現させるための学習環境をデザインする必要があると言える。本章で取り上げた事例もそのような社会

260

第8章　青少年のインターネットの安全利用に対する意識に関する調査

文化的な学びの場を実現した事例であったと言えよう。

　以上の議論から、今後のインターネットリテラシー育成のための教育政策の方向性としては、青少年の協働的な学びにより、彼らの規範意識を育てるための、社会文化的な学習者中心主義の学習の機会を創出し、そのための環境整備を推進することが重要と言えるであろう。しかし、この青少年が中心となった啓発教育の実践は始まった段階であり、その有効性についての実証的な研究は十分に行われているとは言えない。

注

(1) 本法第3条には基本理念が定められており、第1項はインターネットを適切に活用する能力の習得の機会の確保について、第3項は民間による自主的かつ主体的な取り組みを国及び地方公共団体が支援することが定められている。ここでは、第3条第1項の定める教育を効果的に実践して行くこと及び第3項に定められている国及び地方公共団体が教育をいかにして推進するかについて考察する。

(2) 本章においては、情報機器の操作に関する能力としての情報リテラシー能力と、インターネットを利用する際の倫理上としての情報モラルも含めて「インターネットリテラシー」と明記している。特に倫理上の情報モラルに言及した議論においては、「情報モラル」と明記する。

(3) 青少年の適切なインターネット利用のための教育は、青少年に対する教育と、保護者に対する教育の2つの方向性があげられる。ここでは、青少年に対する教育について言及することとし、保護者に対する教育については議論の場を別にすることにする。

(4) この調査は青少年のみならず、保護者2,000人に対しても、青少年のインターネットの利用状況、フィルタリングの認知及び普及に関する調査を行っているが、本章の研究の対象が青少年であるため、保護者の被験者情報は割愛した。

(5) 和光中学生徒手帳p.31では、以下の規定が定められている。「携帯音楽機器やゲーム機は朝の会が始まってから帰りの会が終わるまでの間必ず身につけ、移動用バック（袋）から出さない・使用しない。なお、その間携帯電話を音楽機器やゲーム機として使うことはできない」（宮武 2010）。

261

第9章

保護者の啓発教育経験と家庭での
安全対策実施との関係性

9.1 保護者に向けた啓発教育

　青少年インターネット環境整備法では、開発努力義務と啓発努力義務の2つの努力義務を法規の柱としている。「開発努力義務（第20条）」は、事業者によるフィルタリングの提供などによる技術的な利用環境整備であり、「啓発努力義務（第16条）」は、青少年のインターネット利用に関係するすべての関係者による啓発教育の提供である。本章では、本法の柱の一つである啓発教育の努力義務に焦点をあてて議論を展開していく。

　この努力義務に関する関係者とは、通信サービスを提供する通信事業者や教育を提供する学校だけにとどまらずに、保護者も関係者としてあげられている。青少年インターネット環境整備法第6条では「保護者の責務」として、保護者は「青少年のインターネットを適切に活用する能力の習得の促進に」努めなければならないことが規定されている。

　そのためには、保護者が適切に青少年をペアレンタル・コントロールするための能力を習得する教育の機会が必要となる。内閣府（2009, 2010a）は青少年インターネット環境整備法による環境整備の進展状況を評価するために、本法が施行された2009年から毎年、青少年のインターネットの利用状況及び保護者のペアレンタル・コントロールの現状についての調査を行っており、この調査結果を基にして、府省庁から様々な政策が打ち出されている。

　このような保護者に向けた啓発教育の重要性は、国際社会においても認識されている。国際電気通信連合（ITU）は2009年に "Strategic Dialogue on Safer

263

第Ⅲ部　青少年と保護者に対する意識調査研究

Internet Environment for Children" において「東京声明」を発表し、「青少年・保護者及び教育者を含むすべての関係者への啓発教育の取組を促進させる」ことの必要性について声明を発表している（ITU 2009）。

　齋藤（2010）では、青少年インターネット環境整備法に従い府省庁が行う青少年のインターネットリテラシー向上のための政策を概観し、青少年及び保護者に向けた啓発教育政策の必要性について議論を行った。さらに齋藤ら（Saito et al. 2010）及び田中ら（Tanaka et al. 2011）では、民間セクターによる啓発教育として、青少年と保護者に対するeラーニング教材の利用普及のためには、対面の保護者向けセミナーやイベント等とeラーニング教材を連動させることが有効性であることについて論じた。

　また、山本・清水（2008）は教育工学の立場から、児童のインターネットリテラシーの向上のためには、学校と保護者が連携し児童を指導する必要があることから、保護者の指導力向上のための啓発研修を開発し、被験者となる保護者28人に対し研修を行い、その効果を検証したところ、保護者の指導力向上及び学校との連携意識が高まるということを報告している。

　しかし、内閣府（2009, 2010a）の調査では、日本全国を対象とした大規模調査を実施し、保護者の教育の受講経験について調査を行っているものの、保護者の啓発教育の受講経験とペアレンタル・コントロールとの関係性についての分析は行われていない。一方、山本・清水（2008）の研究にみるように、教育工学の研究分野では啓発教育の受講経験とペアレンタル・コントロールとの相関に関する研究は行われているものの、それらの研究は教育効果の測定に注力した研究であることから、限定的な範囲での被験者を対象とした検証にとどまっている。

　このように、大規模データを用いた保護者の啓発教育経験とペアレンタル・コントロールとの関連性に言及した研究は行われていない。このことから、本章では内閣府（2010a）の大規模調査の生データをもとにして、日本全国の被験者を対象とした保護者の啓発教育の経験とペアレンタル・コントロールとの相関についての検証を行い、今後の保護者に対する教育政策の方向性について議論を展開する。

9.2 日本における府省庁及び民間組織から提供されるフォーマル教育とノンフォーマル教育

　利用者に向けたインターネットリテラシー育成のための教育政策は、大きく分けて文部科学省が施行するフォーマル教育と、文部科学省及び他の府省庁機関、地方自治体さらに民間が提供するノンフォーマル教育に分けられる。

　我が国においては、青少年インターネット環境整備法をもとにした啓発教育政策として、フォーマル教育としての学校教育と、それを補完するかたちでのノンフォーマル教育による教材が、府省庁及び民間から青少年や保護者に向けて提供されている。重要なことは、青少年や保護者に向けて提供されているフォーマルとノンフォーマルの学びが草の根的に広がり、インフォーマル教育として家庭学習、保護者同士の情報交換や地域の学び合いへと発展していくことだと言える。

　しかし、ここで注視しなければならないことは、青少年においては、学校から提供されるフォーマル教育によりインターネットリテラシーについて学ぶ機会があるが、保護者においては、学生時代にインターネットリテラシーについて学んだ経験がないことから、彼らが体系的に学ぶことのできる機会がノンフォーマル教育のみに委ねられていることである。タプスコット（Tapscott 2008）が「デジタルネイティブ」と称した現代の子どもたちに対して、保護者たちは家庭においてペアレンタル・コントロールとして、青少年が適切にインターネットを利用できるように導いていかなければならない。このことからも、保護者のためのノンフォーマル教育が我が国の現代社会にとって必要不可欠なものであると言える。

9.3　保護者のインターネットの安全に対する意識と教育との関係性

　前章では、保護者に対する啓発教育においては、ノンフォーマル教育が重要であることについて述べたが、本章では啓発教育に関する保護者に対するノンフォーマル教育の現状と効果について検討を行う。

265

第Ⅲ部　青少年と保護者に対する意識調査研究

表9.1：平成22年度「青少年のインターネット利用環境実態調査」における
被験者情報

調査主体	内閣府政策統括官（共生社会政策担当）付青少年環境整備担当
調査地域	日本全国
調査方法	調査員による個別面接聴取法
調査期間	2010年9月1日〜9月20日
調査対象者	2010年11月30日現在で、満10歳から満17歳までの青少年の保護者：2,000人
調査方法	調査員による個別面接聴取法
標本抽出方法	層化二段階無作為抽出法
有効回収数（率）	1,400人（70.0％）

出所：「平成22年度 青少年のインターネット利用環境実態調査」の生データをもとに筆者作成

　分析に使用した生データは、内閣府が実施した「平成22年度 青少年のインターネット利用環境実態調査」の生データを基にした。分析内容は、啓発教育の効果、ノンフォーマル教育の受講経験とフィルタリング利用との相関関係、ノンフォーマル教育の受講経験と安全対策の実施状況及び保護者に対する教育実践の地域差ついての分析とした。

9.3.1　保護者のフィルタリングに関する知識と青少年のフィルタリング使用状況との相関

　保護者のフィルタリングに対する知識が実際の青少年のフィルタリング利用に関係しているかについて明らかにするために、青少年のフィルタリング使用状況（「使用」1点、「未使用」2点）と、保護者のフィルタリングに関する知識の状況（「知っていた」1点、「なんとなく知っていた」2点、「全く知らなかった」3点）について、χ二乗検定を行った。その結果、$p < 0.001$となり有意な差がみられた。また、相関係数を計算したところ、ピアソンの$r = 0.20$となり、わずかな正の相関がみられた。

　このことから、フィルタリングに対する知識を持つ保護者ほど、青少年に対しフィルタリングを利用させていることがわかった。

第9章　保護者の啓発教育経験と家庭での安全対策実施との関係性

表9.2：保護者のフィルタリングに関する知識と青少年のフィルタリング使用状況との相関等

			フィルタリング等		合計
			使用	未使用	
知識	知っていた	度数	364	181	545
		%	80.5	64.4	74.4
	なんとなく知っていた	度数	70	66	136
		%	15.5	23.5	18.6
	全く知らなかった	度数	18	34	52
		%	4.0	12.1	7.1
	合計	度数	452	281	733
		%	100	100	100

出所：「平成22年度 青少年のインターネット利用環境実態調査」の生データをもとに筆者作成

9.3.2　保護者の啓発教育の経験とフィルタリングへの知識の深まりとの相関

保護者の啓発教育を受けた経験が実際のフィルタリング利用に関係しているかについて明らかにするために、保護者のフィルタリングに対する知識の状況（「知っていた」1点、「なんとなく知っていた」2点、「全く知らなかった」3点）と、啓発教育を受けた機会の回数について相関係数を計算したところ、ピアソンの $r = -0.21$ となり、わずかな負の相関がみられた。

このことから、啓発教育を受けた回数の多い保護者ほど、フィルタリングに関する知識の深まりがみられることがわかった。

表9.3：フィルタリングに対する知識と安心に関する教育の機会数

		フィルタリングに関する知識			合計
		知っていた	なんとなく知っていた	全く知らなかった	
教育の機会数	0	107	45	54	206
	1	309	120	61	490
	2	310	76	27	413
	3	144	35	10	189
	4	57	12	2	71
	5	17	8	0	25
	6	4	0	0	4
	7	2	0	0	2
合計		950	296	154	1,400

出所：「平成22年度 青少年のインターネット利用環境実態調査」の生データをもとに筆者作成

第Ⅲ部　青少年と保護者に対する意識調査研究

9.3.3　保護者の啓発教育の経験と安全利用への意識との相関

　保護者の啓発教育を受けた経験が、青少年の携帯電話及びパソコンの使用に
注意を向けることに関係しているかについて明らかにするために、保護者の啓
発教育を受けた機会の回数と、携帯電話やパソコンの使用に関して注意してい
ることの数について相関係数を計算した。その結果、ピアソンの$r=0.36$とな
り、中程度の正の相関がみられた。

表9.4：啓発教育の機会数と使用に関して注意している数

		教育の機会数								
		0	**1**	**2**	**3**	**4**	**5**	**6**	**7**	
注意している数	0	53	71	38	18	1	1	0	2	184
	1	65	176	104	37	14	6	1	0	403
	2	23	99	98	42	12	4	0	0	278
	3	13	40	71	41	15	2	1	0	183
	4	3	11	34	24	13	3	1	0	89
	5	1	12	23	14	9	9	1	0	69
	6	0	0	0	0	1	0	0	0	1
合計		158	409	368	176	65	25	4	2	1,207

出所：「平成22年度 青少年のインターネット利用環境実態調査」の生データをもとに筆者作成

　このことから、啓発教育を受けた回数の多い保護者ほど、携帯電話やパソコ
ンの使用に関して注意する意識が高かった。
　次に、保護者が青少年の携帯電話及びパソコンの使用に注意を向けること
が、実際のフィルタリング利用に関係しているかについて明らかにするため
に、保護者のフィルタリング使用状況（「使用」1点、「未使用」2点）と、携
帯電話やパソコンの使用に関して注意していることの数について、相関係数を
計算した。その結果、ピアソンの$r = -0.16$となり、わずかな負の相関がみられ
た。また、保護者のフィルタリングに対する知識の状況（「知っていた」1点、
「なんとなく知っていた」2点、「全く知らなかった」3点）と、携帯電話やパ
ソコンの使用に関して注意している事の数について、相関係数を計算したとこ
ろ、ピアソンの$r = -0.15$となり、わずかな負の相関がみられた。

第9章　保護者の啓発教育経験と家庭での安全対策実施との関係性

このことから、携帯電話やパソコンの使用に関して注意していることの数が多いほど、フィルタリングの使用状況及びフィルタリングに対する知識が高いと言える。

9.3.4　保護者の啓発教育の経験と家庭のルールとの相関

保護者の啓発教育を受けた経験が、家庭のルール設定に関係しているかについて明らかにするために、保護者の安全に関する教育を受けた回数と、家庭でのルールの数について相関係数の計算を行なった。その結果、ピアソンのr=0.29となり、中程度の正の相関がみられた。

このことから、啓発教育を受けた回数の多い保護者ほど、家庭でのルールを決めていることがわかった。

次に、保護者の携帯電話及びパソコンへの注意が、家庭のルール設定に関係しているかについて明らかにするために、保護者が携帯電話やパソコンの使用に関して注意していることの数と家庭でのルールの数について、相関係数を計算した。その結果、ピアソンのr=0.44となり、中程度の正の相関がみられた。

このことから、携帯電話やパソコンの使用に関して注意していることの数が多いほど、家庭でのルールの数が多いことがわかった。

表9.5：安全に関する教育の機会数と家庭のルール数

		教育の機会数								
		0	1	2	3	4	5	6	7	
家庭のルール数	0	22	62	41	12	3	4	0	1	145
	1	41	114	81	28	11	0	1	0	276
	2	15	51	73	38	15	5	1	0	198
	3	5	28	33	16	8	5	1	0	96
	4	1	6	7	7	0	5	1	0	27
	5	0	1	3	5	2	1	0	0	12
	6	0	0	1	1	2	0	0	0	4
合計		84	262	239	107	41	20	4	1	758

出所：「平成22年度 青少年のインターネット利用環境実態調査」の生データをもとに筆者作成

上記の分析から、啓発教育を受けた回数の多い保護者ほど、フィルタリング

第Ⅲ部　青少年と保護者に対する意識調査研究

に関する知識の深まりがみられ、携帯電話やパソコンの使用に関して注意する意識が高かった。また、携帯電話やパソコンの使用に関して注意していることの数が多い保護者ほど、実際にフィルタリングを使用しており、家庭のルールの数も多い傾向にあった。

9.3.5　地域別の保護者のインターネットの安全に関する学習経験

　前掲の分析から保護者に対して啓発教育を提供していくことが有効であることがわかった。しかし、これまで行われてきた保護者に向けた啓発教育は、学校・地域・CSRなどから提供されているが、啓発教育の提供頻度や教育内容などは、各実施主体にゆだねられてきたため、各地域において保護者のインターネット・リテラシーに格差が生じているという指摘がされている（内閣府2010c）。

　この指摘を受けて、各地区[1]における、保護者の啓発教育の受講状況の差異を把握するために、地域別の保護者の啓発教育の受講経験の有無について

表9.6：地域別の保護者のインターネットの安全に関する学習経験

		学習経験				合計
		あり（度数）	%	なし（度数）	%	
地区	北海道	67	98.53	1	1.47	68
	東北	107	94.69	6	5.31	113
	北関東	132	85.71	22	14.29	154
	南関東	218	88.62	28	11.38	246
	北陸	55	82.09	12	17.91	67
	東山	46	88.46	6	11.54	52
	東海	116	74.36	40	25.64	156
	近畿	183	80.97	43	19.03	226
	中国	71	84.52	13	15.48	84
	四国	52	83.87	10	16.13	62
	北九州	82	85.42	14	14.58	96
	南九州	65	85.53	11	14.47	76
合計		1,194	85.29	206	14.71	1,400

出所：「平成22年度 青少年のインターネット利用環境実態調査」の生データをもとに筆者作成

第9章　保護者の啓発教育経験と家庭での安全対策実施との関係性

表9.7：形式別の保護者向け啓発教育の経験

学習形式		ノンフォーマル教育				インフォーマル教育			—
地区	サンプル数	学校の保護者会などで説明を受けた	学校で配布された啓発資料で知った	公共施設講座参加で教えてもらった	携帯買った店員に説明してもらった	友だちから教えてもらった	テレビや本・パンフレットで知った	インターネットで知った	その他
北海道	68	58.8%	66.2%	1.5%	2.9%	1.5%	36.8%	1.5%	1.5%
東北	113	48.7%	61.1%	3.5%	8.0%	12.4%	50.4%	8.8%	0.0%
北関東	154	61.0%	55.2%	2.6%	11.7%	6.5%	27.3%	5.2%	0.0%
南関東	246	54.5%	56.1%	4.9%	9.3%	9.8%	38.6%	13.8%	0.8%
北陸	67	52.2%	41.8%	1.5%	6.0%	4.5%	35.8%	6.0%	3.0%
東山	52	65.4%	61.5%	7.7%	7.7%	9.6%	36.5%	5.8%	0.0%
東海	156	35.3%	36.5%	1.3%	7.1%	8.3%	28.2%	8.3%	0.6%
近畿	226	31.9%	39.4%	3.1%	11.9%	6.6%	39.8%	10.6%	0.9%
中国	84	45.2%	61.9%	1.2%	8.3%	16.7%	47.6%	13.1%	1.2%
四国	62	43.5%	61.3%	3.2%	8.1%	8.1%	30.6%	6.5%	0.0%
北九州	96	52.1%	46.9%	6.3%	5.2%	8.3%	43.8%	6.3%	2.1%
南九州	76	51.3%	35.5%	7.9%	15.8%	5.3%	35.5%	7.9%	0.0%

出所：内閣府（2010a）の生データをもとに筆者作成

χ 二乗検定を行った。その結果、$p<0.001$ となり有意な差がみられた。

　地区別にみてみると、残差について検討したところ、北海道地区や東北地区では教育を受けた保護者が高い割合になっている一方で、東海地区や近畿地区では教育を受けた経験のある保護者の割合が低くなっていた。

　次に、各地区で行われた各教育の形式について考察していく。アンケートの質問では、ノンフォーマル教育とインフォーマル教育が7形式に分類され、複数選択式として質問されている。ノンフォーマル教育に該当する「学校の保護者会などで説明を受けた」及び「学校で配布された啓発資料で知った」におい

第Ⅲ部　青少年と保護者に対する意識調査研究

ては、保護者の学習の機会として重要な位置づけとなっていることがわかる。その中で東海地区、近畿地区が、「学校の保護者会などで説明を受けた」（東海地区：35.3％、近畿地区：31.9％）、「学校で配布された啓発資料で知った」（東海地区：36.5％、近畿地区：39.4％）と他地域に比べ非常に低い割合になっている。また、「学校の保護者会などで説明を受けた」においては、中国地区（45.2％）、四国地区（43.5％）においても低い割合になっており、「学校で配布された啓発資料で知った」においては、北陸地区（41.8％）、北九州地区（46.9％）、南九州地区（35.5％）においても低い割合になっており、分析から各地区によって教育委員及びや学校の問題意識や取り組みに差があることが推測される。

　また、ノンフォーマル教育に該当する「携帯電話を買った店員に説明してもらった」においては、20％を超えている地区がないという結果となった。さらに、10％を超えている地区が北関東地区11.7％、近畿地区11.9％、南九州15.8％の3地区のみであり、特に北海道地区においては2.9％と非常に低い割合となっていた。この問題要因としては、販売店レベルでの意識向上のための取り組みが不十分であることが考えられる。携帯電話会社各社は、「青少年インターネット環境整備法」に定められている「啓発努力義務（第16条）」のもと、企業の社会的責任（CSR）を果たすために、意識向上のための取り組みとして、様々な適切利用のためのイベントやウェブ教材を提供している。しかし分析結果からは、末端の携帯電話販売会社がノンフォーマル教育を十分に行っているとは言えない結果となった。携帯電話販売会社においても企業の社会的責任を果たす上で本法を遵守し、利用者のリテラシー向上及び意識向上のための取り組みを行う必要があると言えよう。

9.4　分析結果を踏まえた啓発教育政策

　以上、保護者の啓発教育の経験と青少年のインターネットの適切利用に関する取り組み及び適切利用のための意識について分析を行った。分析の結果、フィルタリングに対する知識が高いほど、フィルタリングを利用しており、安全への意識が高いほど、家庭のルールの数も多く策定していることがわかった。

第9章　保護者の啓発教育経験と家庭での安全対策実施との関係性

このことから、保護者に対して啓発教育を提供していくことが、青少年のインターネットの適切利用のための環境整備として有効であると言える。しかし、その教育の実践状況は、地区によって差があり、教育が不十分な地区に対して、啓発教育を拡充していく必要があることが示唆された。さらに、分析の結果から、保護者に対するノンフォーマル教育の中核が学校から提供される保護者への説明や、補助資料であることが明らかとなった。しかし、これら学校から提供されるノンフォーマル教育においても、地域差があるという結果となった。また、「青少年インターネット環境整備法」においては関係者による啓発活動の努力義務が定められているのだが、分析の結果では携帯電話販売店での保護者への教育が十分に機能しているとは言えない結果であった。

　以上の議論から、青少年のインターネット利用環境整備としての保護者の啓発教育の方策としては、1）この分析結果を広く公表し、保護者の啓発教育としてノンフォーマル教育が必要不可欠であることを公知する。2）保護者へのノンフォーマル教育の実施主体は、彼らの子どもが在籍する学校において提供されていることから、各学校及び教育委員会へ教育の実施の継続かつ拡充を働きかける。3）携帯電話販売店からの情報提供が十分でないことから、携帯電話キャリアと連携して、各販売店レベルへの保護者への情報提供の充実を働きかけることが必要であると言える。さらに、4）保護者に対する啓発教育の実施状況に地域差があることが指摘されているとともに分析結果においても地域差があるという結果となった。これらのことを受け、今後さらに各地域で行われている啓発教育の状況を調査分析し、その分析結果をもとにして、啓発教育の実践が十分だとは言えない地区の学校・教育委員会への支援をしていくことが重要であると言える。

9.5　保護者に対する啓発教育の方向性

　「青少年インターネット環境整備法」の理念は民間の自主的取り組みを政府が支援するという共同規制にある。このことは、政府は民間の自由な経済活動を尊重しており、自主規制による民間の取り組みに政策の舵を委ねていることを意味する。しかし、民間の自主的取り組みによる青少年のインターネット利

273

第Ⅲ部　青少年と保護者に対する意識調査研究

用環境整備が進まないのであれば、政府の政策の方向性は法の強化に舵が切られることになるやもしれない。本法附則抄第3条では「検討」として施行後3年以内に、民間の自主規制による環境整備の進展状況を踏まえて、見直しが行われることが明記されているのだが、民間による自主規制の取り組みが評価され、2011年度においては法改正が行われなかった。このことは、共同規制による青少年のインターネットの環境整備が、評価されたことを意味していると言えよう。

　分析では啓発教育経験がある保護者の方が、フィルタリングを利用しており、安全への意識が高く、家庭のルールの数も多く策定されていた。このことから、保護者に対してノンフォーマル教育を提供していくことが、青少年のインターネットの適切利用のための環境整備として有効であり、府省庁及び地方自治体の政策及び民間組織の施策として重要な課題であると言えよう。しかし、分析の結果は、啓発教育の実践状況に差があるということを指摘した。この結果を受け、今後さらに地域差についての調査分析を行うとともに、地域差の是正のためのノンフォーマル教育をあまねく実施していくことが必要であると考える。そのためには、地方自治体及び各地方の教育委員会に対して、他地域のノンフォーマル教育の実施状況に関する情報を提供し、各地域において比較検討し、必要な教育を実践していくことが重要となる。この研究は、そのように各地域における啓発教育実施のための基礎資料の提供として貢献することができたのではないかと考える。

注

(1) 地区は次のように分類している。北海道地区（北海道）、東北地区（青森、岩手、秋田、山形、宮城、福島）、北関東地区（茨城、栃木、群馬、埼玉）、南関東地区（千葉、東京、神奈川）、北陸地区（新潟、富山、石川、福井）、東山地区（山梨、長野、岐阜）、東海地区（静岡、愛知、三重）、近畿地区（滋賀、京都、大阪、兵庫、奈良、和歌山）、中国地区（鳥取、島根、岡山、広島、山口）、四国地区（徳島、香川、愛媛、高知）、北九州地区（福岡、佐賀、長崎）、南九州地区（熊本、大分、宮崎、鹿児島、沖縄）。

参考文献・資料

──英文

Akerlof, G.A.（1970）, The Market for Lemons: Qualitative Uncertainty and the Market Mechanism, *Quarterly Journal of Economics*, Vol. 84, No. 3, pp.488-500.

Bloom, B., Englehart, M., Furst, E., Hill, W. and Krathwohl, D.（1956）, *Taxonomy of educational objectives: The classification of educational goals. Handbook I: Cognitive domain*, Toronto: Longmans, Green, New York.

Bloom, B.S., Hastings, J.T., Madaus, G.F.（1971）, *Handbook on Formative and Summative Evaluation of Student Learning*, McGraw-Hill Book Company, New York.

Bronfenbrenner, U.（1979）, *The ecology of human development: experiments by nature and design*, Harvard University Press, Cambridge.（磯貝芳郎・福富護訳（1996）『人間発達の生態学（エコロジー）：発達心理学への挑戦』川島書店）

Byron, T.（2008）, *Safer children in a digital world: The report of the Byron Review*, DCSF Publications.
http://webarchive.nationalarchives.gov.uk/20130401151715/http://www.education.gov.uk/publications/eOrderingDownload/DCSF-00334-2008.pdf（July 1, 2016）

Byron, T.（2010）, *Do We Have Safer Children in a Digital World?: A Review of Progress Since the 2008 Byron Review*.
http://media.education.gov.uk/assets/files/pdf/d/do%20we%20have%20safer%20children%20in%20a%20digital%20world%202010%20byron%20review.pdf（Decmber 10, 2013）

Dahl, A.R.（1985）, Critique of the Ruling Elite Model, *American Political Science Review*, 52, pp.463-469.

Dye, T.R.（1995）, *Understanding Public Policy*, 7th ed., Prentice-Hall.

Dye, T.R. and Zeigler, H.（1990）, *The Irony of Democracy*, 8th ed., Brooks/Cole, CA.

Educational Testing Service（2007）, *Digital Transformation A Framework for ICT Literacy: A Report of the International ICT Literacy Panel*.
http://www.ets.org/Media/Tests/Information_and_Communication_Technology_Literacy/ictreport.pdf（Decmber 10, 2013）

Erikson, E.H.（1959）, *Identity and the Life Cycle*, Psychological Issues, 1, International Universities Press, New York.

European Commission（2005）, *Special Eurobarometer: Safer Internet*.

http://polis.osce.org/library/f/3652/2821/EU-EU-RPT-3652-EN-2821 (Decmber 10, 2013)

European Commission (2007), *Qualitative Study: Safer Internet for Children.* http://ec.europa.eu/public_opinion/archives/quali/ql_safer_internet_summary. pdf (Decmber 10, 2013)

European Commission (2008), *Flash Eurobarometer: Towards a Safer Use of the Internet for Children in the EU-A Parents' Perspective Analytical Report.* http://ec.europa.eu/public_opinion/flash/fl_248_en.pdf (Decmber 10, 2013)

European Commission (2009), *Safer Internet Programme 2005-2008*, Safer Internet Plus. http://europa.eu/legislation_summaries/information_society/internet/l24190b_en.htm (Decmber 10, 2013)

Gagne, R.M., Wager,W.W., Gollas, K.C. and Keller, J.M. (2005), *Principles of Instructional Design, 5 Ed*, Wadsworth: Wadsworth Publishing.

Internet Services Providers' Association (ISPA) (2008), *Clear ministerial accountability, resource commitments and joined up government for online safety.* http://www.ispa.org.uk/press_office/page_504.html (Decmber 1, 2010)

Kohlberg, L. and Turiel, E. (1971), Moral Development and Moral Education, In G. Lesser (ed.), *Psychology and educational practice*, New Jersey: Scott Foresman.

Lave, J. and Wenger, E. (1991), *Situated learning, legitimate peripheral participation*, Cambridge University Press.

Langbein, L. and Bess, R. (2002), Sports in School, Source of Amity or Antipathy?, *Social Science Quarterly*, vol.83, issue 2.

Milgrom, P. and Roberts, J. (1992), *Economics, Organization and Management*, Prentice-Hall, Inc. (奥野政寛・伊藤秀史・今井晴雄・西村理・八木甫訳 (1997) 『組織の経済学』NTT 出版)

OECD (2004), *Statics, Knowledge and Policy: OECD World Forum on Key Indicators.* http://www.oecd.org/site/worldforum06/36422528.pdf (Decmber 10, 2013)

OECD (2006), *Interim Report on Alternatives to Traditional Regulation: Self-regulation and Co-regulation* [GOV/PGC/REG (2006) 3], Paris: OECD Publisher.

OECD (2007), *Knowledge Management: Evidence in Education – Linking Research and Policy*, OECD Publishing, Paris. (OECD 教育研究革新センター編著、岩崎久美子・菊澤佐江子・藤江陽子・豊浩子訳 (2009)『教育とエビデンス：研究と政策の協同に向けて』明石書店)

OECD（2008），*The Seoul Declaration for the Future of The Internet Economy.*
http://www.oecd.org/internet/consumerpolicy/40839436.pdf（Decmber 10, 2013）

OECD（2009），*APEC-OECD Joint Symposium on Initiatives among Member Economies Promoting Safer Internet Environment for Children.*
http://www.oecd.org/sti/interneteconomy/44120262.pdf（Decmber 10, 2013）

OECD（2011a），*OECD Council Recommendation on Principles for Internet Policy Making.*
http://www.oecd.org/sti/interneteconomy/49258588.pdf（Decmber 10, 2013）

OECD（2011b），*Digital Economy Papers No179: The Protection of Children Online.*
http://www.oecd-ilibrary.org/docserver/download/fulltext/5kgcjf71pl28.pdf?expi
res=1339751515&id=id&accname=guest&checksum=D72092B96A1527AF114D8
487AA9FEC82（Decmber 10, 2013）

OECD（2012a），*Recommendation of the Council on the Protection of Children Online.*
http://webnet.oecd.org/oecdacts/Instruments/ShowInstrumentView.aspx?Instru
mentID=272&InstrumentPID=277&Lang=en&Book=False（Decmber 10, 2013）

OECD（2012b），*PISA 2009 technical report,* OECD Publishing, Paris.

OECD（2012c），*The Protection of Children Online: Risks Faced by Children Online and Policies to Protect Them, OECD* Publishing, Paris.

Office for Standards in Education, Children's Services and Skills（Ofsted）（2008），*School self-evaluation: a response to the Byron Review.*
http://www.ofsted.gov.uk/sites/default/files/documents/surveys-and-good-
practice/s/School%20self-evaluation%20a%20response%20to%20the%20
Byron%20Review.pdf（Decmber 10, 2013）

Office for Standards in Education, Children's Services and Skills（Ofsted）（2010），*The safe use of new technologies.*
http://www.ofsted.gov.uk/sites/default/files/documents/surveys-and-good-
practice/t/The%20safe%20use%20of%20new%20technologies.pdf（Decmber 10, 2013）

Office of Communications（2008），*Ofcom's response to the Byron Review.*
http://stakeholders.ofcom.org.uk/binaries/research/telecoms-research/byron_
review.pdf（July 10, 2015）

The Partnership for 21st Century Learning（2007），*Framework for 21st Century Learning.*
http://www.p21.org/storage/documents/docs/P21_framework_0816.pdf
（November 17, 2017）

Putnam, R.D. (2000), *Bowling Alone, The Collapse and Revival of American Community*, Simon and Shuster, New York.

Saito, N. (2013), *ASSESSING INTERNET LITERACY AMONG JAPANESE YOUTH: TOWARDS THE DEVELOPMENT OF INDICATORS FOR THE PROTECTION OF CHILDREN ONLINE*, 33th Working Party on Information Security and Privacy, Information, Communications and Consumer Policy, OECD, Paris.

Saito, N. (2015), *Internet Literacy in Japan*, OECD Publishing, Paris.

Saito, N., Tanaka, E. and Yatuzuka, E. (2010), A Public-Private Partnership for the Development of an e-Learning Program for Safer Mobile Internet Access for Young People: A Case Study of Japan, *World Conference on e-Learning in Corporate, Government, Healthcare, and Higher Education 2010*, Orlando, Florida: AACE, pp.310-315.

Saito, N., Tanaka, E. and Yatuzuka, E. (2014), Evolving Challenges to the Development and Assessment of Information Literacy Education for Online Safety in Japan, *Journal of Cases on Information Technology (JCIT)*, volume 16, IGI Global, pp.21-44, PA.

Simon, H.A. (1951), A Formal Theory of the Employment Relationship, *Econometria*, 19, pp. 293-305.

Smith, N.C., Goldstein, D.G. and Johnson, E.J. (2009), Smart Defaults; From Hidden Persuaders to Adaptive Helpers, *INSEAD Working Paper*, No. 2009/03/ISIC.

Spencer, L.M. and Spencer, S.M. (1993), *Competence at Work: Models for Superior Performance*, John Wiley and Sons, Inc, New York.

Srull, T.K. and Wyer, R.S. (1979), The Role of Category Accessibility in the Interpretation of Information about Persons: Some Determinants and Implications, *Journal of personality and Social Psychology*, 37, pp.1660-1672.

Tapscott, D. (2008), *Grown up digital: How the net generation is changing your world*, McGraw-Hill, New York.

Tanaka, E., Saito, N. and Yatuzuka, E. (2011), A Usage Analysis of the Mobile Literacy e-Learning Program "Mobami"Regarding Access to Content and Rulemaking Tendencies, *World Conference on e-Learning in Corporate, Government, Healthcare, and Higher Education 2011*, Honolulu, Hawaii: AACE, pp.436-441.

Thaler, R.H. and Sunstein, C.R. (2008), *Nudge: improving decisions about health, wealth, and happiness*, Yale University Press. (遠藤真美訳 (2009)『実践行動経済学：健康、富、幸福への聡明な選択』日経PB社)

参考文献・資料

Toffler, A. (1980), *The Third Wave*, Bantam Books, New York.

Tulving, E., Schacter, D.L. and Stark, H.A. (1982), Priming Effects in Word Fragment Completion are independent of Recognition Memory, *Journal of Experimental Psychology, Learning, Memory and Cognition*, 8 (4), pp.336-342.

UNESCO (1997), *International Standard Classification of education*.
http://tuikapp.tuik.gov.tr/DIESS/FileUpload/yayinlar/ISCDE_2011_draft.pdf (Accessed on 10 June 2012)

Werquin, P. (2010), *Recognising Non-Formal and Informal Learning -Outcomes, Policies and Practices*, OECD Publishing, Paris. (松田岳士 (訳)『学習成果の認証と評価：働くための知識・スキル・能力の可視化』明石書店)

Williamson, O.E. (1985), *Economic Institutions of Capitalism*, The Free Press, New York.

―― **和文**

荒井一博・松塚ゆかり・山本宏樹 (2010)「教育の社会資本形成機能：理論と実証」『一橋社会科学』第2巻　pp.20-38.

安心ネットづくり促進協議会 (2008)「設立について」
http://good-net.jp/about_establish.html (2013年12月10日確認)

安心ネットづくり促進協議会コミュニティサイト検証作業部会 (2009)「子どもを護るために」安心ネットづくり促進協議会
http://good-net.jp/files/20110210113615.pdf (2013年12月10日確認)

安心ネットづくり促進協議会 (2010)「2009年度報告書「子どもを護るために」からの取組状況について コミュニティサイト検証作業部会 中間取りまとめ」安心ネットづくり促進協議会
http://www.soumu.go.jp/main_content/000094997.pdf (2013年12月10日確認)

安心ネットづくり促進協議会 (2012)「スマートフォンにおける無線LAN及びアプリ経由のインターネット利用に関する作業部会　青少年保護バイ・デザイン及び利用者のインターネット・リテラシー向上に向けて」安心ネットづくり促進協議会
http://good-net.jp/usr/imgbox/pdf/20120608143200.pdf (2013年12月10日確認)

安心ネットづくり促進協議会普及啓発作業部会ILAS検討サブワーキング (2015)「安心協ILAS2015年度 最終報告書」安心ネットづくり促進協議会

生貝直人 (2011)『情報社会と共同規制』勁草書房

eネットキャラバン・ホームページ
http://www.e-netcaravan.jp/ (2011年9月10日確認)

インターネット青少年有害情報対策・環境整備推進会議 (2009)「青少年が安全に安心してインターネットを利用できるようにするための施策に関する基本的な計画」

内閣府

http://www8.cao.go.jp/youth/youth-harm/suisin/pdf/keikaku.pdf（2013年12月10日確認）

石垣千秋（2001）「＜エビデンス＞に基づく医療から＜エビデンス＞に基づく政策へ：英国におけるEBMの展開」『SRIC Report』Vol.6 No.3　三和総合研究所　pp.58-66.

ヴィゴツキー, L.S.（著）柴田義松（訳）（2001）『思考と言語』新読書社

内田洋行教育総合研究所（2010）「インターネットの特性を踏まえた情報の受発信・情報交換についての指導内容等に関する調査研究報告書」総務省

http://www.soumu.go.jp/main_sosiki/joho_tsusin/kyouiku_joho-ka/pdf/report_1003.pdf（2013年2月10日確認）

江口真透（2006）「統計的推測」『バイオインフォマティクス事典』バイインフォマティクス学会、pp.14-16.

NTTdocomo「社会に対する責任（CSR）」

http://www.nttdocomo.co.jp/corporate/csr/（2011年9月10日確認）

大阪私学教育情報化研究会（2011）「ICTプロジェクト 高校生熟議 in 大阪 開催報告書」

http://jukugi.mext.go.jp/archive/544.pdf（2011年9月10日確認）

小林直樹（2011）『ソーシャルメディア炎上事件簿』日経デジタルマーケティング

警察庁（2010）「平成22年上半期の出会い系サイトに関係した事件等の検挙状況について」警察庁

http://www.npa.go.jp/cyber/statics/h22/pdf02-1.pdf（2013年12月10日確認）

警察庁（2012）「平成23年上半期の出会い系サイトに関係した事件等の検挙状況について」警察庁

http://www.npa.go.jp/cyber/statics/h23/pdf02.pdf（2013年12月10日確認）

警察庁（2015）「携帯電話販売店に対するフィルタリング推奨状況等実態調査」警察庁生活安全局少年課警察庁生活安全局情報技術犯罪対策課

https://www.npa.go.jp/safetylife/syonen/filtering/270212filtering.pdf（2016年6月20日確認）

警察庁（2017）「平成29年上半期におけるコミュニティサイト等に起因する事犯の現状と対策」

http://www.npa.go.jp/cyber/statics/h29/H29_siryou.pdf（2017年11月16日確認）

コンピューター教育開発センター「ネット社会の歩き方」

http://www.cec.or.jp/net-walk/（2011年9月10日確認）

齋藤長行（2010）「携帯電話のフィルタリング性能向上及び普及に向けた政策についての一考察」『中央大学経済研究所ディスカッションペーパー』No.137　pp.1-18.

齋藤長行（2015）「青少年のインターネット・リテラシー指標改修について」総務省

http://www.soumu.go.jp/main_content/000355607.pdf（2017年11月16日確認）

齋藤長行・新垣円（2011）「青少年のインターネット利用における規範意識を育てるための協働学習についての研究」『情報文化学会誌』第18巻2号 pp.60-67.

齋藤長行・新垣円（2012）「青少年のインターネット利用環境整備のための保護者に対するノンフォーマル教育政策の方向性についての検討」『国際公共経済学会誌』第23号 pp.78-89.

下田博次（2008）『学校裏サイト』東洋経済新報社

首相官邸（2008）「教育振興基本計画」

http://www.kantei.go.jp/jp/kakugikettei/2008/080701kyouikusinkou.pdf（2013年12月10日確認）

総務省（2009a）「インターネット上の違法・有害情報への対応に関する検討会－最終とりまとめ－」

http://www.soumu.go.jp/menu_news/s-news/2009/pdf/090116_1_bs1-1.pdf（2013年12月10日確認）

総務省（2009b）「安全で安心なインターネット環境整備のためのプログラム－安心ネットづくり促進プログラム－」

http://www.soumu.go.jp/menu_news/s-news/2009/pdf/090116_2_bs.pdf（2013年12月10日確認）

総務省（2009c）「インターネット利用におけるトラブル事例等に関する調査研究－インターネットトラブル事例集Vol.3－」

http://www.soumu.go.jp/main_content/000173733.pdf（2013年12月10日確認）

総務省総合通信基盤局消費者行政課（2013）「平成25年度 青少年のインターネット・リテラシー指標等」総務省

http://www.tokoupren.org/gyousei/H25-09_ILAS.pdf（2017年11月16日確認）

総務省総合通信基盤局消費者行政課（2014）「平成26年度 青少年のインターネット・リテラシー指標等」総務省

http://www.soumu.go.jp/main_content/000315097.pdf（2017年11月16日確認）

総務省情報通信政策研究所調査研究部（2012a）「青少年のインターネット・リテラシー指標［指標開発編］」総務省情報通信政策研究所

http://www.soumu.go.jp/iicp/chousakenkyu/data/research/survey/telecom/2012/ilas2012-report-build.pdf（2013年12月10日確認）

総務省情報通信政策研究所調査研究部（2012b）「青少年のインターネット・リテラシー指標［実態調査編］」総務省情報通信政策研究所

http://www.soumu.go.jp/iicp/chousakenkyu/data/research/survey/telecom/2012/ilas2012-report-survey.pdf（2013年12月10日確認）

総務省情報通信国際戦略局情報通信経済室（2011）「ICTインフラの進展が国民のライフスタイルや社会環境等に及ぼした影響と相互関係に関する調査研究報告書」総

務省

　　http://www.soumu.go.jp/johotsusintokei/linkdata/h23_06_houkoku.pdf（2013年
　　12月10日確認）

総務省（2017）「平成29年　春のあんしんネット・新学期一斉行動の取組」http://
　　www.soumu.go.jp/menu_news/s-news/01kiban08_03000238.html（2017年2月28
　　日確認）

惣脇宏（2010）「英国におけるエビデンスに基づく教育政策の展開」『国立教育政策研
　　究所紀要』第139集　pp.153-168.

内閣府（2006）「第5回情報化社会と青少年に関する意識調査報告書」内閣府

　　http://www8.cao.go.jp/youth/kenkyu/jouhou5/index.html（2013年12月10日　確
　　認）

内閣府（2009）「平成21年度 青少年のインターネット利用環境実態調査」内閣府政策
　　統括官（共生社会政策担当）付青少年環境整備担当

内閣府（2010a）「平成22年度 青少年のインターネット利用環境実態調査」内閣府政策
　　統括官（共生社会政策担当）付青少年環境整備担当

内閣府（2010b）「青少年インターネット環境整備基本計画フォローアップ結果につい
　　て（概要）」内閣府

　　http://www8.cao.go.jp/youth/youth-harm/suisin/pdf/h21-fu-gaiyo.pdf（2013年12
　　月10日確認）

内閣府（2010c）『子ども・若者白書』中和印刷

内閣府（2011）「平成23年度 青少年のインターネット利用環境実態調査」内閣府政策
　　統括官（共生社会政策担当）付青少年環境整備担当

内閣府（2012）「平成24年度 青少年のインターネット利用環境実態調査」内閣府政策
　　統括官（共生社会政策担当）付青少年環境整備担当

内閣府（2013）「青少年のインターネット利用環境実態調査」

　　http://www8.cao.go.jp/youth/youth-harm/chousa/h24/net-jittai/pdf-index.html
　　（2017年11月16日確認）

内閣府（2014a）「平成25年度 青少年のインターネット利用環境実態調査調査結果
　　（速報）」内閣府政策統括官（共生社会政策担当）付青少年環境整備担当

内閣府（2014b）「平成25年度 青少年のインターネット利用環境実態調査報告書」内
　　閣府政策統括官（共生社会政策担当）付青少年環境整備担当

内閣府・総務省・経済産業省・内閣官房IT総合戦略室・警察庁・消費者庁・法務省・
　　文部科学省（2014）「お子様が安全に安心してインターネットを利用するために保
　　護者ができること」

　　http://www8.cao.go.jp/youth/youth-harm/koho/pdf/h26keihatsu/p1.pdf（2016年
　　6月20日確認）

内閣府（2017）「平成28年度 青少年のインターネット利用環境実態調査調査結果（速

報）」

　　http://www8.cao.go.jp/youth/youth-harm/chousa/h28/net-jittai/pdf/sokuhou
　　（2017年2月28日確認）

中谷幸司（2008）「法令解説　青少年インターネット利用環境整備法の制定－青少年が
　　安全に安心してインターネットを利用できる環境の整備等に関する法律」『時の法
　　令』1822　pp.29-39.

西村清彦（2005）「実証証拠に基づく政策：evidence-based policyの必要性」
　　『Economic Review 2005』1　pp.4-7.

　　http://jp.fujitsu.com/group/fri/downloads/report/economic-review/200501/
　　review01.pdf（2014年3月20日確認）

田中和代（2004）『ゲーム感覚で学ぼう、コミュニケーションスキル』黎明書房.

谷口洋志（2003）「政府規制、自主規制、共同規制」『中央大学経済学論纂』第44巻
　　1-2号　pp.35-56.

津谷喜一郎（2000）「コクラン共同計画とシステマティック・レビュー：EBMにおけ
　　る位置付け」『公衆衛生研究』49（4）　pp.313-319.

放送倫理・番組向上機構（2013）「放送倫理・番組向上機構　規約」放送倫理・番組向
　　上機構

　　http://www.bpo.gr.jp/wp/wp-content/themes/codex/pdf/bpo/20130529BPO
　　kiyaku.pdf（2013年12月10日確認）

法務省「はなまる人権学校」

　　http://dl.gov-online.go.jp/public_html/gov/pickup_flash/200607/f_netjinken.swf
　　（2011年9月10日確認）

橋元良明（2011）『日本人の情報行動2010』東京大学出版会

ピアジェ，ジャン／イネルデ，ベルベル（著）波多野完治・須賀哲夫・周郷博（共訳）
　　（1975）『新しい児童心理学』白水社

古澤頼雄（2005）「ふたたび発達とは」柏木恵子他（著）『新版発達心理学への招待：
　　人間発達をひも解く30の扉』ミネルヴァ書房

牧野幸志（2011）「中学生を対象としたコミュニケーション・スキル訓練の開発（4）
　　－コミュニケーション・スキル訓練が自己評価に与える影響－」『経営情報研究：
　　摂南大学経営情報学部論集』第18巻第2号　pp.107-118.

文部科学省（2012）「平成23年度　青少年を取り巻く有害情報対策の推進（有害環境
　　からこどもを守るための推進体制の整備）ケータイモラルキャラバン隊　成果報
　　告書」文部科学省スポーツ・青少年局

文部科学省「ちょっと待って，ケータイ」

　　http://www.iajapan.org/kids/page1.html（2011年9月10日確認）

文部科学省（2008a）「青少年が利用する学校非公式サイトに関する調査報告書」

　　http://www.mext.go.jp/a_menu/sports/ikusei/taisaku/1262855.htm（2013年12

283

月10日確認）

文部科学省（2008b）「新学習指導要領・生きる力」文部科学省
　　http://www.mext.go.jp/a_menu/shotou/new-cs/youryou/index.htm（2013年12
　　月10日確認）

文部科学省（2010a）「教育の情報化に関する手引き」文部科学省
　　http://www2.japet.or.jp/info/mext/tebiki2010.pdf（2013年12月10日確認）

文部科学省（2010b）「OECD生徒の学習到達度調査（PISA）2009年度調査の結果に
　　ついて」文部科学省
　　http://www.mext.go.jp/a_menu/shotou/gakuryoku-chousa/sonota/07032813.htm
　　（2013年12月10日確認）

文部科学省（2012）「平成23年度　青少年を取り巻く有害情報対策の推進（有害環境
　　からこどもを守るための推進体制の整備）ケータイモラルキャラバン隊　成果報
　　告書」文部科学省スポーツ・青少年局

宮川公男（1994）『政策科学の基礎』東洋経済新報社

宮武孝太（2010）「生活自治から考える生徒会指導〜ゲーム機・ipod・携帯電話の持ち
　　込みをめぐる話し合いから〜」『第39回和光中学校・高等学校教育研究集会』
　　pp.10-34.

向田久美子（2003）「テレビと認知能力」坂元章（編集）『メディアと人間の発達：テ
　　レビ、テレビゲーム、インターネット、そしてロボットの心理的影響』学文社
　　pp.23-40.

ラオ, C.R.（2010）『統計とは何か：偶然を生かす』藤越康祝・柳井晴雄・田栗正章訳、
　　ちくま学芸文庫

レイティング／フィルタリング連絡協議会（2011）「平成22年度レイティング／フィル
　　タリング連絡協議会研究会最終報告書」経済産業省
　　http://www.meti.go.jp/policy/it_policy/policy/pdf/22fy_rf_report.pdf（2013年12
　　月10日確認）

山本朋弘・清水康敬（2008）「情報モラル指導における家庭と小学校の連携促進に関す
　　る検討」『日本教育工学会論文誌』Vol.32 No.2　pp.181-188.

矢守克也（2010）『アクションリサーチ：実践する人間科学』新曜社

湯川進太郎（2003）「テレビと暴力」坂元章（編）『メディアと人間の発達：テレビ、
　　テレビゲーム、インターネット、そしてロボットの心理的影響』学文社　pp.41-57.

吉岡良平（2009）「違法・有害情報対策と第三者機関EMAの取組」『ITUジャーナ
　　ル』Vol.39 No.3　pp.25-29.

吉見俊哉・水越伸（2004）『メディア論』放送大学教育振興会

あとがき

　本書は、筆者がこれまで取り組んできたエビデンスに基づくインターネット青少年保護政策に関する研究成果をとりまとめたものです。この研究テーマに着手したのが、2009年4月であり、そこから2017年12月までの約9年間の研究成果が本書に記述されております。ここで、本書を締めくくるにあたり、この9年間にお世話になった方々に感謝の意を示したいと思います。

　インターネットを利用する青少年の保護問題に関する国際政策は、これまで堀部政男先生が取り組んでこられた分野でした。2008年の「ソウル宣言」、2009年のAPECとOECDによるジョイントシンポジウムで築かれた国際協力体制の構築には、堀部先生が大きく関わられております。本書の研究は、堀部先生が国際社会と共に築かれた協調体制を基盤として実践することができました。本書の研究成果が国内だけに留まらず、国際社会に向けても還元することができたのも、ひとえに堀部先生のご尽力があってのことです。

　本書の第Ⅰ部で記述した「青少年がインターネットを安全に安心して活用するためのリテラシー指標（ILAS）」は、総務省情報通信政策研究所と総務省情報通信基盤局消費者行政課、およびその直下に編成された有識者検討会によって取り組まれた研究の成果です。ここで、総務省の関係者の皆様方、有識者検討会の先生方に深くお礼申し上げます。

　また、開発されたILASを運用した縦断的調査の分析及び、本書の第Ⅱ部、第Ⅲ部で記述した内閣府の調査データ分析に関しましては、鈴木敦さんから多大なるお力添えを頂きました。

　さらに、本書第Ⅱ部第6章で記述した青少年と保護者のインターネットリテラシーの比較分析においては、安心ネットづくり促進協議会が開発した「安心協ILAS」の調査データを基にして分析を行っております。このデータ分析においては、同協議会事務局の高橋浩史さん、そして当時事務局員でおられた石原友信さん、白戸和美さん（現職：ソフトバンク株式会社）、にお力添えを頂きました。

　本書第Ⅲ部第8章、第9章では、内閣府青少年環境整備担当の方々のご協力

の下、「青少年のインターネット利用環境実態調査」の調査データを分析させて頂いております。この分析に関しましては、当時参事官（青少年環境整備担当）付有害情報対策専門職でおられました松本晃さんからご尽力頂きました。

本書第7章、第8章、第9章のデータ分析は、研究者仲間である新垣円さんが担当してくださっており、新垣さんとは、共著で多くの論文や著書を執筆しました。特に、米国の学術出版社から出版された百科事典である"Encyclopedia of Information Science and Technology, Fourth Edition"に掲載された共著論文は、大きな成果の一つと言えます。

筆者は、日本におけるILASの研究成果を国際社会に還元するために、2012年から2013年にかけて、経済協力開発機構（OECD）に赴任させて頂きました。その際、当時OECD代表部におられた嶋田信哉一等書記官からは、日本大使館の立場から、筆者の研究環境を整えるために、OECDと日本政府との調整を図って頂きました。また、筆者が赴任していたOECDの科学技術産業局（STI）情報・コンピュータ・通信政策委員会（ICCP）の同僚であった大磯一政策分析官（当時）からは、筆者の任期中において多方面にわたりサポートして頂きました。さらに、大磯さんの奥様からは、家内ともども、パリでの生活面における相談に乗って頂きました。

OECDでの私の所属委員会は、ICCPに設置された情報セキュリティ・プライバシー作業部会（WPISP）でした。本部署のボスであるMichael Donohue上級政策分析官（当時）からは、OECD加盟34か国の代表者に対して最適な報告書が仕上がるように多くのアドバイスを頂きました。また、よく気を使って頂いて、国際会議終了後のレセプションや職場でのパーティーに誘って頂きました。筆者は、OECD任期中に報告書を一本執筆したのですが、Michaelさんはその報告書をチェックした後、筆者に対して「よくやった！ 次の君の仕事は、君の任期内に有給休暇をすべて消化することだ！」と言ってくれました。そのおかげで、筆者はひと時のパリ観光の時間を得ることができました。

OECDでの報告書の執筆においては、Laurent Bernat政策分析官、Christian Reimsbach-Kounatze政策分析官、Aaron Martin政策分析官からもご支援を頂きました。Sam Grandes Drilonさんからは、報告書の英文校正をして頂きました。

あとがき

　OECDは国際機関であるとはいえ、パリに位置していることから、研究勤
務のスタイルはフレンチスタイルでした。昼休みは2時間程あり、筆者は
OECD ALOLA Foot Ball Memberとして、週に3回ほど同僚と一緒に昼サッ
カーを楽しみました。メンバーのMikeさん、Jonさん、Mikelさん、Laurent
さん、Frankさん、Karimさん、Andreaさん、Domさん、Fifiさん、Shayne
さんらと過ごしたひと時はかけがえのない時間でした。筆者はメンバーから
"Naga"と呼ばれていました。筆者のOECDでの任期が終わり、メンバーに別
れを告げたところ、メンバーの一人であるKarimさんが"We would lose a
good defender"と言ってくれたのを今でも鮮明に覚えております。

　本書は、次にあげる論文を基に構成されております。第I部は、著者が博士
学位論文（慶應義塾大学（メディアデザイン学）平成25年度甲第4060号）と
して執筆した内容が基となっております。後期博士課程における研究活動にお
いては、中村伊知哉先生に大変お世話になりました。博士論文の執筆において
は奥出直人先生に手厚い指導を受けました。また、第I部第2章の研究は、
『国際公共経済研究第25号』においても公表させて頂いております。加えて、
第5章における記述の一部は、『情報通信政策レビュー第6号』において発表さ
せて頂いております。

　第II部第6章は、『情報通信学会誌第34巻第3号』に掲載された論文を基に
記述しております。第7章は、『情報文化学会誌第24巻第1号』に掲載された
論文を基にしております。第III部第8章は、『情報文化学会誌第18巻第2号』
に掲載された論文を、第9章は『国際公共経済研究第23号』に掲載された論文
を基に議論を展開しております。

　本書をとりまとめるに際して、明石書店の安田伸さんから多くのご支援を頂
きました。原稿が遅れ気味になっていた際に、安田さんは筆者の将来を案じて
「いち早く書籍として形にすることが大事」であると、著者の尻を叩いてくれ
ました。

　本書は、日本学術振興会科学研究費基盤（C）「青少年保護バイデザインを

実践する青少年保護チェックリストの策定と評価に関する研究（研究課題番号：26330389）」、日本学術振興会科学研究費基盤（C）「国際比較を可能とする「インターネット青少年保護指標」の開発と国際連携基盤の構築（研究課題番号：17K00467）」及び電気通信普及財団研究調査助成「インターネット青少年保護への取組みを評価するための青少年保護バイデザイン評価指標の開発」の支援を得ております。

　最後に、9年間の研究活動を支えてくれた家内と3人の子どもたちに感謝の気持ちを書き記したいです。特に、家族5人で過ごしたパリの日々は筆者の家族にとって貴重な経験でした。本書の研究を通じて、体感することができた異国での経験は、3人の子どもたちの未来に大きな可能性を与えてくれるものだと、筆者はそう信じています。

　本書の執筆にご協力、ご支援頂いた多くの方々に心から感謝いたします。

自宅リビングにて

齋藤　長行

［著者紹介］

齋藤 長行（さいとう・ながゆき）Saito Nagayuki

山形県出身。慶應義塾大学大学院メディアデザイン研究科後期博士課程修了。博士（メディアデザイン学）。青山学院大学HiRC客員研究員、経済協力開発機構（OECD）科学技術産業局（STI）ポリシーアナリスト、国立国会図書館非常勤研究員、お茶の水女子大学非常勤講師等を経て、現在、KDDI総合研究所研究主査、慶應メディアデザイン研究所リサーチャー。総務省の「青少年のインターネット・リテラシー指標に関する有識者検討会」では委員に就任し、「青少年がインターネットを安全に安心して活用するためのリテラシー指標（ILAS）」の策定に加わる。2015年5月アジア太平洋経済協力（APEC）第2回高級実務者会合（SMO 2）第52回電気通信・情報作業部会（APEC TEL 52）では、日本の青少年保護の取り組みを発表。現在、OECD科学技術イノベーション局（STI）デジタル経済政策委員会（CDEP）デジタル経済セキュリティ・プライバシー作業部会（WPSPDE）において、国際的なインターネット上の青少年保護政策に関する取り組みを行っている。主要著訳書：『サイバーリスクから子どもを守る：エビデンスに基づく青少年保護政策』（著訳、経済協力開発機構（OECD）編著、明石書店、2016年）、Saito, N. (2015) "Internet Literacy in Japan"（*OECD Science, Technology and Industry Working Papers*, No. 2015/03, OECD Publishing, Paris）。主要論文：「インターネットを適切に活用する能力を育成するための啓発教育政策の進展の評価」（『情報通信学会誌』第34巻3号、情報通信学会、2016年）。

エビデンスに基づくインターネット青少年保護政策
——情報化社会におけるリテラシー育成と環境整備

2017 年 12 月 30 日　初版第 1 刷発行

著　者　　　　　　齋　藤　長　行
発行者　　　　　　石　井　昭　男
発行所　　　　　株式会社 明石書店
　　　　〒101-0021 東京都千代田区外神田 6-9-5
　　　　　　　電　話　　03-5818-1171
　　　　　　　ＦＡＸ　　03-5818-1174
　　　　　　　振　替　　00100-7-24505
　　　　　　　http://www.akashi.co.jp

組版　朝日メディアインターナショナル株式会社
印刷・製本　モリモト印刷株式会社

（定価はカバーに表示してあります）　　　　　ISBN978-4-7503-4611-3

JCOPY 〈（社）出版者著作権管理機構 委託出版物〉
本書の無断複写は著作権法上での例外を除き禁じられています。複写される場合は、そのつど事前に、（社）出版者
著作権管理機構（電話 03-3513-6969、FAX 03-3513-6979、e-mail: info@jcopy.or.jp）の許諾を得てください。

サイバーリスクから子どもを守る

エビデンスに基づく青少年保護政策

経済協力開発機構（OECD）編著
齋藤長行 著・訳
新垣円 訳

A5判／上製
280頁
◎3600円

インターネット上のリスクにさらされている青少年を保護するにはどうすればよいか。本書は、OECDによる調査研究の成果と保護政策促進に向けた勧告、そして日本におけるインターネット・リテラシー指標（I-LAS）の調査結果を収録している。

●内容構成●

勧告　OECDインターネット上の青少年の保護に関する理事会勧告

第I部　インターネットのリスクにさらされている子どもたちを守るための青少年保護政策報告書
序章　インターネット上の子どもたちのリスク
第1章　インターネットを利用する子どもたちのリスク
第2章　インターネットを利用する子どもたちの保護政策
第3章　政策上の主要な知見
付録1　インターネットを利用する子どもたちの保護政策の記述的概要
付録2　表と図

第II部　日本のインターネット・リテラシー指標開発プロジェクト
第1章　政策立案のためのインターネット・リテラシー指標の効果の検証
第2章　日本のインターネット・リテラシー指標システムの開発
第3章　青少年のインターネットの安全利用の分析と評価
第4章　主要な知見と政策提言

行動公共政策

行動経済学の洞察を活用した新たな政策設計

経済協力開発機構（OECD）編著
齋藤長行 訳

A5判／上製／132頁　◎3000円

米国、英国、欧州連合や他の欧州諸国における行動経済学を活用した規制策政策の事例を紹介するとともに、行動経済学を政策設計にどのよう活用することができるかについて検討する。

●内容構成●

第1章　はじめに
第2章　定義と範囲
第3章　政策に対する行動経済学の広がり続ける影響
第4章　行動経済学と政策設計
第5章　規制デリバリー
第6章　結論

訳者解説
1　OECDによる行動公共政策の動向
2　国際機関による行動公共政策の動向
3　なぜ行動公共政策が必要なのか？
4　本書が焦点を当てた選択アーキテクチャ

〈価格は本体価格です〉